님은 나를 사랑하시어

행원의 노래

이종린 지음

불광출판부

님은 나를 사랑하시어

— 행원의 노래 —

1999년 5월 19일 초판 발행
2000년 12월 15일 재판 1쇄

지은이 / 이종린
펴낸이 / 봉화영
펴낸곳 / 불광출판부

138·190 서울 송파구 석촌동 160-1
대표전화 420·3200
편 집 부 420·3300
팩시밀리 420·3400
http://www.bulkwang.org

등록번호 제 1-183호(1979. 10. 10)
ISBN 89-7479-906-5

값 8,500원

● 잘못된 책은 바꾸어 드립니다.

님은 나를 사랑하시어

· 행원의 노래 ·

이 책을 이 땅의 모든 잠자는 보살님들에게 드립니다…

머리글

그 동안 참 많이도 방황하였습니다. 부처님 말씀 안 지 20여 년이 지나서야 겨우 저에게 맞는 공부 방법을 알게 되었으니까요….

행원을 처음 만난 것이 1978년이고, 행원을 구체적으로 공부하게 된 것이 1994년부터이니, 저는 행원에 있어 초보자에 지나지 않습니다. 그러나 행원은 저에게 그 어떤 가르침보다 크나큰 웅변으로 다가옵니다. 아직 행원을 제대로 알지도 못하지만 이렇게 글을 쓰게 된 것은 행원에 관해 마땅한 해설서가 많지 않고 또 공부 방법을 잘 몰라 방황하시는 분들에게 조금이나마 도움이 될까 해서입니다.

이 글은 제가 어떻게 행원을 만나고 어떻게 부처님 원력의 바다에 들게 되었는지 그 과정에 대한 나름대로의 고백서입니다. 부끄러운 일도 있고 밝히고 싶지 않은 일도 있지만 진실대로 솔직히 말씀드리니, 읽으시다 행여 허물이 있더라도 넓으신 아량으로 덮어 주시기를 부탁드립니다.

행원은 뛰어난 가르침입니다. 행원은 불교를 몰라도 할 수 있으며, 행원을 통해 부처님의 말할 수 없이 크나큰 공덕의 문은 열려 갑니다. 행원은 쉽고 구체적이며, 모든 대립과 갈등을 없애고 일체의 장애와 고난을 소멸시키는 뛰어난 공덕을 가져옵니다. 부디 인연 깊은 모든 분들이 깊고 드넓은 행원의 바다에 오셔서 부처님 원력 속에 한번 마음껏 뛰놀아 보옵소서….

보살이 보살인 것은 그 원행이 뛰어나서가 아니겠습니까. 관음이 자비가 없으면 어떻게 관음이 되며 지장이 원이 없다면 어떻게 지장이겠습니까. 보살이라 생사의 바다에 뛰어드는 것이 아니라 생사의 바다에 들므로 보살이 되는 것이니, 원력으로 생사의 바다에 들면 범부도 바로 그 즉시 보살이 되는 법, 범부는 그 누구고 보살은 또 누구겠습니까….

이 어려운 시절에 부디 모든 분들이 중생의 긴 잠에서 깨어나, 크나큰 보리심과 보현의 원력으로 행원의 횃불을 높이 들어 가없는 중생 공양 나아가시기를 발원드려 봅니다.

바쁘고 수행할 시간 따로 없는 이, 스승을 못 만나고 방황하는 이, 밀려오는 삶의 무게로 고달픈 하루하루를 보내시는 이 땅의 모든 부처님들이시여! 부디 보현의 원행으로 눈을 뜨소서! 그리하여 햇빛보다 더 밝은 자성 바로 보아 일체의 고난과 어둠에서 벗어나 우리 모두 다 같이 끝없는 중생공양 나아가 봅시다!

나무 보현보살 마하살….

불기 2543년 5월에
이 종 린 합장

차 례

머리글

제1장 끝없는 구도

어릴 적 이야기 · 11
중학교의 추억 · 16
고교 시절 · 18
재수 시절 · 23
의예과 시절 : 부처님과의 첫 만남 · 26
모든 것은 변한다 : 제행무상(諸行無常) · 35
대각사의 두 선지식 · 38
첫 수련회 : 통도사의 겨울 · 42
의대 본과 시절 · 49
송광사 수련회 · 52
보현행원과의 만남 · 57
해인사 수련회 · 60
끝없는 구도(求道) · 63

제2장 님은 나를 사랑하시어

김재웅 법사님과의 만남 : 모든 것을 바쳐라 · 71

인턴 시절 : 무상(無常)을 설하는 선지식들 · 84

주치의 시절 : 나도 저렇게 죽나요? · 88

결혼 : 아내와의 만남 · 91

멀어져 가는 부처님 · 94

상실의 세월 · 97

님은 나를 사랑하시어 · 101

제3장 행원의 노래

다시 만난 행원 : 광수공양(廣修供養)—널리 바치고 섬겨라 · 115

경(經)공양, 염불공양 · 122

예경제불(禮敬諸佛) : 모든 부처님을 예배하고 공경하라 · 126

칭찬여래(稱讚如來) : 부처님의 공덕을 칭찬하라 · 129

참회업장(懺悔業障) · 135

왜 예경이 먼저인가? · 140

행원의 공덕, 하나 : 현전(現前)하시는 부처님들 · 143

행원의 공덕, 둘 : 번뇌와 업장의 소멸 · 147
행원의 공덕, 셋 : 가행(加行) 정진 · 150
행원의 공덕, 넷 : 참된 천생연분으로 · 153
행원의 공덕, 다섯 : 밀려오는 깨달음 · 159
끝없는 공덕과 보현행자의 서원 · 166
부모와 아이, 그 깊은 인연 · 170
하느님을 보여 주세요! · 177
행원, 그거 별 게 아니예요! · 179
가슴 아픈 사연들 : 병은 왜 오는 것인가? · 181
유마경의 소식 · 184
전생 신드롬 · 187
수희공덕(隨喜功德) : 하나되는 가르침 · 193
아버님과의 인연 · 196
친척 아저씨의 부음 · 204
청화(淸華) 큰스님 · 209
행원의 현대적 의미 · 222
행원의 의미, 그 하나 : 행(行)이란 무엇인가? · 228
행원의 의미, 그 둘 : 원(願)이란 무엇인가? · 232
행원수행의 자세 · 239

입법계품과 보현행원 · 241
청전법륜(請轉法輪) : 연화보좌에 오르시는 부처님들 · 243
청불주세(請佛住世) : 부처님 불러 모셔 오기 · 247
상수불학(常隨佛學) : 부처님께 돌아가기 · 250
항순중생(恒順衆生) : 꽃피워지는 중생의 불성(佛性) · 253
보개회향(普皆廻向) : 깨달음을 중생 속으로 · 258
행원과 깨달음 : 보현행원으로 보리 이루리 · 261

제4장 세상은 큰 화폭

삶과 죽음 · 267
선업(善業)과 도업(道業) · 270
깨달음이란? · 274
해오(解悟)와 증오(證悟) · 279
일체 중생 성불의 소식 · 283
참된 세상의 모습 : 삶은 고(苦)가 아니다 · 287
삶의 목적과 본질 · 290
수행자의 자세 · 294

재가자와 출가자 · 297
종교가 왜 필요한가? · 300
보급형 종교와 전문가용 종교 · 302
불교 우월주의를 경계함 · 305
개종은 과연 바람직한 것인가? · 307
기도하는 삶 · 309
고난과 장애가 닥칠 때 · 311
할머니와 화두(?)병 · 315
진(眞)해탈과 가(假)해탈 · 319
창조주와 일체유심조(一切唯心造) · 323
연극과 윤회 이야기 · 328
세상은 큰 화폭 · 336
구체적인 일상 수행방법 · 338
병 낫는 법 · 340
홍익암의 하루 · 348
행원과 나 · 351

보현행자의 서원 · 광덕 스님
보현행원품 해제

제1장
끝없는 구도

어릴 적 이야기

　지금 생각해 보면 나는 불교와 어릴 때부터 인연이 있었던 것 같다. 좋아하는 음식도 비빔밥, 국수, 김 같은 절 음식이 주였으며, 좋아하는 색도 노랑색이어서 미술 시간엔 늘 노랑색 크레파스가 모자랐다(부처님 색이 노랑색이다). 고기도 아주 어릴 땐 매우 잘 먹었으나 초등학교 입학 전후로 육류 생선 가릴 것 없이 끊었으며 벌레 한 마리 죽이는 것도 별로 좋아하지 않았다. 집안 분위기도 불교적이었다. 아버님은 특별한 종교는 없었으나 어머님께서는 내가 어릴 때부터 해마다 초파일이면 절에 가셔서 등을 달고 자녀들 생일이거나 집안에 일이 있을 때마다 절에 가셔 기도하시기를 빠뜨리지 않았다.
　그러나 우리 나라에 태어나신 분 치고 이만한 부처님 인연 없는 분 있겠는가. 나중에 윤회의 실상에 대해 언급이 있긴 하겠지만, 같은 나라에 태어난다는 것은 그만큼 공업(共業)이 깊다는 뜻이고, 한국은 본래 부처님 인연 깊은 나라라 한국에 태어난 이들은 적어도 부처님 인연이 모두 깊은 분들인 것이다. 그렇지만 우리들 대부분이 그렇듯 어릴 때는 불교가 무엇인지 알지도 못했고 관심도 없었다. 부처님 가르침을 만나게 된 것은 다른 분들처럼 나도 성인이 되고 나서였다.
　나는 고기를 거의 먹지 않는데, 이것도 불교와의 인연 탓인지도 모른다. 내가 고기를 먹지 않게 된 것은 어릴 때의 예기치 않았던 일 때문이다.

어릴 때는 생선과 쇠고기를 무척 좋아했다. 막내였기 때문에 그때는 아버지와 줄곧 겸상을 하곤 했는데, 생선이 올라오는 날이면 하나도 남기지 않고 늘 깨끗이 다 먹었다. 어려운 시절이라 자주 먹지는 못했지만 어머니께서 쇠고기국을 끓이는 날이면 한 방울도 남기지 않고 다 먹었다. 그러면서 나는 생선이나 쇠고기도 통조림처럼 공장에서 만들어지거나 콩나물처럼 밭에서 자라는 줄 알았다. 어디서 이렇게 맛있게 만드나요?라며 어머니에게 묻고는 철없이 싹싹 다 긁어 먹었는데, 그것이 한 생명을 죽여야만 나오는 것이라곤 꿈에도 상상 못하였다.

그러던 어느 날(일곱 살 전후로 생각된다) 늘 그랬듯이 어머니를 따라 시장에 갔는데, 여느 날과 다른 푸줏간의 풍경을 본다. 여러 번 다녔음에도 한 번도 본 적이 없었는데, 그 날 따라 시장 입구에 들어서는 순간 내 눈에 들어 온 것은 잘린 채 푸줏간 앞에 걸려 있던 소머리였다. 소는 두 눈을 둥그렇게 뜬 채로 머리가 잘려 푸줏간에 걸려 있었다(거의 40여 년 전 일인데도 그 소머리는 분명히 내 기억에 남아 있다). 어머니 저게 뭐예요? 하고 내가 묻는 말에 어머니는 친절하시게도 그것이 소머리라는 것을 알려 주시고, 내가 좋아하는 쇠고기도 거기서 나오는 것이라고 말씀해 주셨다. 내 안색이 변하는 걸 보신 어머니는 그제서야 짐짓 대수롭지 않은 일인 것처럼 얼버무리시며 내 손을 잡고 푸줏간을 떠나셨다.

그리곤 이것저것 장을 보셨다. 나는 충격이 컸지만, 아무 말도 하지 않았다. 내가 좋아하던 것이 하나의 생명을 죽여서 나오는 것이라니…. 하지만 그냥 그렇게 지나치기로 했다. 그래서 내 딴엔 마음을 독하게(?) 먹고 가는데, 얼마 가지 않아 이번엔 더 놀라는 일이 벌어졌다.

시장 한 쪽 옆 가건물에도 푸줏간이 하나 더 있었는데, 거기엔 갈비짝이 여기저기 걸려 있었으며 주인인 듯한 분이 한창 칼질(?)을 하고 있었던 것이다. 어머니 저건 뭐예요? 저것도 소를 죽여 나온 것이예요? 하고 내가 묻자 어머니는 그냥 아무런 일도 아니라는 듯한 투로 별걸 다 묻는다고 말씀하시며 다른 곳으로 얼른 가셨지만, 어린 내 눈에는 그 풍경은 그저 절망이었다. 아! 정말 그렇구나. 소를 죽여야 저런 고기가 나오는구나…. 어린 나에게는 정말 큰 충격이었다.

이후, 나는 밥상에 올라오는 고기는 생선이든 육류이든 손이 안 가기 시작했다. 쇠고기를 볼 때마다 푸줏간에 두 눈 뜨고 걸려 있던 머리가 생각났다. 생선을 젓가락으로 잡을라치면, 접시에 있는 것은 생선이 아니라 바로 나 자신이며, 동화책에서 본 무슨 거인이 꼭 나를 커다란 집게로 뜯는 것 같은 착각이 들어 몸서리를 쳤다. 이런 일이 몇 번 있고서부터는 그 좋아하던 고기를 먹지 않게 되었다.

늙으신 어머니는 중년의 아들이 고기 안 먹는 게 그렇게 안쓰러우신가 보다. 어머니를 찾아뵐 때면 애야, 스님들도 다 고기 드신다더라, 고기 안 먹으면 몸이 보전되기 어렵단다 하시며 슬그머니 불고기며 생선을 갖다 놓으신다. 하기야 어머니께서 보신 스님들은 도력이 대단(?)하셔서 그런지 모르나, 나야 어불성설. 한사코 뿌리치면 스님도 다 드시는데… 하시며 예의 안쓰러운 표정으로 나를 쳐다보시는데, 글쎄, 안쓰러운 이가 나인지, 아니면 한사코 고기를 먹이시려는 어머님이신지….

고기를 안 먹는다는 것은 사회생활로 보면 여러 가지가 불편하다. 나는 부산에서 자랐음에도 생선회를 전혀 못 먹는다. 친구들이 행여 부산에 올 때면 모두 회를 찾는데 나는 회 이름조차 모르니 한심한 노릇이었다. 더구나 접대한답시고 그것 때문에 잘 놀고(?) 있는 물고기들을 죽인다는 것은 도무지 내 양심상 허락지 않아 늘상 엉뚱한 곳에만 데리고 다니기도 하였다.

어쨌든 고기 먹지 않는 것이 버릇이 되니, 이제는 고기를 먹으려고 해도 그 냄새조차 싫은 것이, 피비린내는 물론, 굽는 냄새조차 남들은 다 고소해하지만 나에게는 역겹다. 인턴 시절에 제일 싫었던 일 중 하나가 수술실 들어가는 일. 수술이란 게 본래 칼로 살을 가르는 것이어서 피는 당연히 나오기 마련인데, 수술복을 입고 마스크를 써도 그 피비린내는 참기가 쉽지 않았다.

한산시(寒山詩)에는 이런 구절이 나온다.

> 돼지는 죽은 사람의 살을 먹고 / 사람은 죽은 돼지 창자 먹는다 / 돼지는 송장 냄새 꺼리지 않고 / 사람은 돼지 냄새 구수하다네 / 돼지가 죽으면 물 속에 던져 버리고 / 사람이 죽으면 흙 속에 파묻는다 / 사람과 돼지 서로 먹지 않으면 / 끓는 물 속에서 연꽃이 피어나리

이 말처럼 돼지는 사람 고기가 맛있다고 먹고, 사람은 그 돼지가 맛있다고 먹는데, 서로 먹고 먹히는 이 고달픈 삶은 언제 끝날 것인지…. 사회생활을 하게 되며 약간 나아지기는 했다. 하지만 고기를 지금도 나는 별로 좋아하지 않는다.

누구나 다 그렇겠지만 돌이켜보면 나는 초등학교 때가 나의 황금기였던 것 같다. 그때는 고뇌라고는 거의 없었고, 나날이 즐겁고 또 즐거운 시절이었다. 공부도 상위 그룹이었고 경제적으로 풍요롭지는 못했으나 그래도 학비는 낼 수 있었으며, 무엇보다 좋았던 일은 온 가족이 함께 살았던 것. 하루 종일 친구들과 놀고 나면 해는 서쪽에 발갛게 물들었고

나는 땅거미지는 길을 행복한 마음으로 걸어 집에 오곤 했었다. 때로는 집 뒷산에 올라가 집 있는 마을을 내려다보면, 그때만 해도 나무로 밥 짓던 분들이 많은 때라 산 아래 마을엔 밥 짓는 연기가 모락모락 올라오고, 밖에 나가 노는 아이를 부르는 어머니들의 목소리가 정겨웠다.

하지만 이런 즐거웠던 시절도 초등학교를 졸업할 무렵 끝이 났으니, 중학교에 갈 무렵 아버님께선 직장 때문에 부산을 떠나시게 되고 형님들도 직장과 학교 때문에 다들 내 곁을 떠나 바로 위 형님만 나와 함께 남게 되었던 것.

한창 사춘기가 시작될 무렵, 내 주위엔 아무도 없었다. 처음으로 마주치는 이런 환경 속에서 나는 중학교 때부터 무척 외로움을 타기 시작한다. 바로 한 해 전만 하더라도 온 가족이 비록 다툼은 있었지만 함께 지냈는데 하룻밤 자고 나니 세상은 바뀌어 있었다. 신체의 변화는 놀랍도록 빨리 오고 있는데 상의할 분도 없었다. 집에 오면 그저 책이나 보고 상상의 날개만 펼 뿐….

이러한 외로움은 사춘기를 넘기고 나서도 나의 고질병으로 되고 마니, 중학교를 거치며 점점 우울증에 시달리게 된다. 그러나 이 때만 해도 고교 시절만큼 나에게 고통을 안겨 주지는 못했으니, 중학교 때만 해도 행복하였던 것을 나는 몰랐던 것이다.

중학교의 추억

중학교는 나에게 크게 두 가지 추억이 있는 시절이다. 무엇보다 부처님 말씀을 처음 접했던 시절이고 나중에 의사가 되기를 결심한 시절이기도 하다.

그 날은 중학교 막 입학한 따스한 봄날이었다. 쉬는 시간에 우연히 수첩을 뒤적이는데, 그 밑에 오늘의 명언이 하나 적혀 있었다. 할 일이 없던지라 심심풀이로 읽어 보니 <쉬지 않으면 마침내 이루어지리라>는 글귀와 함께 <석가모니>라고 조그맣게 씌여 있었다('부처님'이 아니었음). 그때의 감동… 쉬지 않으면 마침내 이뤄진다니, 대체 이게 무슨 말인가? 그렇구나, 무슨 일이든지 끝까지 노력하면 언젠가는 이루어지는구나, 그러니 무슨 일이든 된다 안 된다 걱정할 게 없구나. 그저 묵묵히 될 때까지만 열심히 하면 되는구나… 아, 나도 그렇게 살아야겠다!

정말 우연히도 만났던 이 간단한 글귀는 이후 평생 나의 좌우명이 되었으니, 나는 별로 내세울 것이 없는 사람이지만 '쉬지 않는 것' 하나만은 자신이 있다. 무슨 어려운 일이 있을 때마다 나는 이 말을 생각하곤 늘 용기를 얻는다. 비록 현실이 아무리 답답하다 해도, 고약한 이 있어 아무리 나에게서 모든 것을 앗아간다 해도 그 누구도 내게서 앗아가지 못하는 것이 하나 있으니, 그것은 바로 나의 노력이라! 남들이 한 달만에 하는 것을 나는 일 년이 걸린다 할지라도 마침내는 이루어 낼 것이었다. 왜냐고요? 나는 쉬지 않을 것이니까요…. 그러나 아직도 부처님을 알기에는 너무 어린 나이라 석가모니 부처님은 그저 멋진 말씀을 하신 멋있는 분으로만 기억되었다.

중학교 몇 학년 때인지는 정확히 모르겠으나 어쨌든 이 때 나는 장래에 의사가 되기로 확고히 결심한다. 본래 나는 의사나 판사가 되고 싶었다. 그 중에서도 특히 의사란 직업에 더 마음이 끌렸으니, 뚜렷한 계기는 있지 않았으나 어렸을 때부터 나는 막연히 병을 고쳐 주는 사람이 되고 싶었던 것. 병으로 고통받는 사람은 특히 연민의 정을 내 마음 가득 안겨 주었는데 지금 생각하면 이 또한 나의 인연으로 보인다. 아마 과거생에 나는 의사의 서원을 세운 이였을 것이다.

하지만 의사라는 직업은 내가 과거생에 그다지 많이 해 본 일은 아닌 것 같은데, 나중에야 알았지만 내 적성이 도무지 수술을 하고 과학적 연구를 하는 의술과는 맞는 것 같지 않기 때문. 장래에 닥칠 일들을 알고 그랬는지 모르지만, 어느 날 나는 내가 의사가 되기 위해서는 어떠한 고난도 달게 받아들이겠다는 가당찮은(?) 결심까지 하게 된다. 그리고 그 결심은 뒷날 현실(?)로 닥치게 되니, 나는 지금 그다지 뛰어난 의사도 못 되거니와 의사가 되기 위해서도 적지 않은 고통을 만나게 된다.

고교 시절

고등학교의 생활은 고난의 시작이었다. 중학교와는 달리 일학년이 되자마자 주위에서 왜 그리 시비를 많이 거는지 정신이 없을 지경이었다. 시비의 이유는 오직 '건방지다'는 것. 내가 무얼 해도 건방지다는 것이었다. 웃어도 건방지고 말 없이 있어도 건방지고…. 하지만 나는 아무리 생각해도 건방진 일을 한 적이 없었다. 그런데 그 태도 자체가 또 건방지다는 것에는 나도 할 말을 잊었다.

이런 시비는 내가 대학생이 되고 군의관을 끝낸 후 수련의 때까지도 간간이 지속되었는데, 부처님 법을 알고 나기 전까지는 도대체 왜 그런 오해를 받아야 했는지 도무지 알지 못하고 그렇게 지냈으니 나로서는 참 답답한 노릇이었다. 지금 생각하면 무척 모났기 때문으로 여겨진다. 스스로 보아도 나는 무애원융하고는 거리가 멀었다. 남의 잘못을 잘 덮어 주지 못했고, 본의는 아니었겠지만 내 자랑이 적지 않았으며, 남을 섬기는 데도 그다지 익숙하지 못했다. 한 마디로 나는 원만하지 못하였던 것이다. 내 의도는 그렇지 않았다 하더라도 나의 말하는 태도, 몸짓 하나가 지금 생각하면 오해를 불러일으키기 충분하였으니 모두 내 잘못 아님이 없다.

그런데 나는 혼자였다. 부모님은 멀리서 그저 초등학교 때처럼 공부 잘하는 착한 아들인 줄로만 아셨고, 나와 고통을 나눌 어른들은 한 분도 계시지 않았다. 나는 그저 학교를 오가며 괴로워할 뿐이었다.

한창 사춘기의 절정을 향하던 나는 일학년 때부터 삶의 회의가 시작되었는데, 왜 인간은 살아야 하는지 도대체 알 수가 없었다. 이름은 잊어버렸지만 인생불가해(人生不可解)라는 글을 남기고 폭포수에 뛰어들어 목숨을 끊었다는 명치유신 시절의 일본 청년 이야기는 충분히 공감이 가는 일이었다. 공부 시간에도 선생님 몰래 책을 읽다 들켜 곤혹을 치르기도 했고, 수업이 끝난 뒤면 학교 뒷산에 올라가 풀밭에 누워 하염없이 구름을 보기도 했다. 특히 가을이 되면 나는 더 센티멘탈해지곤 했는데, 가을 산은 왜 그렇게 슬프기만 한지 해질녘 가을 산에 올라가 노을을 보면 까닭 없이 눈물이 나기도 했다.

당시 집에서 버스로 30분 정도 가면 낙동강 하구가 나온다. 마음이 외롭거나 울적해질 때면 나는 곧장 그 곳으로 가곤 했다. 지금도 그렇지만 그 곳엔 갈대가 많았다. 재첩국이 유명한 곳이며 돛단배도 있었고 초가집도 있었으며, 무엇보다 낙동강을 가로질러 강 안의 큰 섬인 명지까지 가는 뱃길이 있어 낭만적이었다. 이문열 선생의 '젊은 날의 초상'이란 소설의 무대도 바로 여기다.

배를 타고 바다 같은 낙동강을 가로질러 갈 때면 드넓은 강의 모습에 울적했던 마음이 씻겨지기도 했으며, 명지에 이르러 끝없는 시골길을 걸어갈 때면 바람은 어찌 그리 다정도 한지…. 그때만 해도 볼 수 있었던 주막집에서 막걸리 한 잔이라도 걸칠라치면(고등학생이 감히!) 방랑시인 김삿갓이 부럽지 않았다. 나는 본래 그리움이 많았는데 그래도 이 시절은 강이 있고 산이 있어 나의 그리움을 실려 보내기에는 모자람이 없던 때였다.

한 가지 다행한 일은 고교에서 나와 비슷한 관심을 가진 친구들을 꽤 많이 만날 수 있었던 일. 비로소 나는 그들과 나라의 장래를 걱정하고 인생을 논하기 시작했으며 그런 그들과의 논쟁에 지기 싫어 짐짓 아는 체도 하고 밤새워 철학 서적을 읽기도 했다.

그 중 특히 일학년 여름 방학 때 부모님 다 떠나시고 아무도 없던 우리 집에 불쑥 찾아옴으로써 나의 둘도 없는 친구가 된 모 대학 영문과의 S교수는 나의 최고의 논객이었다. 그와 나는 밤새 같이 이야기를 나눈 적이 많았으며 낙동강에도 같이 가 타는 듯한 가을 강도 보았고 시골길을 하염없이 걷다가 생두부에 막걸리로 젊음을 노래하기도 했다. 이 친구도 부처님 인연이 꽤 깊은 친구인데, 시절 인연이 아닌지 아직 부처님을 만나지 못한 잠자는 보살이시다. 아마 잠을 깨시면 우리에게 훌륭한 가르침을 주는 이가 되리라 본다.

친구는 어떻게 만나게 되는가. 나중에 부처님을 만나서 알게 된 이야기지만 우리 주위에 그냥 우연히 일어나는 일은 하나도 없다. 친구도 그러하다. 본래 다생에 인연 깊은 이들이 금생에 친구로 만나는 것. 그것도 나쁜 인연이 아니라 대부분은 좋은 인연이라니, 친구란 얼마나 좋은 존재인가. 친구는 서로에게 좋은 인생의 동반자가 되어 주니, 서로에게 용기를 주고 서로를 키워 나간다.

커서 만난 친구보다는 어릴 때 만난 친구들이 더 깊고 좋은 인연이니 어릴 때 만난 친구들일수록 딴 생각이 별로 없다. 늘 즐겁고 순수한 그 마음이 어릴 적 친구들 만나면 일어난다.

생각해 보면 내 친구들은 대부분 부처님 인연이 깊다. 부산에서 같은 소아과를 하는 키가 훌쩍 큰 친구 L군, 의대 교수로 그 모범적 교수상으로 학생들 사이에 보기 드문 존경을 받고 있는 P군, 유명 대학 건축과를 졸업하고 지금은 일반 건축 설계에 바쁘나 언젠가는 옛 전통을 이어 발전시킨 현대적 사찰의 모델을 한번 제시하고 싶다는 소망을 가진 H군, 재수시절 만나 서로에게 용기를 주었던 둘도 없는 나의 벗 L군, 사업장에서 직원들을 내 가족처럼 시봉 잘하여 이 어려운 시기에도 발전을 거듭하는 수순중생의 대가(大家) J군, 대학 동기로 현재 유명 대학 병원 교수로 재직하며 불교는 모르나 보살이 따로 없는 자비심과 상(相)이 없는 맑은 마음으로 환자들과 후배 의사의 존경을 한 몸에 받고 있는 K군, L군, J군 등…. 다들 시절 인연이 아직은 아니라 구체적으로 부처님 만나지는 못하고 있지만 조만간 중생의 잠에서 깨어나 모두들 부처님 공양 나아갈 소중한 이들이다.

고교 때 인상 깊은 추억 중 하나는 교회에 나갔던 일. 아마 감리교 계통의 교회로 기억되는데, 약 2년 동안 열심히 성경도 읽고 예배도 보며 주님을 찾았다. 심지어 주님을 찬송하는 찬송가도 하나 지을 생각도 했으니, 잘만 했으면 충실한 주님의 종이 하나 탄생될 뻔(?)도 했다. 주위 선배들로부터 신앙심 깊은 학생이란 소리도 들었다. 성경 열심히 외우지, 찬송가도 잘 부르지(나는 예나 지금이나 노래는 좀 하는 편이다!), 나오랄 때 교회도 꼬박꼬박 잘 나오지, 지금 생각해도 그때는 나무랄 데 없는 주님의 종이 아니었을까? 그러나 역시 부처님 새끼(?)는 어쩔 수 없었는지, 고3이 되어 입시에 바쁘면서부터 자연스레 미련 없이 교회를 떠났다.

3학년 되던 초파일 밤, 나는 시내에 있던 절에 가게 된다. 해마다 어머니께서는 초파일 절에 가서 등을 달고 오셨는데, 초파일 절은 특별한 무엇이 있는지 궁금했던 것. 절에 이르렀을 때는 이미 어두워져 등에 불을 켠 신도분들이 석가모니불을 외우며 거리로 나서는 중이었다. 처음

보는 초파일의 제등행렬은 그 자체가 장관이었으며 무엇보다 그 많은 군중들이 한 마음으로 외치는 석가모니불 정근 소리가 인상적이었다. 그 때는 불교를 전혀 모를 때라 석가모니불(佛)을 석가모니불[火]로 들었으며, 왜 불[火]이라 그러는지 의문스러웠을 뿐.

고3 때도 고뇌와 방랑은 그치지 않는다. 공부할 것은 태산 같은데도 어찌 그리 나라가 안타깝고 우리 나라 사람들이 불쌍(?)한지, 그리고 사람은 왜 태어나 살아가야 하는 것인지 의문이 꼬리를 물었다(이런 번민은 대입 재수 시절 외에 대학 6년이 끝날 때까지도 지속되었으니 내가 생각해도 참 대단하다). 왜 그렇게 엉뚱한 생각들이 많이 떠오르는지…. 그 중의 압권은 <중생을 기어코 다 구제하겠다>는 것. 아마 사홍서원의 중생무변서원도(衆生無邊誓願度)에서 그런 생각이 난 것 같은데 걸핏하면 중생을 다 구하겠다는 소리를 친구들에게 하곤 했으니(겨우 고3짜리가!) 좋아할 친구들이 어디 있으리오. 능력도 없고 노력도 하지 않으며 그저 입으로만 중생이 불쌍하다, 부처님, 이 중생들을… 하면서 밤낮 중생 걱정(?)만 하고 있었으니, 주위 사람들이 보기엔 내가 참 딱하기도 했을 것이다.

그런데 가만히 보니 다른 친구들은 그런 것은 이제 더 이상 생각지 않고 공부만 열심히 하는 것이 아닌가. 나만 아직도 이상 속에서 놀고 있었던 것이다.

재수 시절

  나는 재수 끝에 대학에 간다. 첫 해엔 불합격이었던 것. 청천벽력 같은 소리였다. 아니, 내가 불합격하다니, 나에겐 적어도 이런 류의 장애는 없다고 생각했는데…. 그렇지만 현실은 현실이었다.
  입시에 떨어진 뒤 주위를 보니, 세상은 나와 아무런 관련이 없었다. 나는 좌절에 몸부림치는데, 한 개인의 절망과는 상관 없이 해는 오늘도 동쪽에서 뜨며 세상은 하나도 달라진 것 없이 돌아가고 있었다. 합격한 동료들 역시 그들의 기쁨을 즐길 뿐, 자기와 다른 처지의 사람들을 이해하지 못했으며 이해하려 들지도 않았다. 사람은 철저히 혼자구나…. 이 사실은 어린 내 가슴 깊이 새겨진다.
  절망 속에서 지내던 어느 날, 시내로 외출했다가 어쩐지 그냥 걷고 싶어 집까지 걸어오던 중이었다. 망상 속에 보낸 고3 시절이 한탄스럽기도 하고, 내 자신이 한심스럽기도 하고…. 하지만 알 수 없는 삶의 모습에 신기해하며 걷고 있던 도중, 불현듯 들었던 생각. 그래, 당분간 이런 류의 고뇌는 하지 않기로 하자. 이런 쓸데없는 망상(?) 때문에 대학에 떨어지지 않았던가. 내 인생의 가장 중요한 대목에서 아픔을 맛보지 않았던가. 이젠 오로지 공부만 하자. 그래서 의대에 진학하여 열심히 공부하자. 그리고 내 나이 40이 될 때까지는 인간 질병의 근원과 인간 불행의 근원, 또 그 치료법까지 반드시 알아 내자. 그리하여 40세 이후엔 질병과 불행에 시달리는 사람들을 구해 주러 나가 보자.

내가 왜 그런 생각을 했는지는 지금도 모르겠다. 하지만 그때만 해도 40세는 까맣게 보였고, 또 40세는 흔히 말하는 불혹의 나이라 누구나 인생을 웬만큼은 알게 되고, 나 역시 노력 안 해도 자연스레 인생의 의문점을 얼마쯤은 풀 수 있게 될 줄로만 알았던 것 같다. 40세, 겨우 나이 40에 말이다….

이렇게 해서 다음 해 나는 서울 형님 댁에 머물며 재수를 하게 된다. 그런데 이 때는 멀쩡(?)하게 서울서 근무하시던 아버님께서 대구로 발령이 나셔서 또 다시 부모님과 헤어지게 되었다. 무슨 인연인지 나는 초등학교 시절 외에는 부모님을 모시지 못하게 된다. 그래서 나에게 부모님은 늘 조금은 낯선 분으로 계시게 된다.

서울은 아는 친구라곤 하나도 없는 곳. 나는 여기서도 철저히 혼자였으니, 오직 같은 잘못을 되풀이하지 않겠다는 다짐 아래 학원과 집을 오가는 생활만 할 뿐.

재수 때는 모든 나의 꿈을 접었다. 오로지 서울대에 합격하겠다는 일념으로, 그 좋아하던 철학책들도 일체 보지 않았다. 삶에 대한 회의도 과감히 끊었다. 망상이 떠오를 때면 내가 무엇 때문에 공부를 망쳤는데라며 스스로를 채찍질했다. 오냐, 일 년만 기다려라, 일 년 뒤엔 실컷 보마. 나는 진정 달걀 대신 닭을 얻는 것이다. 스스로를 그렇게 달래며 오로지 학과 공부만 매달린다.

외로웠던 재수 생활이었지만, 지금 생각해도 내 인생에서 이 시기만큼 황금기는 없었으니 지금도 재수 시절만 생각하면 마음에 잔잔한 감동이 인다. 그때는 오로지 공부만 하면 되었다. 내 스스로도 그렇게 다짐했듯,

인생의 고민도 할 필요가 없었다. 내 공부의 제일 방해꾼이 바로 삶에의 회의였는데, 그 때문에 시험을 망쳤다고 생각한 나였기에 당분간 안하기로 굳게 다짐했고 따라서 그런 고민을 대학생이 될 때까지 적어도 할 필요가 없었으니, 해가 떠도 공부, 해가 져도 공부, 오매불망 서울 의대요 오로지 공부, 또 공부뿐인 한 해였다.

서울대 입시를 칠 때 아직도 내 기억에 남아 있는 일은 국어 시험에서 제법무아(諸法無我)의 뜻을 묻는 문제가 나왔던 일. 한자로 諸法無我라 적어 놓고 이게 무슨 말인지 쓰라는 것인데, 순간 당황했다. 평소에 생각해 보지 못한 글일 뿐 아니라 뜻으로 보면 '모든 법에는 내가 없는 것'인 것 같은데 '법'이 무슨 말인지 이해가 되지 않았기 때문이다. 결국 나는 무슨 뜻인지도 모른 채 그냥 그렇게 썼다.

대학합격 통보를 받은 날, 얼마나 허망하던지…. 일 년 동안의 나날이 주마등처럼 지나갔는데, 내 가슴이 허전했던 이유는 단지 지난날에 대한 감상만이 아니었다. 더 큰 이유는 이게 끝이 아니고 오히려 이것이 시작이라는 것을 알았던 것이다. 이제부터는 한 해 유보해 두었던 삶의 비밀도 알아 보아야 하는데 자신이 별로 없었던 것. 앞으로는 책임을 져야 하는 삶이 전개될 것인데, 그것은 추상적이 아니라 구체적 삶일 것이고, 그런 삶은 부단히 큰 희생과 노력을 요구할 것이었다. 이러한 미래에 대한 불안은 뒷날 현실로 나에게 다가오게 된다.

의예과 시절 : 부처님과의 첫 만남

　대학은 나에게 참으로 많은 가르침을 가져다 주었다. 번뇌도 많았고 기쁜 일도 많았다. 나중에야 알았지만, 나는 애당초 의대 적성이 아니었다.
　흔히들 말한다, 적성이 어디 있냐고. 하지만 적성은 분명히 존재한다. 나는 처음부터 자연 계통이 어울리지 않았으니, 도대체 실험이라든가 도형 같은 것은 이해를 하지 못한다. 해부학 시간에도 남들은 뻔히 찾는 신체 여러 부위를 눈앞에 보고도 찾지 못하는 수가 흔했다.
　그 대신 나는 문학을 좋아하고 철학적 논쟁을 즐긴다. 내가 굳이 외과 계통을 택하지 않고 내과 계통을 택한 까닭은 피 냄새를 싫어하는 이유도 있지만 아무리 수술책을 봐도 인체구조가 이해가 안 되었던 것도 한 이유이다. 지금 생각하면 내과 계통 중에도 정신과가 내겐 가장 적격인데, 그랬으면 불교공부가 더욱 내 현실이 되었을 텐데(부처님은 이 세상에서 가장 훌륭한 마음 병을 고치는 의사 선생님이 아니신가), 나는 이미 소아과 전문의니 이제 와서 그런 생각은 아무 소용 없는 후회거리(?)에 지나지 않는다.
　재수 끝에 들어간 서울대—모든 이들이 꿈꾸던 곳이고, 또한 내가 꿈을 이룰 수 있는 곳. 대학에의 기대는 참 컸다. 하지만 현실은 그렇지 못했다. 대학은 내가 생각하던 것과 괴리가 있었으니, 무엇보다 고등학교 때 나눴던 인생에 대한 진지한 대화를 같이 나눌 상대가 없었던 것. 나는 그 동안 미뤄 왔던 인생에 대한 고민을 다시 하고 싶었다. 그런데 이상하게도 고교 시절까진 삶에 대해 무척 고민하는 친구들이 많았는데 대학에 오니 전혀 그게 아닌 것이다.

미팅이니 스포츠니 이런 표면적인 일들에 관심이 많을 뿐, 우리가 왜 사는지 어떻게 살아야 하는지, 이 나라를 어떤 나라로 만들어야 하는지에 대해(운동권 빼고) 대체 고민하는 친구들을 볼 수 없었던 것. 심지어 고교 때 그런 얘기를 나눴던 친구들을 만나도 그런 얘기를 꺼낼 수 없었으니, 그런 얘기를 꺼내기만 하면 다들 귀찮고 가당찮다는 표정으로 말을 끊기 일쑤였다. 자연히 나는 그런 말을 꺼리기 시작했다. 그 대신 우스갯소리로 가볍게 지내니, 어쩐지 내게는 어색하고 어울리지 않았지만 친구들과 함께 지내기 위해서 어쩔 수 없이 마음을 속이고 지내던 시절이다.

어느 강의 끝난 봄날, 캠퍼스에서 우연히 불교학생회 수련회 안내문을 보게 된다. 토요일에 가서 일요일에 오는 1박 2일의 수련회로 장소는 동작동 국립묘지 안에 있는 화장사(華藏寺)—참, 이름도 묘하지…. 나는 그렇게 생각했는데, 아무리 국가 유공자들이 계신 곳이지만 그래도 무덤은 무덤이고, 그 묘지 있는 곳에 절 이름이 화장이라…. 물론 火葬이 아니고 華藏이긴 하지만, 한글로 하면 그게 그것 아닌가. 기분이 좀 묘했다.

그런데 그때 생각엔, 절이란 곳이 다들 경치 좋은 곳에 있고, 이렇게 좋은 봄날 경치 좋은 곳에서 술이나 한 잔 하고 노래 부르면 그것도 참 괜찮지 않겠는가. 그때만 해도 절이란 한 바퀴 구경하고 술이나 먹고 노는 곳인 줄 알았다. 그래, 요즘 친구 만나기도 시원찮은데 에라 거기 가서 밤에 막걸리나 한 잔 하지 뭐! 그래서 마침내 수련회를 가기로 결심한다. 뭐 하는지도 모르면서, 오직 봄바람 속에 술 한 잔 먹기 위해….

수련회 날, 나는 사당동 뒷산을 물어물어 올라갔다. 달동네 가득한 산등성을 넘으니, 뜻밖에도 소나무 우거진 산림이라, 날은 저물어 가는데 절은 보이지 않는다. 한참을 헤매고 가는데 어디선가 들리는 목탁 소리. 그때의 희열감이란…. 지금 생각하면 전생 인연인 것도 같은데, 어쨌든 숲속 어딘가에서 울려 나오는 목탁 소리가 참 좋았다. 목탁 소리를 따라 찾아가니 절이 보인다. 어느새 화장사에 왔던 것이다. 마치 노래 가사 한 구절처럼….

내가 좀 늦게 온 편이라, 다른 친구들은 대부분 와 있었다. 저녁 밥을 먹는데, 공양(供養)이란다. 아니, 공양이라니? 내가 밥 먹는데 왜 공양인가(불교에 대해선 아는 게 없었지만 그래도 공양이란 부처님께 무언가 바치는 것이므로 밥하고는 전혀 상관 없는 것으로 알고 있었다). 속으로 이상하게 생각하며 밥 나오길 기다리는데, 어렵쇼, 다들 밥 그릇을 들고 방 안에 앉네? 이른바 발우공양이었던 것이다!

부모님 따라 스님들 안내 받으며 갔던 절 생각만 하고, 방 안에 편히 앉아 차린 밥상 들던 생각만 하고 있던 나에게 발우공양은 세상에 할 짓이 아니었다. 더구나 그릇을 물로 씻어야 한다니 이게 대체 웬 날벼락인가. 눈치를 보니, 나처럼 헤매는 친구가 반 정도, 능숙하게 발우를 씻는 친구가 반 정도 되었다. 그렇게 내 생애 처음 발우공양이 끝났다.

공양이 끝난 뒤 주지스님의 법문이 있어 법당으로 가는데, 아 이거 참, 법당 중앙으론 들어가지 말란다. 옆의 조그만 문으로 들어가라는데, 아니, 큰 문 놔 두고 왜 좁은 문으로 가나 하고 내심 불만이었지만 하라는 대로 할 수밖에. 이윽고 주지스님이 오셨는데, 놀라운 것은 주지스님 역시 그 옆 문으로 들어오시는 것이었다.

　화장사 주지스님께 들은 법문이 내가 이 세상에 태어나서 아마 처음으로 들은 법문일 것이다. 몇해 전 열반하신 청담스님의 상좌였던 주지스님께서 그 당시는 흔치 않던 금테 안경을 하신 것이 인상적이었다. 그때는 신심은커녕 불교가 뭔지도 전혀 모르는 때라, 스님에 대한 존경심은 전혀 있지도 않고 반면 시건방지게 외모로 스님의 법력을 평가하는 데는 일가견(?)이 있었다.

　스님께서는 옆 문으로 들어오신 이유를, 나 같은 작은 중은 중앙 문으로 들어올 자격이 없기 때문이라 말씀하셨다. 나 같은 작은 중에게 설법 들을 필요 없고, 다만 내일 절을 내려갈 때 국립묘지의 모습이나 잘 보라고 하셨다. 그 모습이 바로 만고의 설법이라 내 시덥잖은 말보다 그게 훨씬 나을 것이라시며 이어 반야심경을 말씀하셨다.

　스님은 이 심경의 깊은 뜻을 나에게 알려 주는 사람이 있으면 나는 당장 그 사람을 나의 스승으로 삼겠다시며, 우리 중에 누구 없느냐고 물으셨다. 나는 속으로 그 참, 관자재보살이 깊은 반야바라밀을 행할 때 오온이 모두 공한 것을 보고 일체의 괴로움을 벗어났다는 것인데, 이걸 뭐 알고 모르고 할 것이 있는가, 참 딱하기도 하다고 생각했다. 그 당시는 그렇게 철부지였으니 지금에 봐도 한심한 생각이 든다.

　주지스님의 법문이 끝난 뒤, 또 한 분의 스님의 법문이 있으니 잠시 기다리라는 안내가 있어 입정에 들어갔다. 그렇게 한 5분 지났을까? 갑자기 법당 중앙 문이 활짝 열리는 소리가 나더니 누군가 들어오는 소리가 났다.

　아니, 누구길래 주지스님도 옆 문으로 들어오시는데 감히 중앙 문을 열고 들어오시나? 중앙 문으론 법력 높은 분만 출입하신다는데. 그렇다면 지금 이 분은 부처님을 맞대면하실 정도로 법력 있으신 분인가 본데 대체 어떻게 생기셨는가? 살짝 고개를 돌려 보니 얼굴이 환하고 광채가 나시는 분이 법당 문을 힘차게 열고 들어서시는 것이었다. 아! 사람 얼굴이 저렇게 맑을 수도 있구나! 나는 감탄을 금치 못했다.

지금껏 그렇게 많은 스님을 뵌 적이 없는 탓이겠지만 모습이 나를 감동시킨 분은 없었는데 지금 내 앞에 서 있는 분은 그렇지가 않았다. 중년의 연세에 적당한 키, 그리고 맑고 환한 얼굴…. 바로 그 분이 광덕스님이었다. 스님과의 만남은 그렇게 이루어졌다.

내가 듣기로 스님은 20여 년 산에서 정진하시다가 승려들 교육은 어느 정도 되었으니 이제는 속세 중생들을 구제해야겠다고 원을 세우시고 하산하신 지 얼마 되지 않았다고 했다. 그 당시 스님의 법문은 하나도 기억나지 않는다. 하지만 맑고 자신에 찬 모습은 그 자체가 하나의 법문이었다. 그렇게 짧게 뵈온 스님은 그 해 초겨울, 종로 대각사에서 다시 뵙게 된다.

화장사 수련회를 갔다 온 다음 나는 의대 불교학생회에 가입하여 본격적인 불교와의 만남이 시작된다.

처음 불교에 접하며 어려운 일도 몇 가지 있었는데, 그 중 하나가 불교경전의 선택이었다. 불교에 대해서 하나도 모르던 나는 불교경전도 마치 기독교의 성경처럼 그렇게 한 권으로 된 것이 있는 줄 알았다. 실지 책방에는 불교경전 류가 몇 가지 있었다. 하지만 내용을 보면 전혀 내가 찾는 그런 책이 아니었다. 책마다 내용이 다르고 부피도 다르고, 무엇보다 내용이 빈약하여 불교가 무엇인지 도무지 알 수가 없었다. 어째서 불교는 성경 같은 경전이 없을까. 지금 생각하면 책마다 경전이란 이름이 있으니 초심자가 당황도 할 수밖에….

그럴 즈음, 내가 찾던 성경 류와 가장 비슷한 책을 발견했으니, 동국역경원에서 발간한 <불교성전>이었다. 처음 이 책을 보았을 때 발간사에 '이 불교성전은 대장경이란 울창한 숲에서 따 놓은 몇 개의 잎사귀에 지나지 않는다. 그러나 정정한 나뭇잎은 두루 모은 셈이다'라는 글이 있었는데, 이 말의 뜻을 알게 된 것은 많은 세월이 흐른 뒤이다. 줄을 그어가며 읽은 내용들이 불교 가르침상 얼마나 중요한 내용들이었는지 그 당시엔 전혀 몰랐다. 단 한 줄의 내용에도 이 책을 만드신 분들이 숙고에 숙고를 거듭한 내용임을 이제는 안다. 지금도 나는 이 불교성전을 애지중지하며 성전을 발간하신 역경원 스님들의 원력을 깊이 느끼고 감사드리고 있다.

불교학생회에서는 많은 것을 배웠다. 첫 법문을 언제 들었는가는 모르겠으나 부처님 오신 날을 며칠 앞둔 어느 날 동대문시장 안에 있던 거사림에서 동화스님으로부터 부처님이 출가하셔서 대도를 이루시게 되는 인연을 처음 들은 기억은 분명히 난다. 5월이라 날은 화사하고 신록 또한 한창 무르익어 가는데, 부처님 이야기는 어찌 그리 즐겁던지…. 사문유관에서는 나 또한 오늘 같은 봄날 부처님 따라 성 밖을 노니는 것 같고, 삶과 죽음의 의문을 풀겠다고 별 밝은 밤 성문을 넘어 출가의 길을 떠나시는 부처님 모습에는 온몸에 밀려오는 희열로 몸을 떨기도 했다. 거룩하시도다 부처님! 정말 대단하십니다 부처님! 그 날은 태어나 처음 들은 부처님 일생 이야기에 환희심 가득하여 스님 말씀을 노트에 일일이 적으며 듣던 기억이 난다.

동화스님으로부터는 수심결에 대해서도 배웠다. 그러나 그보다는 수심결을 배우던 도중 스님이 들려 주신 순치황제 출가시가 더 기억에 남는데, 그 시는 지금까지도 원문을 외울 만큼 강하게 나에게 다가왔다.

순치황제는 청나라 제일의 명군 강희황제의 아버지로 어느 날 '인연 있는 사람 이 옥쇄로 임금되라'는 말과 함께 옥쇄를 성문에 걸어 놓고 홀연히 사라지셨다고 한다. 그때 옥쇄와 함께 걸려 있던 시가 바로 이 시라는 것이다.

스님 말씀에 의하면 본래 순치황제는 인도에서 수행자로 살았다고 한다. 어느 날 수행하는 곳으로 어느 임금이 가족을 데리고 방문하였는데 순치황제가 잠깐 눈을 뜨고 보니 이쁜 아내와 귀여운 자녀를 거느린 그 임금이 참 부러웠다고 한다. 그래서 나도 다음 생엔 저렇게 임금이나 되어 이쁜 아내도 생기고 자식도 낳고 살았으면 좋겠다 하는 생각을 그야말로 잠깐 일으켰는데…. 얼마나 쓸데없는 생각을 했는지 알아차린 황제가 이크, 내가 무슨 생각을 하나? 공부나 해야지! 하면서 다시 마음을 잡고 수행에 들어갔건만 워낙 선근이 뛰어나신 분이라 그 잠깐 망상한 덕분(?)으로 다음 생엔 황제가에 태어나게 되었다는 것이다. 참 대단도 하시지, 우리 같은 사람은 평생을 망상해도 소원(?)대로 안 되는데, 황제는 도대체 어떻게 되신 분이길래 그런 잠깐 망상에도 황제가 되시는지….

황제는 그런 인연으로 태어나 자기 딴엔 애국하느라 18년을 전쟁터에서 보냈지만, 어느 날 홀연히 자신의 본분을 깨닫게 된다. 아, 내가 가야 할 길은 이 길이 아니구나! 그리하여 황제는 출가 기회만 엿보다가 드디어 결행한 것인데 정말 시 한 구절 한 구절이 모두 내 마음을 울리는 것이었다.

천하 총림의 밥이 산같이 쌓였고 / 발우 닿는 곳이 임금님 밥상이라 /

황금과 백옥이 오히려 귀하잖고 / 오로지 한 벌 가사 입는 것 더 어려우이 / 짐은 산하 대지주로 / 나라 걱정 백성 걱정 모두 번뇌였도다 / 백년 삼만육천일이 / 승가의 한가로운 반나절만 못하네 / 회한은 애당초 한 생각 차이에 있는 것 / 가사 대신 누런 옷 이 몸을 감쌌네 / 나는 본래 서방의 일납자로서 / 어이하여 제왕가에 태어나게 되었던고 / 이 몸 태어나기 전에는 누구였으며 / 태어나고 난 뒤의 나는 또 누구인고 / 장대한 성인이 겨우 나라면은 / 두 눈 감고 누우면 이 또한 누구련가 / 백년 세상 일은 하룻밤 꿈이요 / 만리 강산은 한 판 바둑이로다 / 대우씨 9주 긋고 탕임금은 걸을 치며 / 진시황 육국 먹자 한태조가 터를 닦네 / 자손은 본래부터 스스로 복 타고나니 / 자손을 위한다고 마소 노릇 하지 마소 / 옛부터 많고 적은 그 숱한 영웅들이 / 남북과 동서에 흙이 되어 누웠나니 / 올 적엔 기뻤는데 갈 적엔 슬프단가 / 공연히 인간 시상 한 바퀴를 도는구나 / 만약에 안 왔으면 갈 리도 없을 것을 / 기쁨이 없었던들 슬픔 또한 없을 것을 / 나날이 한가로움 내 스스로 알지니 / 홍진 세상에 괴로움 떠나리라 / 입으로 맛들임은 시원한 선열미요 / 몸 위에 입는 것은 누더기 한 벌 원이로다 / 오호와 사해에서 노니는 손님되어 / 부처님 도량 안에 마음대로 노닐세라 / 출가하는 일을 쉽다고 하지 마소 / 석년누대에 선근 없인 아니 되네 / 18년 동안 자유라곤 없었도다 / 산하에 큰 싸움 몇 번이나 하였던가 / 내 이제 손을 거둬 산으로 돌아가니 / 만 가지 근심 걱정 내 알 바 아니네

회한당초일념차(悔恨當初一念差)라! 정말 그렇다. 이 세상 모든 일이 한 생각 차이로 천만리 만만리 벌어진다. 신심명(信心名)에도 나오듯, 처음엔 털끝만한 것이라도 나중엔 하늘과 땅 차이로 벌어질지니, 무서워라 무서워라, 한 생각 차이여! 한 생각 잘하여 부자도 되고 성불도 하지만 한 생각 삐끗하여 멀쩡하던 분이 모든 재산 날리고 폐인이 되고 만다.

성인과 범부도 한 생각 차이라, 한 생각으로 본 성품 찾아 대자유인이 되기도 하지만, 한 생각 잘못으로 미혹에 떨어지기도 한다. 그 일념, 단지 그 한 생각 차이가 그렇게 만드는 것이다.

또한 내가 누군가 하는 것—태어나기 전 나는 누구며[未生之前誰是我] 태어나고 나서의 나는 또 누군가[我生之後我爲誰]. 장대성인 된 그 모습이 겨우 나인 줄 알았는데[長大成人纔是我], 죽어 두 눈 감고 무덤가에 누워 있으면 그는 또 누구인가[合眼朦朧又是誰]…. 이 대목에서는 온 몸에 부르르 전율이 일었다.

그리고 동서에 가로누운 저 많은 영웅호걸—그렇게 권력을 휘두르고 사람들을 억압하고 했지만, 한 움큼 흙이 되어 누웠으니[古來多少英雄漢南北東西臥土泥] 얼마나 무상한가! 그렇지! 올 적엔 다들 기뻐 난리지만 갈 적엔 또 얼마나 슬픈고[來時歡喜去時悲]! 공연히 인간 세상이라고 한바탕 돌고 가는 것을[空在人間走一回]! 만약 오지 않았다면 갈 리도 없고[不如不來亦不去] 기쁨이 없었다면 슬픔도 없었을 것을[也無歡喜也無悲]…. 이 대목에서는 어리석은 우리들에 대한 안타까움이 온 마음을 감쌌다.

모든 것은 변한다 : 제행무상(諸行無常)

그 해 늦 봄부터 내 가슴에 찾아온 청하지 않은 손님, 허무와 무상— 이 세상에 고정불변의 것은 없으며 모든 것은 변한다는 사실은 나를 방황과 깊은 외로움에 빠뜨리기 시작한다.

모든 것은 변한다. 산천만 아니라 일체 모든 것이 변한다. 우정도 사랑도 모두 변한다. 이 세상에 변하지 않는 것은 아무것도 없었던 것이다. 믿을 것도 믿을 이도 아무도 없었다. 있는 것은 오직 변한다는 것이요 아무것도 모르겠다는 것뿐이었다. 오래간만에 가 보았던 내 추억의 낙동강도 개발에 밀려 한참 변하고 있었다. 나와 가장 친했던 친구들도 각기 제 갈 길에 바쁘며 바뀐 환경에서 옛 인연은 가고 새 인연을 맞이하기 바쁜 것이었다.

나는 그다지 변한 게 없건만 학창 시절뿐 아니라 재수의 아픔도 같이 했던 친구, 결코 변하지 않을 것 같던 그 친구와의 우정도 대학의 차이, 인문계와 자연계의 갈림으로 점점 멀어져 갔다. 거기다 그렇게 착하고 정감 많았던 그 친구는 민중의 아픔을 참지 못하여 운동권으로 나아갔고, 나는 그런 친구를 안타까이 지켜 볼 뿐이었다.

세상은 참으로 무상했다. 사람도 변하고 마음도 변하며 산천도 변하는 이 세상이 그렇게 허망할 수 없었다. 왜 세상은 변하는 것인가. 그냥 변하지 않고 있으면 아니 되는가. 왜 사람의 모습도 변하고 마음도 변하여 이렇게 애를 태우는가. 어제의 사랑하던 사람이 오늘은 사랑하는 사람이 아니고, 어제의 그 불타오르던 열정은 다 어디로 가 버리고 오늘은 이렇게들 무심히 지내는가. 우리는 왜 성장하며 왜 나이가 들면 어릴 때 그 맑던 마음 다 잃어버리고 추하게 변해 가야 하는가. 왜 세상은 변하고 왜 또 변하여야 하는가.

알 수 없었다. 산천도 내 어릴 때 보던 산천이 아니며 사람도 어제의 그 사람이 아니었다. 나이가 들수록 다들 마음은 삭막하여 가고 어제의 소중했던 것들이 비웃음이 될 뿐이었다. 성장한다는 것은 이렇게 되는 것인가. 정말 알 수 없었다. 이런 사실 앞에 나는 외롭고 허무할 수밖에 없었다.

나는 참 외로웠다. 아무리 술을 마시고 웃고 떠들고 데이트를 하고, 겉으로는 멀쩡한 척해도 집에 오면 외로움을 이기지 못했다. 아무도 나의 이런 괴로움에 관심 없었으며 내가 괴롭거나 말거나 시간은 흘러가고 세상은 진행될 뿐이었다.

이렇게 몇 달을 열병으로 지내던 어느 날, 문득 모든 것은 변한다는 사실이 아픔으로만 다가오는 것이 아니라는 생각이 들었다. 그렇다, 변하기 때문에 희망이 있는 것이다! 고정불변의 것이 없기 때문에 오늘 실패한 자도 희망을 가질 수가 있고 오늘의 슬픔이 내일엔 기쁨으로 바뀌는 것이다! 그러므로 변한다는 사실이 언제나 아픔만 가져오는 것은 아니며, 오히려 변화의 본질은 이런 희망과 기쁨을 우리에게 알려 주는 데 있는 것이다(이런 아픔이 왜 왔는가. 나중에야 안 사실이지만, 나의 고민은 모두가 부처님 안에 있었다. 모든 것은 변한다! 그것은 바로 제행무상이요 제법무아의 소식이 아니었던가. 이 소식은 몇 년 뒤 내가 다시 절망에 빠졌을 때 나를 일깨워 주게 된다).

　이 사실을 알게 되었을 때 나는 비로소 나를 그 동안 그렇게 괴롭혀 왔던 허무에서 조금씩 벗어날 수 있게 된다. 그러나 이런 사실을 안 이후에도 번뇌는 끝이 없었으니, 그것은 안다고 현실이 달라지지는 않기 때문. 다들 즐거운 캠퍼스 생활인데, 나는 외롭기만 하고 생기도 별로 없었다. 겉보기엔 번드레하지만, 나는 어둠 속에 살고 있었던 것이다.

　그러나 오직 한 군데, 불교학생회 써클 룸만 들어가면 희망이 솟고 용기가 났다. 그리고 거기엔 무엇보다 인생이 무엇인지에 대해 진지한 이야기를 나눌 수 있는 친구들과 선후배들이 있어 외롭지 않았다. 부처님 얘기를 마음껏 할 수 있었고 삶의 의문을 같이 얘기할 수 있었던 것. 그 때는 내가 왜 그런지 몰랐다. 불교학생회에 가서 부처님 말씀만 나누기 시작하면 나는 전혀 다른 사람이 된다. 어둠도 어디 갔는지 흔적도 없고 오히려 내가 건방질 정도로 너무 자신만만한 게 흠이었다. 아마 나를 불교학생회에서만 봤던 이들은 지금도 나를 그렇게 보리라 생각하는데, 사실은 나는 써클 룸 밖을 한 발자국만 나가도 외롭고 어두운 사람이었던 것이다.

대각사의 두 선지식

 신입생 시절이 다 끝나고 겨울 방학이 얼마 남지 않았던 어느 초겨울, 나는 운동권이던 의대 본과 선배로부터 종로 대각사에서 총불회 기념 법회가 있으니 참석하라는 얘길 듣는다. 기쁜 마음으로 그 날 저녁 대각사에 가니, 제법 많은 선배, 친구들이 이미 와 있었다.
 그 날은 또 평소와 다르게 광덕스님뿐만 아니라 법정스님도 손님으로 와 계셔 무척 반가웠다. 얼굴 맑으신 광덕스님을 다시 만나 뵙게 되어 기뻤고, 말로만 듣던 유일한 우리 불교계의 유신 저항가이신 법정스님을 직접 뵙게 되어 또한 기쁨을 금할 수 없었다.
 먼저 광덕스님께서 말씀하셨다. 그 중 가장 인상적이었던 내용은 어둠은 어둠으로 사라지지 않는다는 것—아무리 어둠을 원망하고 어둠과 싸워도 어둠은 사라지지 않고, 오직 등불 앞에 어둠은 저절로 사라질 뿐이라는 것. 그러므로 어둠 보고 어둠아 사라지라고 목이 터져라 싸우고 외칠 필요 없이, 우리는 언제나 등불을 가져와야 한다는 스님의 말씀은 참으로 감동적이었다. 이 말씀 역시 내 평생의 좌우명으로 남게 된다.
 다음에 등판하신 법정스님께선 예의 힘 있는 카랑카랑한 목소리로 영화 빠삐용에 관해 말씀하셨다. 스님께서는 그 영화의 가장 감동 깊은 장면이 바로 마지막—자유를 찾아 천 길 낭떨어지로 떨어지는 빠삐용의 모습이라 하셨다. 그러시며 여러분은 그때 영화에는 안 나오나 빠삐용이 뭐라고 외치는지 그 외침을 들었느냐고 물으셨다.

나는 참 이상했다. 내게는 빠삐용에서 제일 인상적인 장면이 빠삐용이 유죄를 인정하는 장면이었다. 환상 속에서 빠삐용은 자신을 유죄라고 판정한 재판관들을 만나는데, 빠삐용이 자신은 무죄라고 주장하자 재판관은 단 한 마디로 빠삐용을 굴복하게 만든다. 그 한 마디는 바로 <시간을 낭비한 죄>. 빠삐용은 더 이상 군말 없이 유죄임을 인정한다.

그런데 법정스님같이 뛰어나신 분은 빠삐용이 탈출하는 장면이 가장 감명 깊었다니, 역시 뛰어나신 분은 나와 무엇인가 다른 모양이구나 하며 스님의 말씀을 기다렸는데…. 스님께서는 다음과 같은 내용의 말씀을 하신다.

빠삐용은 탈출하고 드가는 섬에 남는데, 그는 이렇게 외친다. 이 놈들아, 나는 자유를 찾았다. 자유는 이렇게 나처럼 찾는 사람에게만 오는 것이다, 이 바보들아!

법정스님께서 법문을 끝내시고 절을 떠난 조금 뒤, 갑자기 총불회 부회장이던 K군이 앞에 나오더니 유신헌법 반대 성명서를 읽기 시작했다. 나는 깜짝 놀랐다. 비록 암울한 독재에 그 많은 분들이 항거하는데, 우리 불교계에선 참여하시는 분이라곤 아까 그 법정스님밖에 안 계셔서 나 역시 섭섭한 마음이 없었던 것은 아니나 내가 바라던 것은 이런 식의 집회는 아니었다. 어디까지나 여기 모인 사람들 대부분 모두 나같이 아무것도 모르는 분들이었다. 난들 이럴 줄 알았다면 여기 왔을 리 없겠지만(나는 이런 방식의 항의를 바람직하다고는 평소에 생각지 않았다. 그래서 가장 친한 친구가 운동권으로 변모되는 것을 보고도 말렸던 것이다), 아무리 목적이 정당하고 사람 모으기가 급했다 하더라도 이런 식으로 해서는 안 될 일이라고 지금도 그렇게 생각한다.

성명서 낭독이 끝난 뒤, K군은 대각사에서 비록 몇 발짝 나가지는 못하겠지만 지금부터 종로 조계사까지 가두 시위를 하겠다고 선언했다. 갑작스런 유신철폐 집회에 대부분의 학생들은 아무런 말도 못하고(반대하면 그 즉시 비겁자, 배반자로 몰리니) 그저 지켜 볼 뿐.

이제 막 가두 진출이 시작되려 할 무렵, 그때 어디선가 안 된다! 하는 벽력 같은 소리가 났다. 누군가가 나타나신 것. 그 소리의 임자는 앞서 먼저 법문을 끝내시고 방에 가 계셨던 광덕스님. 스님은 방안에 계시다 이 소식을 들으시고 황급히 달려나오신 것이었다. 온화하시기만 하시던 평소와 달리 스님은 약간은 흥분되고 그러나 단호한 목소리로 K군을 제지하셨다.

○○야! 내가 아까 말하지 않았더냐? 어둠으론 어둠을 없애지 못한다고! 이러면 안 돼! 너희들 희생이 너무 커! 등불을 가져오면 저절로 어둠은 없어져! 시간이 걸리더라도 등불을 켜!

스님은 애끓는 목소리로 간곡히 주동 학생들에게 부탁했다. 그러나 스님의 애타는 호소에도 집행부는 결정을 철회하지 않았다. 스님 말씀이 옳은 것은 알지만 그것은 너무 늦다는 말과 함께 시위를 나가려 했다. 그 순간 스님은 K군의 앞을 가로막으시며 큰 소리로 외쳤다.

못 간다 이놈들아! 갈려면 나를 밟고 가라!

평소엔 전혀 상상할 수 없는 행동이셨다. 그 단호하신 태도에 집행부는 멈칫했다. 잠시 양자 간의 메아리 없는 설득이 진행되었다. 그리고 K군이 말했다.

스님, 스님이 막으시니 할 수 없습니다. 저희들은 나가야 합니다. 본의는 아닙니다만 저희들이 스님을 밀치고 가겠습니다. 용서하십시오.

스님께 합장 인사를 드리고 난 뒤, K군의 나무 서가모니불 정근송을 시작으로 주위 집행부 학생들이 가로막고 있는 스님을 어깨 위로 들어 올렸다. 스님은 학생들에 떠밀리시면서 애타게 부르짖으셨다.

안 된다, 이 놈들아!

그러나 중과부적. 20대의 쟁쟁한 젊음을 풀만 드신 중년의 스님이 어찌 감당하시겠는가. 스님의 저항은 그렇게 무너지고, 안 된다고 외치는 스님의 애절한 외침만이 뒤에 남겨졌다.

그렇게 해서 나간 걸음이었건만 우리는 대각사 문을 한 발짝도 나가지 못했다. 문을 나서려는 순간 언제 알았는지 경찰들이 골목길을 벌써 가득 메운 상태였기 때문. 결국 우리는 나중에 모두 종로경찰서로 끌려가게 된다. 나야 시위 전력 하나 없는 착한(?) 학생임이 드러나 야단만 맞고 찬 바람 맞으며 아침에 나왔다. 하지만 이 날은 나에겐 너무 인상적이었던 날이었으니….

암울하던 시대에 의식 있고 뛰어난 친구들이 운동권으로 변하는 것을 보고 주위의 고통은 외면하고 나의 이익만 찾아 현실에 안주하는 것은 아닌가 하는 회의가 떠나지 않던 나에게, 당대의 선지식 두 분이 같은 문제를 두고 보이신 행동은 이후 나에게 깊은 가르침으로 자리잡게 된다.

나중에 법정스님께서는 정부로부터 <일부 몰지각한(?) 승려>라는 어처구니 없는 비난을 받으시며 모든 현실참여에서 물러나 홀연히 불일암에 내려가 버리셨고, 광덕스님은 서울에 남아 이 시대의 실천불교 운동인 불광 모임을 지속하시게 된다.

첫 수련회 : 통도사의 겨울

　그 해 겨울, 통도사에서 서울대 총불교학생회에서 수련회를 갖는다는 소식을 듣고 양산으로 향한다. 통도사 입구에서 내려 절까지 십리 길을 올라가는데 길 옆 계곡과 나무, 겨울의 맑은 바람으로 기분은 상쾌했다.
　그때는 아직도 내 믿음은 이제 겨우 시작이라 통도사에서도 즐거운 바람을 잊지 않았으니, 절 앞 음식점에서 절 향기 맡으며 막걸리 한 잔 먹을 수 있기를 잔뜩 기대했던 것. 하지만 술은 무슨 술, 일주문에 발 디딘 순간부터 끝날 때까지 한 걸음도 나올 수 없었으니…. 나오기는 고사하고 눕지도 못하고 하루 종일 숨 돌릴 틈도 없었으니, 참 그때까지는 내가 생각해도 꿈도 야무졌었지요.
　난생 처음 해 보는 일 주일의 수련회. 아니 무슨 수련이 참선밖에 없는지, 눈 뜨고 예불 끝나자마자 앉기 시작해 하루 종일 앉으니, 한 번도 이런 비슷한 것을 해 보지 않은 나에겐 여간 어려운 일이 아니었다. 더구나 화두를 들어야 한다며 전혀 의심도 안 나는 화두를 주시니…. 그래도 참선하라니 앉아 있기는 있는데 도무지 화두가 들려야 말이지요! 이건 쌀 씻는 법도 모르는 이에게 밥하라고 솥 맡기는 격이라, 입은 십리 밖에 나왔지만 불만을 말할 수야 있나, 그저 방선 시간만 기다릴 뿐….
　그래도 소득은 있었다. 우선 발우공양이 편해졌으며 일 주일에 스무 번의 발우를 씻고 나니 발우공양의 소중함도 어렴풋이 느끼게 되었다. 나비보다 더 가뿐하신 종범스님 발걸음도 그때 보았고 벽안, 월하, 두 분 큰스님도 뵙는 영광을 얻었다. 천수경도 그때 처음 만났다. 제대로 잠을 못 자 다라니 읽을 때는 졸음이 쏟아지는데도 자라자라 못쟈못쟈 하는 대목에선 신통하게 눈이 저절로 떠졌다. 육신을 조복받지 못하고는 마음의 조복도 결코 없다는 사실도 이 때 알게 되었으며 더욱이 수련회가 끝나갈 때쯤엔 몸과 마음이 얼마나 가뿐한지, 온 견성은 아니라도 반 견성은 한 것 같은 기분이었다. 비록 집에 온 지 얼마되지 않아 모두 까먹어 버렸지만….

통도사 수련회에서 잊지 못할 일은 극락암 경봉 큰스님과의 만남이다. 그때는 <깨달으면 누구나 부처다>라는 말을 철석같이 믿었고, 경봉 큰스님이야 우리 나라에서 현존하시는 몇 안 되는 도인이시며 깨친 분으로 법력이 대단하신 분으로 널리 알려졌으니, 깨친 분, 부처님은 어떤 모습인지 심히 궁금하였던 것이다.

극락암에 올라가 큰스님 방에 우리 모두 이르니, 큰스님께서는 위풍당당한 웃음으로 우리를 맞아 주신다. 그런데 인상 깊었던 것은 큰스님 방 안의 시계가 멎어 있었던 것. 왜 멎어 있을까 하는 의문과 함께 아, 큰스님 방 시계는 저렇게 멎어 있는 법인가 보다, 역시 큰스님은 뭐가 달라도 다르셔 하고 생각했다.

그 당시 큰스님은 아흔이 가까우신데도 목소리가 우렁차고 눈도 좋으신지 안경도 끼지 않으셨다. 한 학생이 큰스님은 눈이 안 나쁘십니까 하고 여쭸는데, 요놈아, 지혜의 눈이 떠지면 세상이 다 훤한데 안경은 와 쓰노? 하셨다. 어? 어제 뵈온 벽안 큰스님은 안경을 쓰셨는데, 그러면 벽안스님은 견성을 못하셔서 안경을 끼신 것일까? 순간적으로 든 생각이다(참고로 벽안 큰스님은 경봉 큰스님보다 연세가 8년 밑으로, 경봉 큰스님을 통해 눈을 뜨셨으며, 큰스님을 평생 스승으로 모셨다고 한다).

　큰스님께서 고구정녕히 말씀하시는 동안, 나는 일부러 표정을 굳힌 채 짐짓 화난 얼굴로 큰스님을 노려 보았다. 부처님은 이런 인상에 어떻게 대하시는지 궁금해서였다. 그러던 중 큰스님이 우연히 내 눈과 마주쳤는데, 허! 이 놈은 왜 이리 인상 험하게 하고 있노? 하시더니 더 이상 나에겐 눈길을 돌리지 않으셨다. 그래도 나는 큰스님 말씀이 끝날 때까지 부릅뜬 눈을 거두지 않았다.

　마지막 날 밤 철야정진을 한 뒤, 우리는 다시 극락암에서 큰스님을 뵙는다. 이번에는 법좌에 오르셔서 정식으로 하시는 법문이었는데 인생무상에 관한 것이었다. 법사가 자리에 오르기 전 이미 법문은 설해졌으며, 눈썹 한 번 꿈적하는 사이에도 법문은 설해진다는 말씀과 함께 인생이 얼마나 허망한지에 관해 일러 주시는데, 참으로 내 가슴에 와 닿는 내용이었다. 별 어려운 말씀 쓰지도 않으시고 우리 주위에서 볼 수 있는 쉬운 비유를 들어 설명하시는데, 구구절절 내 가슴을 적시었다. 특히 '부모라도 죽고 나서 사흘만 지나면 송장에서 물이 줄줄 흘러. 그러면은 그렇게 죽었다고 울고 떠나보내기 싫다 불고 하는 자식들도 근처에도 안 가려 한다. 그런데도 이 한 몸뚱이 살았을 땐 살았다고 그렇게 오만 치장 오만 욕심 다 부리니, 이 어찌 무상한 일 아닌가' 하신 말씀은 지금도 오금이 저릴 정도다.

　나는 그 동안 품었던 의문 하나를 큰스님께 꼭 여쭤 봐야겠다고 마음먹었으니, 그것은 경봉 큰스님이 과연 스님인가? 하는 것. 금강경엔 불법이 불법이 아니라고 분명히 나와 있지만, 그때는 금강경이라는 것이 있는 줄도 모를 때라, 다만 나는 개인적으로 진정한 종교는 그 절대적 가르침에조차 집착하면 안 되고, 그 가르침을 수행하시는 분들도 정말 그 교주의 가르침을 제대로 알았다면 모든 말과 이름은 떠나야 하지 않을까, 그런 생각이 들었던 것이다. 그래서 큰스님도 비록 스님 모습으로 계시지만 스님 마음에야 내가 승려다, 아니다는 생각은 이미 떠났을 것이라 생각하여 한 번 확인해 보고 싶었던 것.

법문이 끝난 뒤, 모두들 다시 큰 절로 돌아가는데 나는 마루에 앉으신 채 우리를 바라보시는 큰스님께 다가가 합장하였다. 큰스님은 나보고 무슨 일이고? 하고 물으셨다. 나는 질문이 있다고 말씀드리곤 다짜고짜 스님이 스님입니까? 하고 여줬다. 뭐라꼬? 하시던 큰스님은 내가 다시 한 번 말씀드리자 얼른 손을 나에게 내미시더니, 니 이게 뭐꼬? 하고 물으셨다. 손입니다, 하는 나의 말이 끝나기도 전에 큰스님은 손을 허벅지 뒤로 숨기시면서 이거는 뭐꼬? 하며 숨 돌릴 틈도 주시지 않고 물으셨다. 나는 순간 당황했다. 큰스님께서 무엇을 물어셨는지 몰랐기 때문. 아까는 손을 보이시면서 이게 뭐꼬? 하셨기에 대답했지만, 이번엔 손을 감추시며 물으셨기에 무엇을 가지고 뭣고? 하고 물으셨는지를 몰랐다. 손이 안 보이면 안 보인 그것이 뭣인지 물으셨는지, 아니면 허벅지를 가지고 뭣인고 물으셨는지 알 수 없어 망설이는 나를 보시더니 이게 뭣고? 빨리 말해 봐라 하시며 재촉하셨다. 큰스님, 무얼 말씀하시는건지요? 손을 말씀하시는 겁니까? 하고 말씀드리는 순간, 큰스님은 얼굴을 찡그리시며 가라 가라, 이것도 모르면서 무슨 선문답할라카노?(이 말씀은 20년이 훨씬 더 지난 지금까지 생생히 내 기억에 남아 있다)라시며 손을 휘휘 내저으셨다. 그리고는 일언지하에 나 보고 내려가라시며 더 이상 나의 말을 들으려 하지 않으셨다.

나는 그 순간 서러웠다. 큰스님! 저는 큰스님과 선문답하러 뵌 것이 아니예요! 다만 참된 종교는 형식과 형상을 떠나야 한다는 제 나름대로의 생각이 맞는가 하는 것뿐입니다! 스님은 일반 세속 중생과는 다른 분이신가요? 비록 출가하셨지마는 한 소식 하신 지금에도 계속 출가했다는 생각을 하고 계시는가요. 비록 복장 모습은 스님이나, 참된 법에 스님비스님이 어딨겠습니까. 모두가 출가인이요 모두가 또한 재가인인데! 비록 큰스님은 극락암에 스님으로 살고 계시지만 불법에서는 이미 승속을 떠난 것이 아닌가요? 큰스님, 저는 이런 걸 여쭙고 싶을 뿐인데요….

나는 적어도 견성하신 큰스님께서는 중생 마음을 다 아시는 줄 알았다. 중생이 말 안해도, 그저 중생의 표정만 보셔도 중생의 고뇌, 어린 마음 다 아시고 어루만져 주시는 줄 알았다. 그런데 이건 큰 착각인지 모른다. 의사로서 느끼는 것 중 하나가, 환자들은 이름난 명의들은 환자가 뭐라 호소 안해도 진찰만 하면 병명을 알아 내 시원스레 진단을 내릴 수 있는 줄 안다는 것이다. 그러나 제 아무리 명의라도 진찰만 가지고 확실한 진단을 내릴 수는 없는 것이다. 문진(問診)이라 하여 환자가 어떻게 아파서 왔는가를 자세히 듣는 것은 제대로 된 진단을 내리기 위해 매우 중요한 일이다.

그리고 큰스님께서 말씀하신 그 자체가 이미 가르침을 주신 건지도 모른다. 다만 내가 못 알아들었을 따름이지….

지금 생각하면 내가 그 동안 남의 오해를 많이 산 것도 이런 나의 태도에 기인한 것으로 보인다. 큰스님마저 오해하실 정도니 비록 내 본 마음은 그렇지 않다 하더라도 일반인들이 보기에 얼마나 가당찮게 보였겠는가.

여하간 나는 대답을 듣지 못했다. 어린 마음에 서러움만 가지고 큰 절로 향한다.

서울미대에 다니던 눈 푸른 법우의 기억도 아름다운 추억거리 중의 하나다. 수련회가 끝나고 각자 느낌을 얘기하는 시간에 보통 학생과는 달리 회색 법복을 입고 있어 나의 눈길을 끌던 그 친구는 마지막에도 전혀 기대치 않았던 이야기로 내 기억에 또렷이 남는다. 그는 자신의 차례가 되었을 때 한숨을 쉬며 이렇게 말했던 것.

여기 올 때는 부처님 법비[法雨]를 실컷 맞을 수 있을 것 같았는데, 이제 보니 하나도 맞지 못했습니다.

말을 끝내며 그는 또 한숨을 크게 내 쉬었다.

나는 순간 뭐 이런 한심한 놈이 다 있노! 하고 오히려 내가 속으로 한숨을 쉬었다. 아니, 그냥 수련회 일 주일 하고 가면 되지 부처님 법비는 무슨 빌어먹을 법비? 제발 그런 말 좀 쓰지 말자, 그런 식으로 말하니 불교가 고리탑탑하다 그러는 기라.

그 친구야 그런 내 마음 알 리 없었겠지만, 지금 생각하면 참 기도 차고 우습고 미안하다. 아니, 내가 그런 말 이해할 수준이 되어야 비판하든지 말든지 하는 거지 그런 수준도 되지 못하며 그렇게 생각하다니….

남을 속이기만 하던 사기꾼은 사람이 남을 안 속인다는 사실을 전혀 알지도 믿지도 못하는 법이다. 그 당시 법비를 보지도 못한 내가 법비 맞기 간곡히 원하는 그 심정을 어떻게 이해하냐 말이다! 그런데도 주제를 모르고 그런 친구를 한심하게 여기다니…. 하지만 그럼에도 불구하고 친구의 구도에 대한 열정은 나에게 깊은 인상으로 남는다.

제행무상의 괴로움에선 벗어났지만, 의예과 2년 시절 역시 방랑의 연속이었다. 방황과 방랑은 애당초 전생부터 타고났나 보다. 왜 그리도 마음의 안정을 못 찾고, 삶과 죽음에의 의문은 꼬리를 무는지…. 매번 종교

서적을 읽지 않으면 공부가 시작조차 잘 안 되니 만약 내가 그런 사람을 제3자의 입장에서 봤다면 나도 틀림없이 저 놈 참 한심한 놈이라 생각했으리라.

예과가 끝나는 겨울 방학, 나는 배낭에 금강경 한 권을 넣고 혼자서 일 주일 간 여행을 떠난다. 이것이 내가 금강경을 처음 만난 때였다. 금강경은 처음 보는 것임에도 불구하고 글자 하나하나가 모두 깊은 감동을 주었다. 한 자 한 자에 환희심이 샘솟듯 솟았다. 금강경을 일독만 했는데도 나는 어느새 아상 인상 수자상을 다 떠난 도인(?)이 된 듯한 기분이 들 정도로 금강경은 깊은 감동을 주었다. 그런 금강경 경구를 배낭에 넣고 겨울 산사를 찾아 나서는데, 때론 주막집에서 막걸리 한 잔과 오뎅 국물로 목을 축이고 얼음 언 강을 따라 눈 덮힌 겨울 산하를 벗 삼아 강진 백련사를 거쳐 두륜산 대흥사까지 걸어간다.

참으로 추억 어린 여행이었다. 대흥사 북암에선 암주 용운스님께 잘 보였는지 초의스님의 동다송 얘기까지 들으며 하룻밤 자는 행운까지 얻는다. 새벽예불을 드린 뒤 눈 덮힌 산하 너머로 밝아 오던 북암의 아침 햇살은 그 해부터 더 큰 고통으로 찾아온 4년의 의대 본과 생활을 가엾이 여긴 부처님의 자비였는지도 모른다….

의대 본과 시절

본과 4년은 나에게 번뇌의 연속이었다. 어찌 그리도 번뇌가 많고 어찌 그리도 장애가 많은지…. 내 얼마 안 되는 그 동안의 삶이지만, 재수 때가 제일 힘든 줄 알았는데 그건 약과였다. 아무리 노력해도 성적은 나락을 헤매고 곳곳에 잡념 투성이라, 도대체 이해할 수가 없었다. 지속되는 삶과 죽음의 문제…. 아무리 불교책을 보고 참선한다고 앉아 봐도 도무지 아는 게 없었다. 모두가 남의 이야기요 내 이야기는 아니었다.

하지만 결코 이보다 더할 수 없을 것 같은 본과 4년의 고뇌도 겨우 시작일 뿐이었다. 군대도 갔다 오고 결혼도 하고 아버지도 되고 개업도 하여 병원 원장이라는, 남들이 보기엔 무엇 하나 부럽지 않은 의젓한 중년의 신사였지만, 행원을 만나 정녕 부처님 가르침을 바르게 알게 되기 전까진 고뇌와 고난의 연속이었던 것이다.

불교학생회에선 은혜를 많이 입었다. 이 모임을 통해 선학원에서 매주 참선도 할 수 있었고 이종익 교수님, 김용정 교수님, 오형근 교수님, 김항배 교수님, 고익진 교수님, 서경수 교수님, 이기영 교수님 및 정병조 교수님 등 많은 분들을 만나 뵐 수 있었다. 틈만 나면 동국대로 찾아가 이 분들에게 여러 가르침을 들을 수 있었고, 설사 모르는 교수님을 뵙더라도 저는 서울의대 불교학생회에 다니는 학생입니다 하며 질문드리면 아, 그래요? 하며 어느 교수님이든 반가이 맞아 주셨다. 심지어 혼자 산사를 찾아갈 때도 그 절 스님께 서울의대 불교학생회 다니는 학생이라 하면 공짜 한 끼 공양은 물론 하룻밤 잠도 잘 수 있었으니 어찌 크나큰 은혜가 아니겠는가.

불교학생회 회원 친구 부모님 중에 백성욱 박사님을 잘 아시는 분이 계셨다. 이 분을 통해 가회동에 있던 법당에서 백 박사님을 친견하는 행운을 가진다. 그러나 백 박사님에게 나는 큰 감동을 느끼지 못한다. 그 친구를 통해 미리 듣기는 백 박사님의 법력은 이루 다 말할 수 없다고 했는데, 뵈오러 들어가 절을 올린 뒤 뵌 박사님은 아무 말씀 없으신 채 먼 곳만 가만히 보시는 것이었다. 이 분도 그냥 이름만 나신 선지식인 것 같구나. 그러니 중생의 마음을 모르는구나 하고 지레 짐작한 나는 잠시 앉아 있다가 그냥 나오고 말았다. 그 당시 어린 내가 무엇을 알 수 있었으랴만, 그리고 인연이 아닌 탓도 있기는 하겠지만, 지금 보면 선지식이 나에게 오시지 않은 것이 아니라 내 어둠 때문에 나에게 오신 선지식을 내가 못 알아 본 것이니, 그 안타까움을 어찌 하겠는가. 다만 나의 어리석음이 지금도 안타깝고 안타까울 뿐이다.

선학원에서 혜암 큰스님을 뵈온 것은 1977년 여름이었다. 그때는 도무지 잡념이 떠나지 않아 일상생활에 큰 고통을 당할 때라, 아픈 가슴을 안고 큰스님을 뵈러 간다. 큰스님께선 이미 귀가 잘 안 들리셔서 시봉하는 스님이 귀에 대고 큰소리로 다시 말씀을 드려야 알아들으셨는데, 나는 큰스님께 삼 배 드린 후 가슴 저리게 여쭤 보았다.

큰스님, 사람이 가야 할 때 가지 못하고 끊어야 할 때 끊지 못하면 어떻게 됩니까?

끊어야 할 때 끊지 못하고, 가야 할 때 가지 못하는 것—그것은 그 당시 나의 모든 고통의 제일(第一) 원인이었다. 가야 할 때 가지 않았기 때문에 나는 모든 것을 잃고 있었다. 그 고통의 제일 원인을 어떻게 끊을 수 있는지, 나는 큰스님의 가르침을 듣고 싶었던 것이다.

그런데 힘들게 나의 말씀을 들으신 다음에 나온 큰스님 말씀은 전혀 뜻밖이었다. 무표정의 큰스님께선 손을 위로 드시더니 이 몸 끌고 다니는 게 뭐꼬? 하고 물으시는 것이었다. 그러시며 이 몸 끌고 다니는 운전수를 알아라 하시는 것인데, 사실 이런 유형의 말씀은 그 동안 숱하게 들어 본 말씀이라 나는 도무지 흥미가 없었다. 큰스님, 그런 말씀 말고 정말 가야 할 때 가지 못하고 끊어야 할 때 끊지 못하면 어떻게 됩니까? 하고 재차 여쭤 봐도 큰스님은 그저 손만 아래 위로 들었다 내리시며 그 말씀만 반복하셨다. 할 수 없이 나는 절 올리고 다시 나올 수밖에 없었다.

그 외에도 추억은 많다. 봉선사에서 뵌 온화롭기 그지없던 운허 큰스님, 날카로운 질문을 던지시긴 하지만 선에 대해 따스하게 가르쳐 주시던 화계사의 덕산 큰스님, 진관사에서 뵈온 탄허 큰스님, 멀리서 법문하러 오셨던 범술 큰스님, 월산 큰스님, 그리고 종정을 지내신 고암 큰스님까지 뵈었으니, 아마 그 당시 제방 큰스님은 성철 큰스님을 빼고는 다 만나 뵙는 영광을 가진 것 같다.

송광사 수련회

　다시 총불회에서 하는 송광사 수련회에서 나는 구산 큰스님을 뵙고 큰 가르침을 얻는다. 그때에도 큰스님에 대한 나의 경이는 줄지 않았다. 깨달으면 다 부처님인데, 구산 큰스님 역시 깨달음은 분명히 얻으신 분일 테고, 깨달음 얻으신 분의 모습은 어떤지 이번에도 궁금하였던 것이다. 밥은 어떻게 드시는지, 말투는 어떠신지, 앉기는 어떻게 앉으시는지도 궁금했다. 심지어 걷는 모습은 어떠신지, 큰스님이 법문 마치시고 거처로 가실 때면 나 혼자 살짝 뒤따라가 큰스님 걸음걸이도 훔쳐 보곤 했었다.
　송광사 수련회에서도 하루 종일 참선을 시켰다. 여기서 큰스님은 이뭣고? 화두를 주셨는데, 도대체 화두가 들려야 말이지요. 무자 화두를 받은 적도 있지만 무 자는 도저히 내 마음에 와 닿지 않았는데, 이뭣고?는 전부터 관심이 있던 화두라 큰스님께서 주시자 그래도 즐겁게 들었다. 하지만 온통 잡념. 그래도 이 때쯤엔 나도 불교학생회에선 선배 축에 속해 화두를 제대로 못 든다는 것은 창피한 일이고, 주위를 둘러보니 다들 엄숙하게 앉아들 있는지라 나도 짐짓 화두가 잘 들리는 척하였다(나중에 보니 다들 잡념 망상만 하였단다). 화두선은 이렇듯 우리 같은 범부는 쉽지 않은 일이었다.

큰스님과의 만남 시간이 있었다. 큰스님께선 신나게 우리 말 시조 몇 수를 읊으신 다음 우리에게 물으셨다.

여기 산만한 금덩이가 있는데, 이 금덩이와 네 목숨과 바꾸자면 너희들은 어떻게 하겠는가?

아무도 대답이 없어 내가 말씀드렸다.

스님 같으면 어떡하시겠습니까?

그 말이 떨어지자마자 큰스님께선 크게 웃으시며 말씀하셨다.

절대 안 바꿔!

나도 웃으며 그러면 저도 안 바꿉니다 하고 말씀드렸다.

질문 시간이 되어 누군가가 기독교와 불교의 차이점을 여쭸는데, 큰스님께선 기독교의 하느님은 모든 신의 우두머리일 뿐, 하느님도 생사를 못 면한다고 말씀하셨다.

또 다시 질문을 받으셔서, 이번엔 내가 여쭸다.

큰스님, 요즘 보면 여기저기 큰스님이라고 하는 사람들이 많습니다. 제가 보기엔 깨달음을 얻은 것 같지 않은데 그런 사람에게도 큰스님이라 불러야 합니까?

말씀이 끝나자마자 큰스님은 미소를 잊지 않으신 채, 그러나 단호한 어조로 말씀하셨다.

그런 분이 있는 것은 사실이지만, 방금 말하는 네 말투부터 고쳐야 한다. 그런 말투는 설사 그 분이 큰스님이 아니라 해도 해서는 안 된다. 큰스님이란 사람이 아니고 큰스님이라고 하시는 분이라고 말해야 한다. 네게는 아무리 그렇게 안 보인다 하더라도, 네가 뭘 그렇게 알겠는가. 그러니 일단은 모든 분들에게 존경하는 마음을 일으켜야 하고 그런 마음을 일으킬 때 비록 그 분이 틀렸다 하더라도 네게 큰스님이 되는 것이다.

그리고 큰스님은 조계산 달 따 가거라 하시는 말씀을 끝으로 법문을 마치셨다.
　큰스님의 인자하지만 단호한 이 말씀은 나에게 많은 가르침을 주셨다. 먼저 가슴 한 구석에 있던 의문을 전광석화같이 빼앗아 가 버렸다. 깨달음 얻은 큰스님이라고 인가받은 분은 존경해야 하나, 아니면 내가 보기엔 깨달음을 못 얻으신 것 같더라도 그냥 존경해야 하나? 하는 철없는 의문이 그 말씀으로 풀렸던 것이다. 화엄경에는 문수보살이 보리심을 발하여 선지식을 찾아 나서는 선재동자에게 이렇게 말씀하신다.

　　오 착하도다! 선남자여, 어떤 중생이 아뇩다라삼먁삼보리 마음을 내는 것도 진실로 어려운 일이지마는, 그 마음을 내고 다시 보살의 행을 부지런히 행하려는 것은 몇 곱이나 더 어려운 일이니라. 그대가 이제 발심하고 보살의 도를 구하여 온갖 지혜를 성취하려거든, 마땅히 진정한 선지식을 부지런히 찾아야 할 것이니, 선지식 찾기를 고달퍼하지 말며, 선지식을 보거든 싫증을 내지 말며, 선지식의 가르침을 그대로 따르고 어기지 말며, 선지식의 미묘한 방편에 다만 공경할 뿐이요 허물을 보지 말아야 한다.

　그렇다. 선지식의 허물을 보지 말아야 한다. 알량한 알음알이로 저 분이 선지식인가 아닌가 저울질하는 그 마음을 버려야 한다. 내 마음의 분별이 선지식을 의심하게 만들고 가르침을 가로막는 것이다. 그러므로 오로지 선지식 찾는 그 마음만 일으켜야 한다. 그리하여 내가 어떤 가르침에도 보리심을 일으킬 때 아무리 보잘것 없는 분일지라도 모두 선지식이 되어 내게 찾아오시는 것이다.
　그리고 이 말씀은 내용과는 전혀 상관 없는 오온개공(五蘊皆空)의 도리를 조금이나마 나에게 알려 주게 된다. 큰스님께서는 분별하는 마음을 일으키지 말고 모두를 존경하라는 말씀을 하셨는데, 나는 일체가 공이라는 또 하나의 가르침을 체험하게 되었던 것.

그것은 스님의 말씀을 듣고 다시 선방에서 참선하던 중이었다. 이뭣고? 화두를 들고 앉았던 어느 날 밤, 가슴에 무언가 밝아 오는 것이 있었다. 무어라 말할 수 없지만 대강 일체가 다 공하다는 가르침이 마음 한 구석에 또렷이 나타났던 것. 오온이 다 공이요 일체가 다 공하다! 그런 것을 무엇 하러 집착하고 마음 상해 왔단 말인가! 가슴 깊이 맺혔던 체증이 다 가시는 기분이었다. 나는 깊은 환희심에 잠겼다. 이 때의 환희심은 그 후로도 지금까지 지속되는데, 그때는 이게 견성인가? 하고 착각할 정도로 큰 기쁨이요 환희였다(물론 견성 아닙니다! 제 착각이에요!).

이번 수련회에선 법정스님을 다시 뵙는다. 대각사에서 뵈었을 때보다 얼굴이 더 맑아져 있었고, 말씀도 부드러우셨다. 총불회에서 수련회 왔다는 소식을 들으신 스님께서 보조스님의 정혜결사에 관해 법문을 들려주시기 위해 일부러 불일암에서 올라오셨던 것이다.

법문이 끝나고 나는 스님께 인사를 드리고 불교에도 기독교의 창조론 같은 우주의 형성에 관한 말씀이 있는가 여쭤 본다(그때까진 그런 것이 없는 줄 알았다). 스님께서는 세기경(世記經)이라는 경전에 그런 내용이 있다고 말씀해 주셨는데, 세기경을 접하고 내 눈으로 확인하게 된 것은 그로부터 한참이 지나서이다.

하숙하던 때의 에피소드 하나.
본과 3학년 때는 개신교 장로님 댁에 하숙을 하게 되었다. 장로님은 벌써 이쁜 며느리를 보셨는데, 며느리 나이가 우리 또래였다. 식사 때 모두 식당으로 내려가면 그 며느리는 같은 또래의 우리와 재미있게 이야기를 나누며 즐겁게 밥을 퍼 주었는데…. 하루는 종교 이야기가 나왔고 밥 푸던 그 며느리가 나에게 종교가 뭐냐고 물었다. 나는 종교는 없지만 기독교인을 개종시키는 게 취미라고 했더니 갑자기 밥 푸던 손을 멈추고 엄청난 비난을 내게 퍼붓는 게 아닌가. 평소 내게 우호적(?)인 태도를 보였던 그녀는 그 후 나에게 얼굴도 마주치지 않았는데 농담 한 마디가 그 며느리를 그렇게 바꿀 줄은 몰랐으니, 내가 잘못한 것인지 그 며느리가 과잉 반응한 것인지, 아니면 기독교가 그런 것인지 지금도 고개를 갸우뚱하게 만드는 사건으로 남아 있다.

보현행원과의 만남

 1978년 가을, 불교학생회 선배로부터 보현행원품에 관해 발표하라는 말과 함께 책을 한 권 받는다. 보현행원품이라… 처음 들어 보는 말이었다. 그 동안 불교공부에서 온 법계가 모두 성불의 소식임을 전하는 화엄경의 사상에 진작부터 매료되었지만 화엄경을 직접 본 적은 없었다. 화엄경을 직접 본 적이 없었으니 행원품이 화엄경의 맨 마지막에 나온다는 말도 확인할 수 없었다.
 해제에 보니 보현행원은 불교수행의 진수라고 적혀 있었는데, 도대체 나는 이해가 되지 않았다. 이 당시만 해도 나는 수행이라 하면 참선, 진언, 염불, 간경 등을 말하는 것이고, 그 중에서도 화두선을 최고로 알고 있었다. 그도 그럴 것이, 수련회란 수련회는 가면 언제나 좌선 위주며, 그것도 꼭 화두를 들고 의심하라는 것이었다. 거기다 당대에 유명하신 스님 어느 분이든 법문하실 때마다 화두 말씀 않는 분이 없고, 화두만 타파하면 영원히 생사윤회에서 벗어나 해탈하고 그 자리에서 부처가 되나 화두를 타파하지 않으면 생사를 못 끊고 다른 것은 다 소용이 없다고 하셨으니 그렇게 알 수밖에 없었다.
 그런데 수행의 진수라고 하는 행원품이 난데없이(?) 나타나 모든 부처님을 존중하는 것이 큰 수행법이요 칭찬하는 것이 수행의 진수라니, 대체 이게 무슨 뚱딴지 같은 소리인가 말이다.

　우선 나는 이 세상엔 수많은 부처님이 계신다는 말부터 이해가 되지 않았다. 물론 대승에서 석가모니 한 분만이 아니라 수많은 부처님이 오셨다고는 하지만 연등불 등 과거불은 몰라도 대도를 이루신 분이 얼마나 계신가. 견성하면 부처가 된다 했으나, 견성하신 분이라면야 우리 주위에 큰스님들 말고 누가 있는가. 그리고 한 사찰의 조실 정도는 되어야 큰스님일진대, 전국에 조실스님이 실지로 몇 분이나 되겠는가. 얼마 없지 않은가. 그런데 부처님이 수없이 계신다니, 그런 사실이 세상에 인정되지도 않을 뿐 아니라 내 눈으로 보지도 못하니 이 말을 믿을 수가 없었다. 이렇게 나는 첫 대목부터 이해가 가지 않았다.

　광수공양이나 참회업장도 마찬가지였다. 공양은 부처님께 재물을 올리는 건데, 그게 무슨 수행인가. 업장참회야 반성하라는 말인데, 그건 우리 생활 중의 하나 아닌가.

　뒤쪽은 더 가관이었다. 청전법륜이라니, 법문 청하는 게 무슨 수행인가. 부처님 오래 계시라는 것은 또 무엇인가. 도무지 알 수없었다. 그런데 이 당시만 해도 행원품 강의 책이 없었고 제일 큰 종로서적에 가 봐도 광덕스님이 번역한 책밖에 없었는데, 그냥 번역뿐이었으니….

　드디어 나는 동국대로 이기영 교수님을 찾아간다. 행원품의 내용 중 이 세상엔 수많은 부처님이 계신다는데 이 말씀은 그냥 그렇게 생각하라는 말입니까, 아니면 과거불처럼 실지로 수많은 부처님이 오셔서 현재 이 지상에서 살고 계신다는 말입니까 하고 아주 단도직입적으로 여쭤보았다. 교수님은 어이없다는 표정으로 안경 너머로 나를 한참 보시더니, 쯧쯧 하고 혀를 차시는 게 아닌가. 그러시더니 입을 떼시는데 한심하다는 투로, 미련하긴…. 그것도 몰라? 정말 몰라서 물어? 하시며 다시 에잉,

쯧쯧 하며 혀를 차시었다.

　나는 너무 부끄러워 교수님, 알겠습니다 하며 즉시 연구실을 나왔다. 하지만 확실한 답을 얻지 못했으니 그대로 갈 수는 없고, 머뭇거리다 다시 전부터 알고 지내던 교수님들께 갔다. 그 분들의 도움으로 어정쩡하긴 했지만 그럭저럭 발표는 넘어갈 수 있었는데, 그러나 이 때 발표한 행원품은 그야말로 죽은 행원품. 그 깊은 뜻은 하나도 모르는 채 그저 앵무새처럼 들은 얘기만 전해 드렸을 뿐이니 당연히 행원품은 나에게 아무런 감동도 주지 못했으며, 그 결과 5년 전 내가 행원을 다시 만날 때까지 한 번도 행원품을 찾지 않는다.

　다만 한 해 뒤, 후배 한 분이 행원품의 원(願)을 주제로 법회를 가진 적이 있었는데, 이 후배 분은 행원품의 '허공계가 다하고…'라는 말에 큰 감동을 받았다고 한다. 또한 보살의 원이란 정말 그렇게 크고 그렇게 거룩하게 될 수 있는 것인가 하는 생각을 하게 되었다는 말을 한 적이 있다. 그 당시 나는 참 저 친구, 그거 다 불교식의 판에 박힌 말이야, 다 뻥이야, 그런데 그게 뭐 대단한 말이야 하고 의아하게 생각했지만 이 자그마한 일도 뒷날 내가 행원의 '원' 부분을 이해하는 데 큰 도움을 주게 되니, 정녕 처처에 선지식 아닌 분 없고, 부처님 말씀은 한 번 각인되면 언젠가 시절 인연이 도래할 때 그 본 모습을 활짝 꽃피우는 것인가 보다.

해인사 수련회

　대학 본과 4학년, 그러니까 일반 대학으로 따지면 대학원 2년차에 해당하는 1979년에 나는 대학생으로선 마지막 수련회를 가게 된다.
　그때 총불회 수련회는 겨울 해인사 홍제암에서 열렸다. 당시 다른 큰스님들은 대강 만나 뵈었으나 성철 큰스님은 뵈올 기회가 없었다. 그래서 큰스님을 꼭 뵙고 싶었다.
　성철 큰스님에 관해 처음 들었을 때는 1974년 겨울, 눈 내리던 천안 광덕사에서였다. 당시 광덕사는 한창 불사가 진행 중이었고 밤 늦게 도착한 나는 떼를 쓰다시피 하여 하룻밤 묵을 수 있었다. 하룻밤 자고 길 떠나려는데 젊은 스님 한 분이 나를 기특하게 보셨는지 나에게 해인사 성철 큰스님을 만나 보라 하셨다. 선방 수좌 사이에선 깨친 분으로 널리 알려졌다는데, 다만 만나려면 삼천배를 해야 한다는 것이었다. 그때는 그냥 흘려 들었지만 그 후 큰스님에 관한 이야기를 여러 번 들은 후엔 사모하는 마음이 일었다.
　그런데 도무지 삼천배를 하지 못해(그때까지 개인적으로 천팔십배까지는 해 봤으나 삼천배는 한 번도 하지 못했다) 친견을 차일피일 미루고 있었는데, 수련회에서야 마지막 날 철야정진이 있고 당연히 삼천배를 하니 이번에야 큰스님 뵐 수 있을 것이라는 기대에 무척 반가웠다.

하지만 이번에도 삼천배를 하지 않았으니, 철야정진 때 참선을 하였던 것이다. 그런 탓은 아니겠지만 어쨌든 정진이 끝난 다음 날 아침, 백련암으로 떠날 준비하는 우리에게 큰스님께서 몸이 불편하셔서 친견을 못하신다는 연락이 왔다. 우리는 아쉬움을 남긴 채 가야산 등반으로 수련회를 마쳐야 했다.

그 후 나는 한 번 더 해인사 수련회를 온다. 해군사관학교 군의관으로 근무할 때 생도들 따라 해인사로 수련회를 왔던 것. 이 때는 평생 처음으로 삼천배를 드린다. 하지만 이 때도 정성이 부족한 탓인지 큰스님께서 여전히 몸이 불편하셔서 친견을 하지 못했으니, 큰스님께서 열반에 드실 때까지 직접 만나 뵙는 복은 가지지 못했고, 다만 방송과 책으로만 큰스님 가르침을 만났을 뿐이었다.

성철 큰스님을 직접 뵙지는 못했으나 어느 스님 못지 않게 스님은 내 가슴에 남아 있다. 말하기 좋아하시는 분들은 큰스님이 견성했느니 못했느니, 큰스님이 도가 높긴 하지만 누구보단 못하다느니 하지만, 나는 성철 큰스님의 세계는 근세 어느 선지식 못지 않다고 생각한다. 다만 일부에서처럼 큰스님을 부처님과 동렬에 놓는 것은 동의하지 않는다.

큰스님은 나를 두 번 놀라게 하셨다. 하나는 얼굴 모습인데, 처음 광덕사에서 스님을 알게 된 후 젊었을 때 사진을 본 적이 있는데 젊었을 적 모습은 참 무섭게도 생기셨으니, 어찌 이렇게 무섭고 인정 없게(?) 생기셨는가 하고 놀랐고, 종정이 되신 후 여러 언론에서 최근의 사진을 뵈었을 땐 어찌 이렇게 얼굴이 부처님처럼 변하셨는가 하고 또 놀랐다.

나이 마흔이 지나면 자기 얼굴에 책임을 져야 한다는 링컨의 말을 빌릴 것도 없이, 사람의 얼굴은 자기 성장과 함께 변한다. 늘 중생의 아픔을 생각하고 비원을 잃지 않는 이들은 얼굴도 그렇게 자비롭게 변하고,

늘 마음에 거짓과 엉뚱한 탐욕만 가득한 이는 또 그렇게 추하게 변한다. 언젠가 향봉 큰스님 얼굴을 사진으로 뵙고 남자의 얼굴이 이렇게 아름다울 수 있을까 하고 감탄(?)한 적이 있는데, 큰스님 얼굴도 그에 못지 않으셨다. 온 얼굴에 자비요 원력 가득하신 모습이었으니, 수행의 깊이를 짐작케 한다.

　큰스님의 목소리는 나를 또 한 번 놀라게 했으니, 아니, 그렇게 인자하신 스님 입에서 어찌 그리 투박하신 언어가 튀어(?)나오시는 것인지…. 말도 무척 빨라 주의를 집중하지 않으면 알아듣기도 힘들 정도니, 성미도 급하신 것 같아 아마 시봉하시는 스님들이 고생께나 하시겠구나 하는 생각이 들었다.

　불공(佛供)의 대상은 일체 중생이라는 큰스님의 불공에 대한 가르침은 뒷날 나에게 공양의 의미를 바로 깨우치게 하는 데 큰 도움을 주신다.

끝없는 구도(求道)

드디어 괴롭고 암울했던 6년의 의대 생활이 끝났다. 그러나 나는 대학병원 수련의로 남지 못하고 입대하게 된다. 성적이 나빴기 때문. 대학에서 고생은 고생대로 하고, 그 대가로 나는 졸업 후 바로 병원에 남지 못하고 군에 가야 했다.

슈바이쩌 박사께서 의대를 졸업하던 날, 내 인생에서 이만큼 어려운 공부는 처음 해 봤다며 인생에서 가장 어려운 시기였다고 하셨는데, 나는 슈바이쩌 박사는 아니지만 어려움에서는 박사님보다 못하진 않았을 것이다.

의대 공부가 끝나 가면서 그 동안의 고뇌와는 조금 다른 면에서 나는 이상한 안타까움에 빠지기 시작했다. 세상은 너무 안타까운 일이 많았다. 즐거움은 오래지 않고 번뇌는 끝이 없으며 사람들은 무엇에 그리 바쁜지 하루 종일 오락가락 분주히 다니지만 슬픔은 불현듯 들이닥친다. 일찍 비명횡사하는 사람들은 왜 그리 많고 가슴 아픈 사연들은 왜 그리도 많은지, 정말 이 가엾은 이들을 구원할 메시아는 없는지…. 불가에서는 깨달으면 생사고해를 벗어난다 했는데 과연 이 땅의 깨달으신 분들은 정말 생사를 벗어나셨는지, 그리고 벗어나셨다면 왜 가엾은 중생들을 내버려 두시는지, 왜 그들에게 다가오지 않으시는지 알 수 없었다.

부처님·예수님은 낮은 곳으로 오셔서 그들과 기쁨도 슬픔도 함께 하셨는데, 그리고 다른 종교의 성직자들은 그들과 함께 하시는 분들이 많으신데, 왜 우리 큰스님들은 산에서 내려오시지 않고 산에서 열반을 노래하시는가. 불교가 본래 그러한 것인지 아니면 큰스님들 역시 실지로는 아직 번뇌를 끊으시지 못해서 그러시는지 나로서는 도저히 알 수 없었다.

군 입대가 얼마 안 남았던 1월 말, 나는 큰스님들을 찾아가 뵙고 이런 질문들을 드려 보기로 결심한다. 맨 먼저 생각난 것이 나에게 큰 가르침을 주셨던 구산 큰스님.

큰스님 뵙기 위해 광주행 버스를 탔다. 그 날 광주에서 송광사 가는 그 길은 웬 눈이 그렇게 많이 오는지 잿빛 하늘에 온통 눈발뿐이었다. 버스 간에서 젊은 송광사 스님 한 분을 만났는데, 행여나 큰스님께서 안 계실까 걱정되어 여쭤 봤더니, 그 분께선 구산 큰스님은 물론 향봉 큰스님께서도 와 계신다고 하는 게 아닌가. 향봉 큰스님이라니! 불교신문에서 딱 한 번 뵌 적이 있는, 얼굴이 너무 맑으셔서 번뇌라곤 하나도 있을 것 같지 않으시던 그 분 아니신가. 꼭 한 번 뵙고 싶었으나 강원도 이름 모르는 산사에 조실로 계신다기에 뵐 생각도 못했는데 지금 송광사에 계신다니 그 반가움이란! 그 스님 말씀으론 향봉 큰스님께선 이제 이 세상 인연이 다해 감을 아시고 출가 본사로 돌아오신 것이라 했다. 어쨌든 한 번 길에 두 분 큰스님을 뵐 수 있다니 얼마나 다행인가. 즐거운 마음으로 송광사를 향한다.

삼일암에 계신 구산 큰스님을 먼저 뵙고 반갑게 삼 배를 올렸다. 삼배 올린 뒤 무릎을 꿇지 않고 바로 반가부좌 자세로 앉았는데, 그것은 무슨 다른 의도가 있어서가 아니라 지금까지 큰스님 뵈올 때 무릎을 꿇으면 곧장 바로 잘 앉아라 그러시길래 미리 그렇게 한번 해 본 것이었다(그러나 이것은 대단히 무례한 행동으로 지금도 큰스님께 죄송한 마음 금할 수 없다. 다음에서도 보이듯 나는 이렇듯 본의 아니게 예의에 어긋난 행동을 많이 했으니, 아마도 과거생의 업장이 보통 두텁지 않은, 참 한심한 녀석이다). 상좌스님이 가져온 차 한 잔을 입에 대지 않은 채(큰스님께서 안 드셨으니까) 대뜸 큰스님께 여쭸다.

큰스님, 요즘도 조계산 달 잘 뜨고 있습니까?
왜?
제가 지난 번 따 갔거든요.

그 말이 떨어지자마자 내가 가부좌로 앉을 때부터 평소와 달리 근엄한 표정으로 계시던 큰스님께선 단호한 어조로 말씀하셨다.

내놔 봐!

순간 나는 당황했다. 나는 애당초 선문답할 생각은 없었고 그럴 능력도 되지 않았다. 조계산 달이야 내가 따든 말든 오늘도 떠오를 것은 자명한 일이라(마음 달이 한 사람이 딴다고 다른 사람 가슴엔 안 떠오르랴!), 큰스님이야 나의 이런 말씀이 다른 뜻이 없음은 잘 아실 테고 그리고 내 수준이란 게 보잘것 없는 것도 척 보면 아실 테니, 그래서 스님 다시 뵈온 게 반가워 평상시 큰스님 법문에서 많이 나오던 말씀을 부담 없이 내 딴엔 한번 꺼내 본 것인데, 의외로 큰스님께서 정색을 하시며 단호히 나오시니 어쩔 줄을 몰랐다. 큰스님께선 아마도 내가 가짜 한 소식 하고 법거량하러 온, 그렇고 그런 한심한 녀석으로 생각하셨는지도 몰랐다. 그러나 선지식의 비수는 도망갈 곳이 없는 법. 나는 땀만 뻘뻘 흘리다가 용기를 내어 한 말씀 드렸다.

큰스님께서 먼저 내놔 보시지요.

그러나 이미 나의 말은 힘이 없었다. 기어 들어가는 말을 들으신 큰스님은 노기를 푸시지 않은 채 남의 말 따라 하지마! 하시며 다시 말을 끊으셨다. 한동안 말씀을 못 드리고 슬며시 내 앞에 놓인 차를 마시고 있는데, 큰스님께선 다시 말씀하셨다.

딴 말 말고 말해 봐! 공부 어떻게 했어?

이미 완전히 무장해제된 내가 무슨 말씀을 또 드리겠는가. 사실대로 말씀드렸다. 수련회에서 스님께 감명받은 일, 그리고 큰스님께선 어떻게 중생을 구제하시는지가 알고 싶어 왔다는 말과 함께.

큰스님께선 이 말에 나는 이미 중생구제를 하고 있다고 힘 주어 말씀하셨다. 이번에는 나도 놓치지 않았다.

큰스님께서는 이 곳 산골에 계시지 않습니까? 그런데 어떻게 이미 중생구제를 하고 있다고 말씀하실 수 있습니까?

내 말을 들으신 큰스님께선 다시 말씀하셨다.

내 주장자는 중생들 가슴 속에 이미 꽂아 놓았어! 공부 열심히 해! 그렇게 어름하게 해선 안 돼! 열심히 해 봐!

나는 슬펐다. 정말 슬펐다. 옛날 경봉 큰스님에게 오해받을 때보다 더 슬펐다.

큰스님, 정말 그렇게 이해가 안 되게 말씀하시지 마시고 좀더 구체적으로 말씀해 주십시오. 정말 몰라서 그렇습니다. 그렇게 말씀하시면 저는 못 알아듣습니다. 어떻게 중생을 구제하시렵니까. 저는 정말로 중생들이 가엾습니다. 어째서 깨치신 분들은 그렇게 많은데 중생들은 고통 속에서 그렇게 살고 있습니까…

다시 한 번 여쭙는 나의 말에도 큰스님은 끝내 대답 않으시더니 마침내 이제 가 봐 하셨다. 나는 큰스님께 차 한 잔을 더 얻어 마신 뒤 삼배를 하고 물러 나왔다. 삼일암에서 나오는데 어찌나 슬프던지…. 어찌 그리 큰스님은 매정도 하실까. 비록 예의를 안 지킨 내 잘못이 크긴 하지만 내가 존경하던 큰스님께서 어찌 그리 무심하실까. 그렇게 애타게 애원드리는데도 어찌 그리 매정하실까. 한 말씀만 더 해주셔도 내 가슴이 이렇게 답답하진 않을 텐데…. 큰스님, 크은-스님…. 대답 좀 해주십시오….

울먹이는 가슴을 안고 향봉 큰스님 방으로 향했다. 조그만 방에 앉아 계시던 스님은 방 문을 열고 합장으로 나를 맞으셨다. 이번엔 얌전히 삼배를 드린 뒤 무릎을 꿇었는데, 그러자마자 큰스님께선 편히 앉으라고 말씀하셨다. 나는 반가부좌 자세로 고쳐 앉았다.

얼굴을 들고 큰스님을 뵈니, 지난 번 사진에서보다는 많이 늙으셨지만 해맑은 모습은 그대로였다. 그러나 그때완 달리 약간 어두운 그늘이 드리워진 것 같았다. 큰스님께서 무슨 번뇌가 있으신가. 그럴 리가 있나, 내가 잘못 생각한 거겠지. 그렇게 생각하고 있는데 큰스님께서 물으셨다.

그래, 어디서 왔는고?

이미 구산 큰스님께 한 방망이 크게 맞은 몸, 나는 더 이상 감추고 할 것도 없었다. 다만 마음속에서 우러나오는 대로 말씀드렸다.

큰스님, 온 곳을 알면 큰스님께 이렇게 찾아왔겠습니까?

어쩌면 건방질지도 모를 이 말씀에 향봉 큰스님은 빙그레 웃으셨다. 온 곳을 모른다? 허허…. 그리고는 나를 자비 가득하신 얼굴로 내려다보셨다.

나는 큰스님께 내 고통을 모두 말씀드렸다. 그리고 어떻게 해야 중생구제를 할 수 있는지, 큰스님께서 좀 가르쳐 달라고 말씀드렸다. 그런데 이 말씀에 큰스님께서는 의외로 고개를 좌우로 흔드시더니 쓸쓸히 말씀하셨다.

나 인제 중생구제 안할란다….

너무 뜻밖의 말씀이라 놀란 표정을 짓는 나에게 큰스님은 다시 말씀하셨다.
　그 동안 내 갖은 방편으로 중생들에게 말해 보고 설득도 시켜 봤는데, 너무 말을 안 들어. 안 들으면 나도 어쩔 수 없어. 나도 포기했어. 나 이제 중생구제 더 이상 안할란다.
　평생을 수도와 중생구제의 원 속에서 살아오셨을 분이 이렇게 말씀하시다니…. 나에겐 너무 큰 충격의 말씀이었다. 그러나 가슴 한 편으론 무언가 찡한 감동이 와 닿았다. 중생구제 안하시겠다는 큰스님 말씀은 이 때까지 뵈온 어떤 법문보다 내 가슴에 와 닿는 말씀이었다. 그리고 왜 큰스님 얼굴에 어둠이 있어 보였는지 알 것 같았다.
　그 날 나는 그 말씀을 끝으로 자비하신 얼굴로 말 없이 나를 보시는 큰스님께 차 한 잔 잘 얻어 먹은 후 송광사 아래 주막에서 막 익은 오뎅과 함께 취하도록 막걸리를 마셨다.
　단 한 번의 만남이었지만 향봉 큰스님과의 만남은 아름다운 추억으로 내 기억에 남아 있다. 그렇다! 언제나 생사해탈 모든 번뇌 다 끝내신 모습으로 늘 웃음과 즐거움 속에서 법문하시던 스님들보다, 그렇게 해맑은 얼굴을 하셨으면서도 얼굴에 안타까움을 감추지 않았던 향봉 큰스님! 감히 번뇌중생 앞에서 나는 이제 중생구제 더 이상 안하신다고 떳떳이 말씀하셨던 분! 단 한 번의 만남이었지만 향봉 큰스님은 내 마음에 그렇듯 뚜렷한 가르침을 남겨 두고 가셨으니, 큰스님은 이 후 얼마 지나지 않아 열반에 드셨던 것이다.
　송광사를 떠나 범어사로, 인천 용화사로 다시 중생구제의 방편을 물으러 떠났지만 더 이상의 법문은 듣지 못한다. 나는 해결되지 않은 간절한 의문을 가슴에 안은 채 군의 학교에 입대하게 된다.

제2장
님은 나를 사랑하시어

김재웅 법사님과의 만남 : 모든 것을 바쳐라

군생활 3년 동안 가장 뜻 깊었던 일은 포항 해병대에 근무할 때 김재웅 법사님을 만난 일이다. 법사님은 그 동안 내가 알고 있던 불교와는 적잖이 다른 불교를 내게 보여 주신다. 그러한 법사님을 통해 나는 많은 가르침을 얻게 되고 또 다른 부처님을 만나게 된다. 법사님은 동국대 총장을 지내신 백성욱 박사님의 재가 제자 중 한 분으로 포항에서 금강경 독송회라는 법회를 열고 계셨다. 본래 법사님의 이름은 모른 채 법사님에 관해 들은 적은 한 번 있었다. 그것은 내 친구를 통해서였는데, 그 내용은 이러하다.

부산에 계시던 친구의 부친께서 밤 늦게 운명하시게 되었을 때, 포항에 사시던 자녀분들에게 연락이 안 되어 애태우던 중, 연락도 안 된 자녀분이 법사님과 함께 갑자기 도착하신 것이었다. 어떻게 알았느냐는 물음에, 법사님이 갑자기 오시더니 부친께서 운명하신다고 급히 부산에 가자고 하시더란 것이었다. 그래서 급히 오는 길이라 했다. 이리하여 친구의 부친께서는 자녀분들과 법사님이 읽어 주시는 금강경 독경 소리 속에서 잠자듯 편히 가셨다고 한다.

친구로부터 이 이야기를 듣고 참 부럽고 신기했다. 부러운 것은 부모님이 자식들, 그리고 법력 높으신 분이 함께 들려 드리는 금강경 독경 소리와 함께 이 생을 마감하는 것은 얼마나 복받은 일일까 하는 것이고, 신기한 것은 그 예지력이었다. 아니, 어떻게 신도 부친 돌아가시는 걸 알 수 있었을까. 언젠가 포항에 가면 한 번 만나 뵈어야겠다고 생각했었다.

그런데 법사님과는 참 우연하게 만나게 된다. 포항에서 주말이면 부산에 자주 갔는데(이 해 아버님께서는 직장을 그만두시고 부산에서 어머니랑 함께 두 분이 살고 계셨다), 부산서 돌아오는 버스 길에 키가 크고 잘 생기신 중년의 신사 한 분과 같은 자리에 앉게 되었는데, 바로 그 분이 법사님이셨던 것. 법사님인들 내가 누군지 아셨으리오마는, 다만 해병 군복을 입은 중위 복장의 내가 모습으로 보아 포항에 있을 것 같으니 말씀을 먼저 붙이셨던 것 같다. 법사님께선 첫 눈에 불연(佛緣)을 아셨는지, 처음 보는 나에게 재미난 얘기를 많이 해주셨는데 주로 윤회와 환생에 관해서였다.

우리에게 영혼은 반드시 있으며, 미혹을 끊지 못하면 윤회를 벗어날 수 없다. 일단 죽음을 맞이한 영가는 업에 따라 다시 새로운 세계로 가는데, 미혹하면 중음신으로 몇백 년, 심지어 몇천 년까지도 머무르게 된다. 착하게 살고 우리가 보기에 의롭게 죽었다고 반드시 다음 생을 일찍 받거나 좋은 곳으로 가는 것은 아니며 그 반대도 마찬가지다.

죽음을 맞이한 뒤에는 주위의 인연 깊은(예를 들어 자식이나 남편, 아내) 분들이 일심으로 부처님 말씀을 듣게 해주는 것이 좋은데, 그것은 부처님 말씀은 집착을 끊게 하고 번뇌의 불을 끄는 법문이라 한 많고 업 많은 영가들에겐 매우 도움이 되기 때문이다. 더욱이 법력 높으신 분들이 영가를 위해 법문을 하시거나 천도를 해주시면 참 좋다. 마치 잘못을 저질러 감옥에 간 사람이라도 높으신 지위에 있는 분이 선처를 부탁하면 아무래도 여러 가지 면에서 좋은 결과를 가져오는 것과 비슷하다.

일단 사람 몸 잃고 나면 다시 얻기가 쉽지 않으므로, 미혹 중생으로 번뇌와 집착을 끊지 못하면 수천 년이 지나도 영가로 떠돌게 된다. 그러므로 천도는 웬만하면 해 드리는 것이 좋다. 그리고 우리의 모습도 전생에서의 일에 영향을 많이 받는다. 아름답고 잘 생긴 사람은 과거생에 선업을 많이 쌓은 탓이요 못생기고 인기도 없는 분들은 과거에 그렇지 못하고 오히려 악업을 많이 쌓은 탓이다. 키도 전생과 관계가 있는데, 반드시 그런 것은 아니지만 남을 업신여기고 무시한 사람은 금생에 키가 작게 태어나서 늘 사람들을 우러러보게 되고 반대로 키가 큰 사람들은 과거생에 중생을 잘 섬겼기 때문이란다(참고로 법사님은 키가 크고 잘 생기셨다!).

법사님은 예를 들며 말씀해 주셨는데 너무 재미가 있어 포항까지 오는 줄도 몰랐다. 내릴 때가 되자 법사님께선 지금까지 당신께서 하신 말씀이 믿기느냐고 나에게 물으셨다(나는 예로부터 이런 말을 들으면 믿지도 안 믿지도 않으니, 그것은 내가 모르는 일을 무조건 믿는 것도 우스운 일이고 그렇다고 공부 많이 하신 분들 말씀을 안 믿는 것도 어리석은 일이니, 중요한 것은 믿고 안 믿고가 아니고 어서 보리심을 내어 수행을 열심히 해 그런 말들이 맞나 안 맞나를 나 스스로 직접 확인해 보는 일이다). 그러시면서 이런 사실을 안 믿는 사람이 너무 많은데, 당신 말씀은 전혀 거짓이 아니라고 하시며 내게 비로소 당신 성함과 계신 곳을 말씀하시고는 한번 찾아오라 하셨다.

이 때까지만 해도 나는 그 분이 바로 그 법사님인 줄 몰랐다. 나중에 친구를 통해 비로소 그 분이 바로 김재웅 법사님인 줄 알게 된 나는 그 후 법사님을 자주 찾아가 뵙게 된다.

법사님을 통해 금강경 독송 등 많은 가르침을 받았으나 가장 큰 가르침은 바치는 공부에 관한 것이었다(물론 금강경 독송도 부처님께 바치는 것이지만). 이는 백 박사님(이 때는 이미 박사님은 열반에 드신 후였다)께서 가르쳐 주신 독특한 방법으로 박사님은 이를 통해 깨우치셨다고 한다.

 법사님을 통해 들은 박사님 가르침에 의하면, 성불을 위해 부처님께서는 모든 것을 버려라 하고 말씀하셨지만 버리는 것이 쉽지 않다. 버리려고 하는 대신에 바쳐 버리는 것이 부처님께 가까이 가기가 훨씬 쉽다. 탐심을 부처님께 바쳐 버리면 탐심 있던 자리에 자비가, 어리석음을 바쳐 버리면 그 곳에는 부처님의 지혜가 온다. 그러니 모든 것을 바쳐라 하고 말씀하셨다.

 그리고 바치는 방법도 말씀해 주셨으니, 생각생각 번뇌가 일 때마다 그것을 부처님께 이르고 그 끝에 부처님을 염(念)하라고 하셨다. 그러면 부처님께 바쳐지니 얼마나 쉬우냐며 웃으셨다. 짐은 다 부처님께 드리고 우리는 맨몸으로 가는 것이다. 이 가르침은 그때까지 화두선만 최고의 수행법으로 안 나에게 큰 충격이었다.

 나는 법사님과 논쟁을 벌였다. 지금껏 내가 만나 뵌 모든 큰스님들은 다 화두가 제일이라 하셨다. 법사님처럼 가르치시는 분은 한 분도 없었다. 대체 무슨 근거로 이 방법이 화두보다 낫다고 하시는가.

 법사님은 웃으셨다. 그러시며 화두 몇 가지를 예로 드시더니 그 화두가 나오게 된 배경을 스님들의 전생까지 이야기하시며 말씀하셨다. 그러므로 화두타파를 제일로 삼는 것은 당신이 보기엔 옳지 않은 것 같다는 말씀을 하셨다.

 그러나 비록 화두를 비판하시기는 하시지만 그 당시 내가 뵙기엔 법사님께선 화두선을 해 보신 것 같지는 않으셨다. 해 보시지도 않고 어떻게 화두를 비판할 수 있는가. 하지만 난들 화두선을 훌륭한 선지식 지도 아래 그렇게 해 본 것은 아니니 법사님 말씀을 정면으로 반박하긴 어려웠다.

아무리 법사님의 바치라는 가르침이 훌륭하다지만 불교에 입문한 지 수년 간 화두 깨치는 일이 제일인 줄로 알아 온 내가 갑자기 그 말씀에 수긍해 공부 방법을 바꾸기란 쉽지가 않았다. 그때까지만 해도 나는 나름대로 기숙사에서 좌선 흉내는 내 보던 터였다.

나의 입장을 아신 법사님께서는 나에게 석 달만 그렇게 공부해 보라고 하셨다. 금강경 독송도 하루 두 번, 바치는 공부도 석 달만 당신 말씀을 믿고 해 보면 무언가 달라진 것이 올 것이라는 말씀이었다. 그리하여 만약 석 달 뒤에 아무런 느끼는 바가 없으면 당신 말을 믿지 말라는 것. 그 말씀을 들은 나는 그래, 석 달쯤이야, 한번 해 보자 하는 마음이었다.

그러나 동료와 같이 기숙사를 쓰는 내가 금강경 독송을 매일 두 번 한다는 것은 무리였다. 아니, 사실 한 번도 하기가 힘들었다. 그런 사정을 말씀드리자 법사님께선 한 번에 다 안 읽어도 좋으니 시간 나는 대로 읽으라고 하셨다.

그리하여 나는 다른 공부 다 치우고 석 달 간 금강경 독송과 바치는 공부에 들어간다. 뒷날 우연한 기회에 백 박사님의 〈모든 것을 바쳐라〉라는 법문을 보게 되었는데, 너무 훌륭하신 말씀이라 여기 그 일부를 잠깐 소개한다.

우리가 불교를 신앙하는 궁극적인 목적은 부처님이 되려는 데 있습니다. 또한 석가모니 부처님이 사바세계에 출현하신 큰 뜻도, 고해에서 윤회하는 중생을 제도하여 부처님을 만드는 데 있었습니다.
부처님이 되면 중생이 가지는 일체의 번뇌와 고통과 부자유에서 벗어나 원융과 원만과 자유자재롭게 됩니다. 그래서 성불은 곧 해탈인 것입니다.

그러면 성불은 어떻게 해야 하며 해탈은 어떻게 이루어지는 것일까. 석가모니 부처님께서는 여기에 대하여 모든 것을 버리라고 말씀하셨습니다.

나를 버리고 탐심과 진심과 어리석음을 버리라고 가르치셨습니다. 아만과 집착과 아집을 버리고 아상을 떨어 버려야 한다고 가르치셨습니다. 매에게 쫓기는 비둘기의 생명을 위하여 자신의 육체를 그 매에게 던져 주던 부처님처럼 모든 것을 버릴 수 있어야 성불은 가능하고 해탈의 길은 열린다고 하였습니다. 모든 것을 버리지 아니하고는 윤회의 굴레를 헤어날 수도 없고 또한 피안의 길은 요원한 것이라고 말씀하셨습니다.

그러나 나는 여러분에게 성불과 해탈을 위하여 모든 것을 부처님께 바치라고 말씀드리고 싶습니다. 우리는 우리의 모든 것을 부처님 앞에 바칠 줄 알아야 합니다. 나의 마음도 나의 몸도, 탐욕과 진심과 어리석음도 부처님께 바쳐 버리고 기쁨도 슬픔도 근심도 고통도 모두 바쳐야 합니다. 모든 것을 부처님께 바칠 때 평안(平安)이 오고 일체를 바치고 날 때 법열이 생기는 것입니다. 오욕(五慾)도 바치고 팔고(八苦)도 바쳐야 합니다. 부처님께서는 우리가 바치는 모든 것을 기꺼이 받아 주십니다. 또한 이 모든 것을 바침으로써 불타의 가르침은 받아들여지는 것입니다.

중생의 원인이 되는 무명(無明)을 바쳐 버리면 불타의 지혜가 비춰옵니다. 불타의 광명이 나에게 비추일 때 거기엔 윤회의 바다를 벗어납니다. 생사를 바쳐 버리면 거기엔 불생불멸의 영원한 삶이 있습니다. 우리가 모든 것을 바치지 아니하고 자기의 소유로 하려는 마음에서 일체의 고통이 따르고 번뇌가 발생합니다. 명예를 자기의 것으로 하고 재물을 자기 것으로 하고 여자를 자기의 것으로 하고 자식을 자기만의 자식으로 하려는 데 중생적인 고뇌가 있습니다. 이러한 모든 것은 영원한 자기의 것이 될 수 없습니다. 명예가 어찌 완전한 자기와 같이 할 수 있으며 남녀의 사랑이, 재물이, 자식이 어찌 완전한 자기의 것이 될 수 있겠습니까. 그러므로 이런 중생적인 것은 부처님께 바치고 무상치 않은 즉 영원히 자기의 것일 수 있는 불타의 지혜와 진리를 얻을 수 있어야 합니다.

부처님께 모든 것을 바친다 함은 우리가 부처님과 항상 같이 해야 한다는 뜻이기도 합니다. 우리가 부처님을 잠시라도 떨어져 있게 되면 번뇌와 망상이 생기기 마련이기 때문입니다. …(중략)…

우리는 이제라도 모든 것을 부처님께 바칠 줄 알아야 하겠습니다. 나[我]라는 아만심, 내 것이라는 집착심을 털털 떨어 내어 부처님 앞에 바쳐 봅시다. 금강경에 응무소주 이생기심(應無所住 而生其心)이란 바로 이런 소식입니다. 또 범소유상(凡所有相) 개시허망(皆是虛妄) 약견제상비상(若見諸相非相) 즉견여래(卽見如來)라 하였습니다. 그 범소유상, 그리고 유상(有相)이 아닌 모든 것까지도 부처님께 바칠 때 여래(如來)는 현현되는 것입니다.

몸과 마음을 부처님께 바친 자리, 그 텅 빈 자리가 바로 부처의 자리입니다. 나[我]라고 하는 놈은 무엇이든지 하나를 붙잡아야지 그냥은 못 배기는 놈입니다. 그래 그 놈 때문에 우리가 윤회의 중생을 벗어나지 못하고 있지 않습니까. 모두를 부처님 앞에 바쳐 버리면, 거기엔 아만도 아집도 없습니다. 그렇게 되면 시기도 질투도, 명예를 위한 다툼도, 사리나 이권을 위한 싸움도 일어나지 않습니다. 우리 모두 모든 것을 부처님께 바칩시다.

석 달 동안 바치는 공부를 하긴 하였으나, 그리고 참 좋은 공부 방법이란 생각도 들긴 들었으나, 어쩐지 허전한 것이 있었다. 바친다는 것만으론 무언가 내 가슴 한 쪽 허전함을 지우기 어려웠다. 바친다는 행위엔 바치는 내가 분명히 존재하고 있었다. 바치기만 하는 한 부처님과 나는 하나가 아니었다. 물론 내 바치는 공부가 일천한 탓이긴 했겠지만 바치는 나와 바침을 받는 부처님은 분명히 따로 존재했다.

그리고 법사님과의 대화 중 이런 일이 있었다. 법사님은 나에게 화가 날 땐 어떻게 하는가 하고 물으셨다. 나는 그 당시 일체개공(一切皆空)의 도리를 약간 체험한 터라 그런 경우는 곧 공(空)을 관(觀)하곤 했다. 모든 것이 무자성(無自性)이니 화의 자성이 어디 있으랴 하여 화의 공한 자성을 관하는 것이 내 방법이었다. 그 말씀에 법사님께선 화도 바쳐 보라고 하셨는데, 도무지 화가 바쳐지지가 않았다.

나는 그때까지 멀쩡히 화의 공한 자성을 관함으로 얼마든지 잘해 나가고 있었는데 그런 것은 모르시고 무조건 바치라고 하니, 바치려 할 때마다 없던 화의 자성이 오히려 그로 인해 점점 살아나는 데는 환장(?)할 지경이었다. 그렇지만 법사님께서 말씀하신 석 달이 지나면 무언가 달라질 거라 생각하고 꾸준히 해 보았지만 결국 머리만 아프고 없던 자성만 만들어져 이번에 공성을 관하는 것조차 힘들어지는 것이었다. 아무리 좋은 옷도 사람 따라 입어야 하는 것처럼 모든 공부는 근기, 인연 따라 가르치고 수행해야 하는 것 아닌가.

그렇지만 이 바치는 가르침은 훗날 내가 행원의 광수공양원을 이해하고 실천하는 결정적 계기를 만들어 준다. 그리고 법사님께선 기도하는 법과 원을 발하는 법을 가르쳐 주셨는데 이 또한 뒷날 행원에서 원을 발하는 공부를 하는 데 많은 도움을 준다.

법사님과의 만남에서 내가 들은 법문 중 인상 깊었던 것 하나는, 우리가 부부가 되는 인연이었다. 결혼 적령기를 앞둔 나에게 법사님은 마치 나의 앞날을 이미 아시고 그러신 듯 사람들이 어떻게 부부가 되는지를 말씀해 주셨다.

부부가 되기 위해선 오백생을 같이 해야 한다느니 하는 불가의 말이 있듯이, 그래서 부부란 가장 인연 깊은, 그것도 좋은 인연 깊은 중생들끼리 만나는 줄 알았는데 법사님의 말씀은 뜻밖에도 그것이 아니었다.

법사님께서는 정말 좋은 인연은 대부분 부모와 자식, 스승과 제자로 만나며 그 다음이 친구나 형제이고, 부부는 전생에 서로 좋지 않은 인연, 그것도 빚이 많은 인연끼리 만난다는 것이다. 그리고 아무리 사랑해도 부부의 연이 없으면 부부가 되지 못하며 아무리 사랑해도 그냥 헤어진다는 것이었다. 이렇게 빚으로 만난 것이 부부이므로 웬만한 부부가 아니고서는 다툼이 끝이 없다는 것이다.

아니, 빚이 많은데 어떻게 부부가 되는가. 서로 좋아하는 감정이 일어야 결혼하고 싶어지고 그래야 부부가 될 텐데, 빚이 있으면 어찌 서로에게 좋은 감정이 일어날 수 있겠는가. 의아해하는 나에게 법사님은 빙그레 웃으시며 설명해 주셨다.

빚이 많아 부부가 되기로 된 인연이 서로 만나면 순간적으로 사랑하는 마음이 불길이 되어 타오른다. 그런데 이 사랑의 불길은 지고 지순하다거나 영원하다거나 한 것이 아니고, 오로지 부부의 인연을 맺어 줄 때까지, 그리고 맺어지고 나서 한 동안만 잠시 타오르는 그런 요상한 존재라는 것이다. 그래서 일단 부부가 되고 나면 그 다음부턴 본인의 의지와는 상관 없이 서로에게 불만이 생기고 서로의 험담을 들추고 종국엔 싸움이 끊어지지 않고 이어진다는 것(이는 마치 복수하기 위해 올가미를 쳐 놓고 기다리는 사람들같이, 올가미에 걸려들 때까지는 온갖 대접을 다 하지만 올가미에 걸려드는 순간 태도가 돌변하는 것과 비슷하다). 이런 것이 한

동안 지속된 다음에야 빚이 청산되는데, 처음부터 빚이 감당하지 못할 정도로 많거나 그 동안 상처가 깊은 이들은 결국 서로 같이 살지 못하고 헤어지기 쉽다는 것이니, 이런 데 속으면 안 된다고 하셨다.

이런 관점에서 보면 부모가 반대하는 결혼을 한사코 하려는 경우, 또는 서로가 지나 보면 성격이나 살아온 환경이 서로에게 맞지 않는 것을 알고도 어쩔 수 없이 빠져 들어가는 경우가 다라고까지는 못하더라도 대개 이에 해당한다고 하셨다. 이런 인연 중 첫눈에 단숨에 반한다든지 상대방에 대한 육체적 갈망이 초기에 짙을수록 빚이 더 깊고 인연이 더 나쁜 경우가 많다는 것이었다. 그러므로 앞으로 부인을 고를 때 이런 점을 주의하고 오히려 첫눈에는 이끌리지 않더라도 무언가 만날수록 정이 이끌리는 사람을 택하라고 하셨다.

솔직히 잘 이해가 되지 않았다. 진정한 사랑은 첫눈에 불타 오른다고 알고 있었는데 법사님이 말씀하시는 인연의 진실은 그렇지 않은 것이다. 그러나 이 말씀의 일부나마 내가 이해하게 된 것은 뒷날 내가 결혼하고도 한참이 지난 뒤의 일이다.

포항 금강정사에서 만난 잊지 못할 또 한 분의 선지식은 손득락 선생님이시다. 지금은 아마 새 몸 받아 청년이 되어 계실 게다. 정사에 계시는 분들 말씀으론 선생님은 그렇게 학문적인 공부는 별로 없으신 분이었다. 하지만 바치는 공부를 어찌나 잘하시고 또 열심히 하셨는지 마음이 더없이 맑으신 분이라는 게 주변 분들의 평이었다. 그 당시 40대 중반 정도 되셨던 그 분은 몸이 몹시 좋지 않아 요양을 자주 다니셔서 말씀으로만 들었지 한 번도 뵙지 못했다. 다행히 포항 떠나기 몇 달 전 그 분을 만나 뵐 수 있었다.

듣던 대로 그 분은 참으로 맑으신 얼굴을 하고 계셨다. 단 한 번 뵈었지만 무상한 세월이 20년이 가까워 오는 지금에도 환하게 웃으시며 내 손을 잡던 그 분의 모습이 기억에 또렷하다. 그 분은 내 손을 양 손으로 잡으시며 잘 왔다고 하셨다. 그러면서 어제 하마터면 이 세상을 뜰 뻔했다며 환하게 웃으셨다.

이야기인즉슨, 몸이 안 좋아 금생의 인연은 이것으로 끝내고 새 몸 받아야겠다고 생각 중이셨는데, 실지 어제 그럴 뻔하셨다는 것이다. 이미 어느 정도 신통을 하시는 분으로 알려져 있던 그 분은 가끔 유체이탈을 하셔서 다음 생 받을 곳을 찾으러 다니시곤 했는데, 그 날 마음이 육신을 떠나 서울 불광동 근처에 이르러 어느 집에서 자고 있는 젊은 부부 두 사람을 보는 순간 아, 여기가 내가 새 몸 받을 곳이구나 하는 생각이 들어 가려고 했단다. 그런데 그때 누군가가 자기를 애타게 부르는 소리가 있어 그냥 돌아왔는데, 알고 보니 부인이 자지 않고 옆에서 부처님을 부르고 있었다고 한다. 그러면서 이상하지요? 이런 말 안 믿기시지요? 하며 웃으시는 것이었다.

손 선생님 말씀에 의하면, 사람은 다 자기 인연 있던 곳에 가서 태어난다고 한다. 한국 사람은 아무래도 한국에서 한국에 태어나는 인연을 짓기 쉽고 서양 사람은 또 서양에서 그러기 쉬우므로 한국인은 다음 생에도 한국인이 되기 쉽고 서양인은 또 서양인 되기 쉽다는 것이다. 그러므로 한 민족 한 겨레는 여러 생 동안 같이 한 민족으로 살아 본 사람들이 많고, 그 중에서도 가족이나 친구 등 친분 있는 이들은 더욱 그러하다는 것이다.

그리고 친구는 대부분이 좋은 인연이라는 것. 특히 어릴 때 만난 이들이 더욱 그러하니, 혹시 학창 시절에 별로 사이가 좋지 않았던 친구라도 함부로 생각할 것이 아니라고 하셨다. 소중하고 또 소중한 인연이니, 비록 과거에 그렇게 부드럽지 못한 친구들도 귀하게 모셔야 할 것이라는 말씀. 그리고 선생님은 불광동에서 인연 지은 일이 있어 다음 생은 아무래도 그 근처에서 받을 것 같다며 다시 환히 웃으셨다. 이번에는 아내의 정성으로 다시 돌아왔지만, 너무 건강이 좋지 않아 아무래도 조만간 몸을 바꾸어야 될 것 같다고···.

지금 생각하면 그 분은 알음알이보다 실천수행이 뛰어나셨던 분 같다. 맑은 얼굴이며 지극히 중생을 섬기시던 모습이 그런 느낌이 들게 한다 (본래 어느 종교를 막론하고 행이 있으신 분들은 맑다. 그 반면 알음알이만 있으신 분들은 왠지 우리를 복잡하고 불편하게 만든다).

그 분을 만났을 때 만나는 그 자체만으로도 내 마음이 맑아지는 것을 느꼈다. 그것이 수행의 공덕이다. 우리가 선지식을 만나면 마음이 맑아지는 것은 선지식이 우리를 부처님으로 만들어 주시기 때문이다. 내가 아무리 원망과 미움을 가지고 선지식을 찾아가도, 선지식은 우리의 마음을 눈녹듯 녹여 부처님 마음과 같이 만들어 준다. 받들고 섬기는 그 자비롭고 어진 마음이 우리의 모든 모진 마음을 녹여 주는 것이다. 그런데도 그 당시엔 학문적 깊이가 깊지 않다는 말에 선생님을 은근히 낮춰 보는 마음이 있었던 것도 사실이니, 다 닦지 못해 선지식을 못 알아 본 나의 잘못에 지나지 않는다.

그 해 봄, 해병대 근무가 끝나고 진해 해군사관학교로 발령이 난다. 이렇게 해서 포항에서의 금강정사와의 인연은 끝나게 된다.

해군사관학교를 마지막으로 군의관 생활이 끝날 무렵 벚꽃 화사한 진해를 뒤로 하고 특별 휴가를 얻어 또 방랑의 길을 떠나니, 청담스님 출가 본사인 고성 옥천사에서 일 주일 머무르며 묵언수행과 함께 부처님께 절 공양을 드리게 된다. 옥천사 일 주일도 나의 기억엔 아름다운 추억으로 남아 있다.

그 해는 봄이 좀 늦게 와 아직도 날이 추운데 요사채의 마루는 따뜻하기만 하였다. 그래도 봄이라고 목련과 벚꽃은 제법 꽃망울을 터뜨리기 시작하고 새 소리도 즐거운데 밤이면 산골을 돌아 흐르는 물 소리 바람 소리가 요란했다. 바람은 아직 차가우나 따스한 마루에 좌선하느라 앉았으면 어디선가 꽃 향기는 내 옆을 감돌고 봄볕은 따사로왔다. 하루 종일 아무도 만나지 않고 좌선 아니면 법당에서 오로지 부처님만 부르고 절 공양만 드렸으니, 내 지금까지 인생에 그렇게 행복한 수련을 한 적도 많지는 않은 것 같다.

7일간의 수행을 끝내고 내려오는데 옥천사 길목의 자경문 시구가 인상적이었다. 삼일수심천재보(三日修心千載寶)요 백년탐물일조진(百年貪物一朝塵)이라! 삼일 동안 마음 닦음은 천 년의 보배요 백 년 동안 재물을 탐함은 하루 아침 티끌이라…. 나는 그 두 배의 수심(?)을 했으니 그럼 보배도 두 배인가? 웃으며 나는 털레털레 옥천사를 떠났다.

인턴 시절 : 무상(無常)을 설하는 선지식들

1983년 5월, 나는 드디어 군생활을 마감하고 수련의의 길로 들어선다. 꿈꾸어 오던 의사, 생명을 책임지고 치료하는 진짜 의사가 정말 된 것이다.

그 당시 수련의 기간은 4년. 인턴 1년에 전공의 3년의 기간이었는데 옆에서 보기만 했던 학생 신분에서 직접 생사를 다루는 긴박한 환경에 애착을 갖게 한 시절이다.

이 때도 번뇌가 끝이 없어 실수도 적잖이 하였지만 인턴 일 년은 참으로 보람된 한 해였으니, 옆에서 방관적으로 지켜 보기만 하던 입장에서 직접 긴박한 환자의 생사현장에 뛰어든다는 것은 늘 긴장에 젖게 했다. 그 동안 학생으로서 주변만 돌던 내가 직접 위급한 환자의 처치를 맡아 위기에서 구해 내기도 하고 숱한 환자들의 숱한 사연도 직접 듣고 체험하게 되었으니 지금도 의사란 참 보람된 직업이라고 느낀다.

그리고 직접 눈으로 보게 된 삶과 죽음의 그 기막힌 현장—그 현장의 모습은 나에게 잠 못 드는 밤을 다시 가져왔다. 인간은 어디서 와서 어디로 가는가. 왜 저들은 죽어야 하며 나는 왜 그런 아픔의 방관자가 되어야 하는가. 의사는 왜 저들을 살릴 수 없는가….

죽어 가는 환자들을 참 많이도 봤다. 그들을 보며 늘 안타까웠던 것은,

왜 저리도 허망하게 가야 하는가 하는 것. 미리 준비를 하였다면 저리도 남은 이들에게 아픔 주지 않고서 웃으며 갈 수 있었을 텐데, 건강할 땐 왜 그렇게도 어리석게 죽는 줄 모르다가, 몸이 다 망가진 후에야 저렇게 몸부림치는가.

죽음이 임박해 몸부림치는 환자들을 보며 나는 언제나 종교를 생각했다. 죽음의 슬픔과 공포에서 벗어나는 것은 종교밖에 없다고 생각한 것이다. 그런데 모두가 종교를 찾는 것은 아니었으니, 어떤 분은 일찍 종교에 귀의해 마음의 안정을 찾은 분도 있지만 대부분은 그렇지 못했다. 심지어는 죽음 직전까지도 종교를 거부하다 결국은 말 한 마디 못하고 가는 분도 있으니, 그렇게 주위 분들에게 슬픔만 남기고 허망하게 가실 걸 어찌 그리도 말 안 듣고 제 고집대로만 사셨단 말인가….

종교를 찾은 이도 그랬다. 그 좋은 날 어떻게 보내고 이렇게 죽음에 임해 의식도 가물거리고 소리도 잘 안 나오는 지금에서야 비로소 종교를 찾는가. 힘 있고 소리 좋고 건강했을 때 주님도 찾고 찬송가도 부르며 절도 하고 염불도 하면 나도 좋고 너도 좋고 다들 얼마나 좋았겠는가. 그런데도 그 고마웠던 시절 어떻게 다 보내고 이렇게 가엾은 모습으로 주님과 부처님을 찾는단 말인가. 미리미리 준비했다면 더 맑은 모습으로 우리를 대할 수 있지 않았겠는가. 불법난봉(佛法難逢)이라 했지만, 부처님 법 만나기가 정녕 이다지도 어렵단 말인가….

불치병에 걸린 환자나 가족에겐 한 가지 공통적 특징이 있다. 명의를 만나거나 좋은 처방을 받아 오로지 병을 낫겠다는 욕심만 가득할 뿐, 왜 병이 오게 되었나에 대해서는 대부분 전혀 관심이 없다는 사실이다. 그래서 회진을 가더라도 의사의 다른 말은 듣지 않고 어떻게 하면 그저 의사 입에서 '낫는다'는 소리가 나오게 할까 하고 의사들 눈치만 본다.

그러다 의사 입에서 원하는 말—낫는다—이 안 나오면 실망하고 원망하며, 이런 환자 심리를 이용해 돈벌이하려는 사악한 이들의 꾀임—누구는 무슨 약 먹고 나았다더라, 누구는 무슨 동물 고아 먹었더니 나았다더라, 누구는 어느 용한 병원에 가서 무슨 치료를 받고 완치되었다더라, 누구는 어느 기도원에 가서 기도해서 나았다더라 등—에 빠져 그 소중한, 인생의 마지막 금싸라기 같은 시간을 허황된 꿈과 욕심에 낭비하고 마침내는 결국 삶의 근본 번뇌를 끊지 못한 채 주위 가족에게 고통과 슬픔을 남긴 채 한 많은 삶을 마치게 된다.

병이란 왜 오는가? 병은 어떻게 낫는가? 의사가 낫게 하는가? 의학이 낫게 하는가? 나이 40이 될 때까지 삶의 고통의 원인을 알겠다는 결심을 잊은 적은 없었으나 해답은 너무 멀어 보였다. 나는 다만 옆에서 도와 주는 사람일 뿐, 병이 왜 오는지도 모르며 더구나 병을 낫게 해줄 능력이 실상은 없었던 것이다.

한심한 일은 또 있었다. 정신적으로 내가 그들에게 아무런 도움이 되지 못했던 것. 이 때만 해도 나는 종교적 방황조차 끝나지 않을 때라 나 자신부터가 괴로웠으며, 불자 집안의 환자라 하더라도 기도하는 법을 몰라 그들을 위해 기도 한 번 해 드리지 못하였고, 부처님 말씀을 제대로 알지 못해 가족들의 슬픔을 어쩌지 못했으며 고작 하는 일이란 새 환자가 입원하면 종교에 귀의하라고 조언드리는 것뿐이었다. 그런데 대부분의 환자는 물론 그 가족마저 전혀 종교적인 준비가 안 되어 있는 상태라, 자신을 담당한 의사라 감히 대놓고 말은 안했겠지만 젊은 사람이 병 고칠 생각은 안하고 나이에 비해 이상한 소리만 하니 속으로 참 이상한 사람으로 생각했을 것이다. 나 자신도 종교적 수행이 전혀 되어 있지 않앉으니 그런 그들을 설득할 힘은 더욱이 없었다.

고통 속에 죽어 가는 숱한 환자들은 모두 나에게 무상(無常)의 법문을 설해 주는 선지식들이었다. 닦지 않으면 너도 저리 되느니라! 깨닫지 않으면 너도 저리 되느니라!

무상을 직접 몸으로 보여 주는 환자분들의 가르침을 들을 때마다 나는 온몸에 소름이 돋았다. 나 역시 범부중생이라, 이대로 꿈처럼 살아가다가는 훗날 언제가는 저 분들처럼 사랑하는 가족과 주위 분들에게 저리도 큰 아픔과 슬픔을 남기고 나도 떠나게 될 것이었다. 비록 지금은 젊어서 실감은 안 나지만, 닦지 않으면 나도 분명히 저리 될 것이니, 정녕 두렵고 무서운 일이 아닐 수 없었다. 그러나 나는 두려움에 몸만 떨 뿐, 어떻게 해야 될지도 모르는 가엾은 범부중생의 하나일 뿐이었으니….

주치의 시절 : 나도 저렇게 죽나요?

일찍이 나는 학생 시절부터 소아과 의사가 되기로 마음먹었다. 그것은 좀 거창하지만 건강한 사회를 만들고 싶어서였다. 한 나라의 미래는 어린이에게 달렸고, 어린이가 건강하게 자라는 사회는 비록 현실은 어렵더라도 꿈이 있는 사회며 건강한 사회다. 왜냐하면 건강하지 못한 사회는 건강하게 어린이를 키울 수 없기 때문이다. 이를 뒤집어 말하면, 아이가 건강하게 자라게 만들면 그 사회는 건강한 사회가 되는 것이다. 그리고 누구나 자식 걱정은 대단하다. 자신의 건강엔 등한히 해도 아이들의 건강엔 관심이 다들 많다. 자녀의 건강을 핑계로 어른에게 접근하면 어른들도 건강하게 만들 수 있으며 따라서 현재 사회도 건강하게 변할 것이라는 게 나의 생각이었다(그러나 현실은 이상과 거리가 많다는 것을 안 것은 전문의가 된 한참 뒤였다).

전공의 시절도 아픈 사연이 많다. 의사라면 누구나 겪었을 아픔이지만, 내가 조금만 더 알고 내가 조금만 더 부지런하였다면… 하는 아쉬움이 전공의 시절을 생각하면 지금도 떠나지 않는다.

죽음이란 본래 덧없고 가슴 아픈 일이지만 어린이들을 멀리 보내는 것은 남편과 아내, 그리고 자식을 남겨 두고 가는 어른들의 죽음과는 또 다른 아픔을 우리에게 준다. 떠나가는 아이들의 티없이 맑은 눈망울을 보노라면 말할 수 없는 슬픔이 우리에게 찾아온다. 어른들이야 살면서 그럴 만한 업(業)을 지었다지만, 저 맑은 아이들은 무엇 때문에 저런 고통을 받아야 하는가…. 무명 중생인 나는 도대체 그 까닭을 알 수가 없었다.

주치의 시절인 어느 날, 이제 다들 잠이 깊이 들었을 새벽, 병실에서 응급 호출이 왔다. 암에 걸린 환아 하나가 위험하다는 것이었다. 촌각을 다투며 뛰어간 병실에서 응급 심폐소생술을 시행하였으나 환아는 이미 숨이 멎어 있었고 멎은 호흡은 돌아올 줄 몰랐다. 한 시간여의 노력도 헛되이 사망을 선언하고 병실을 나설 무렵, 자는 줄 알았던 환아 한 명이 나를 불렀다. 나이가 그때 중1~2 정도였는데, 뇌암에 걸려 6개월 정도의 시한만 남겨 두었던 그 환아는 부모님이 사실을 말해 주지 않았는지 그냥 머리가 아픈 정도로만 알고 있었으며, 사춘기 시절의 아이들이 다 그렇듯 약간의 어두운 얼굴도 있긴 하였으나 회진 때는 대답도 잘하고 명랑한 표정을 짓던 아이였다. 그런데 그 날은 옆에 가서 보니 소리 죽이며 울고 있었다. 그리고 낮은 목소리로 말했다. 선생님, 저 아이 죽었어요?

자는 줄 알았던 그는 그 날 그 광경을 다 보고 있었던 것이다. 나는 말을 못하고 그냥 있었다. 몇 번의 재촉에 말 없이 고개를 끄덕였는데, 다음 그의 입에서 나온 울음 섞인 그의 말은 나를 순간 얼어붙게 만들었다. 선생님, 나도 저렇게 죽나요?

나는 정말 말을 하지 못했다. 그 아이는 숨쉴 여유를 주지 않고 다그치듯 재차 물었다. 나도 저렇게 죽어요?

무엇이 그에게 죽음을 깨닫게 했는가. 전혀 자신의 병을 모르고 있던 아이인데…. 그리고 그런 진실된 모습을 바로 알고 나에게 묻는 그에게 내가 무슨 말을 할 수 있을 것인가. 그래, 암에 걸렸으니 너도 죽는다고 말할 것인가. 아니면 너는 죽을 병이 아니라고 말할 것인가. 혼란스런 머리를 바로잡고 그의 옆에 앉았다. 그리고 위로랍시고 겨우 한 마디 했다. 사람은 누구나… 죽는단다….

그는 어깨를 들썩이며 말없이 울고만 있었다.

그 아이는 지금 이 세상 사람이 아니다. 그 질문을 한 지 몇 달 뒤, 그는 그렇게도 보기 싫었던 그 날 밤 옆 광경과 똑같은 모습으로 한밤중에 그렇게 떠났다. 이제는 나도 그렇게 죽나요 소리조차 하지 못한 채, 내가 옆에 와서 그 날 밤과 똑같은 소란을 피우는지도 모르는 채 그 아이는 그렇게 떠났다.

죽음이란 무엇일까. 왜 사람들은 그렇게 죽음을 싫어하지만, 왜 그렇게 가지 않고는 안 되는 걸까. 나이 든 분들의 죽음도 그렇지만, 왜 저렇게 맑은 아이들이 먼저 가야 하는 것일까. 병이란 무엇이길래 저토록 많은 사람들의 가슴을 태우며 사람들을 떠나게 하는 것일까. 명색이 의사란 나는 또 무엇인가. 흔히 아이들이 커서 뭐 될래 하면 의사가 되어 병걸린 사람 고쳐 주겠어요 하는 고운 희망을 말하는데, 과연 그 애들은 의사가 실지로는 아무것도 할 수 없다는 걸 알고 있을까. 가운만 걸치고 병을 고친다고 떠들고 다니지만, 막상 실지 상황에선 아무것도 할 수 없는 나약한 존재란 걸 알고나 있을까. 의문은 끝없고 고뇌도 끝이 없었다.

결혼 : 아내와의 만남

전공의 첫 해 가을, 나는 결혼을 하게 되니, 내 나이 서른 때의 일이다. 그런데 문제가 생겼다. 신부 집은 불교적 배경이 있지만 장모님께서 천주교로 귀의한 집안이라 종교가 문제였다. 처가에서야 큰 신경을 안 썼겠지만, 천주교는 결혼시 성당의 허가를 받아야 하는 것이 큰 문제. 천주교 신자는 반드시 같은 신자와 결혼해야 하는데, 만약 아직 종교가 없거나 있더라도 나중에 천주교로 개종하거나 신자가 되기로 약속을 하면 허락해 주는데 이를 관면이라 한다. 나는 어이가 없었다. 아니, 세상에 가장 신성한 의식 중의 하나인 결혼을 핑계로 전도하려 하다니….

아내로부터 들은 이야기는 간단 명료했다. 별 것 아니니 가서 앞으로 부인이 성당 나가는 걸 막지 않는다는 사인만 하면 된다고. 그거야 못할 까닭이 없지, 나도 본래 종교적 삶을 좋아하니까!

그러나 막상 성당에 가 보니 그게 아니었다. 부인이 성당 나가는 것을 허락함은 물론, 남편도 성당을 다녀야 하고 아이들도 모두 성당에 나가게 해야 한다는 약속을 해야 한다고 했다. 어이가 없었다.

나는 당연히 못하겠다고 하였다. 결혼을 핑계로 전도나 하려 해서야 그게 올바른 종교의 가르침인가, 차라리 나는 결혼을 안하겠다, 오히려 천주교 신도인 아내를 불교로 개종시키겠다, 나는 그렇게 항의했다.

나의 의지가 예상 외로 단호함을 안 그 당시 사무처 직원되시는 분은 한 가지 타협안을 제시했다. 서류는 형식적인 것이고 형식적이지만 요건은 갖추어야 하니 사인은 하고, 그 대신 자기가 그런 내용에 내가 동의하지 않았다는 것을 나중에 증명하면 어떻겠느냐는 것이었다. 그 정도면 나도 더 이상 거부하는 것도 도리가 아닌 것 같아 그렇게 하기로 했으나, 부처님을 배반한 것 같은 생각이 자꾸 들어 마음이 무척 아팠다. 세상의 모든 일이 작은 일부터 시작되는 것이니 큰 둑도 자그마한 개미구멍으로부터 무너지는 것이 아닌가. 나의 신앙도 이런 일로 무너지는 것은 아닌지 막연한 불안감이 왔던 것이다.

결혼식을 며칠 앞둔 나는 산란한 마음을 가누기 어려워 서초동에 계시던 현담스님을 만나 뵈러 간다. 그러나 스님께서는 아니 계셨다. 절을 다른 스님께 인계하고 다른 곳에 가셨다고 한다. 나는 10월 초 맑은 가을 밤 바람을 맞으며 포교당을 나선다. 그리고 마음속으로 말한다. 스님, 앞으로 뵙지 못할 것 같습니다, 용서하십시오….

주례사는 소아과의 산 증인이시고 독실한 개신교도이신 노 교수님께서 해주셨다. 우리 부부는 서로 사랑으로 가정을 이끌어 나가야 할 것이며 특히 사회로부터 우리 부부가 받은 은혜를 잊지 말라는 교수님 말씀을 아직도 나는 잘 간직하고 있다.

지금 우리 부부를 보는 사람들은 우리가 열렬한 연애결혼을 한 줄로 안다. 금슬이 너무나 좋아 보여 그렇게 생각된다는 것이다. 하지만 그렇지 않다. 결혼생활은 처음부터 순탄치 않았으니 서로에게 애틋한 마음이 없는 것도 아니었는데 툭하면 오해가 생기는 것. 아마 우리도 웬만한 부부보다 더하면 더했지 결코 못하지는 않게 싸웠을 것이다. 지금 생각하면 그렇게까지 서로 다툴 필요가 전혀 없었는데도 말이다. 정말 옛 법사님 말씀대로 빚쟁이 인연이라 그랬는지 모를 일이다.

아내는 착한 사람이다. 그 전에도 착했고 지금도 착하다. 내가 수십 번이 넘는 선을 보며 선택했을 정도로 그녀는 착한 여성이었다. 아무리 아름다움이 하늘을 찌를 듯해도 형상의 아름다움은 세월 앞에서는 모두 부질없는 일. 나는 마음이 맑아 늙더라도 아름다울 여성을 만나고 싶었는데 지금의 아내가 그러했던 것이다.

아내 또한 종교적 채색이 짙은 집안에서 자랐으며 결혼 상대로 영적(靈的)인 사람(이는 기독교적인 용어임)을 배우자로 기대했었다고 한다. 나 역시 보다시피(?) 둘째 가라면 서러울 정도로 영적(?)이잖는가! 그래서 서로 부부가 되었건만 결혼생활이 전혀 영적이질 못했으니 이것은 무슨 조화인가.

그런 대로 서로를 사랑하고 위해 주며 순조롭게 잘 지내다가도 아무 것도 아닌 일로 가끔씩 다투곤 하는 그런 생활로, 우리는 10년 세월을 보냈다.

멀어져 가는 부처님

　결혼을 하며 부처님과는 점점 멀어져 갔다. 종교적 갈등은 별로 있지 않았고, 어려울 때 부처님을 찾는 것까지 사라지진 않았지만 여러 면에서 부처님과는 멀어져 갔으니, 아무래도 아내의 마음을 상하지 않게 하기 위함이 컸을 것이다(참고로 아내는 한 번도 나에게 불교를 비난하거나 천주교를 강조한 적은 없다. 우리는 서로의 종교를 존중해 주는 편인데, 아마 내 스스로의 자격지심이었을 것이다).
　전공의 3년째던가. 서울대학교 병원에도 불교법회가 생겼다. 당시 포교승으로 이름 높으시던 성열스님을 법사로 모시고 법회를 여는데, 남자 신도는 별로 없고 소아과 근무하시는 수간호사 분이 주축이 되어 만들어진 법회였다. 이 수간호사께서는 내가 불교학생회 출신인 줄 아시고 나에게 상당히 기대를 하셨는데, 나는 아무것도 도와 드릴 수 없었다. 당시 내 마음은 순결을 잃은 부녀자인 양, 도저히 부처님을 뵐 수가 없었던 것. 자격지심이긴 했겠지만, 수간호사 분이 나를 반기더라도 애써 모른 척했으니 이 점을 아직도 죄송스럽게 생각한다. 아마도 오해 많이 하셨을 것이다.
　그 외 기타 어떤 법회도 나가지 않았다. 심지어 총불회 도반들이 졸업 후 다시 만든 법회에서 몇 번이나 연락이 와도 나가지 않았다. 내가 법회에 나가는 것이 아내에게 상처를 줄 것이 분명하니 나갈 수가 없었던 것. 무슨 이유에선지는 모르나 주위 아는 이들 사이엔 내가 천주교로 개종했다는 소문도 돌기 시작했으니, 아마도 남들이 보기엔 철저히 부처님에게서 멀어진 것으로 보였던 모양이다.

인턴이 된 그 해부터 섣달 그믐이면 광릉 봉선사에 가는 것이 내가 한 해를 마감하는 방식이었다. 봉선사에 가서 법당 부처님께 절을 올리고 한 해를 참회하며 새 한 해를 기약하는 것이었는데, 결혼 첫 해는 그래도 평소처럼 법당 안까지 가서 부처님을 뵈었으나 둘째 해에는 이상하게 부처님 뵙기가 쑥스러워지는 것이었다. 그래서 법당 밖에서 서성이다 절도 못하고 그렇게 나왔는데, 그 다음 해엔 아예 절에 올라가지도 못하였다. 부처님이 나무라실 것 같은 느낌이 자꾸 들어서였다.

그 해 그믐날엔 봉선사 밑 사하촌 입구에서 그냥 부처님께 인사를 올렸다. 부처님, 이젠 다시는 못 올 것 같습니다. 이상하게 자꾸 부처님이 멀어져 갑니다. 미안합니다, 부처님. 내년에 오지 않더라도 너무 나무라지 마셨으면 합니다. 그렇게 작별을 드리고 막걸리 한 잔 마시고 집으로 왔다. 그 후로는 정말 봉선사에 다시 갈 일은 없었다.

그렇게 삼 년이 지나고 전공의 시절이 끝나는 해, 후배로부터 동국대 고익진 선생님의 구도법회를 소개받는다. 고익진 선생님께서는 나를 개인적으로 잘 모르실 터이나 나는 불교학생회 때부터 알고 있었고 법문도 몇 번 들었던 터이다. 본과 4학년 때는 선생님께서 늑막에 물이 차 서울대 병원에 입원하셨던 적이 있는데, 그 당시 병원에서 별다른 대접(?) 못 받으시고 그저 병든 중년의 환자 취급만 당하고 계신 것을 실습을 돌다 우연히 발견하고는 불교학생회 선배들에게 알려 특별 대우(?)를 받게끔 해 드린 인연도 있다.

선생님은 학생 때 나에게 참 독특하게 다가오셨다. 내가 알기로 선생님께서도 본래는 의학도이셨는데 몸이 좋지 않아 요양 차 들린 절에서 반야심경의 '무안이비설신의(無眼耳鼻舌身意) 무색성향미촉법(無色聲香味觸法)'의 대목에서 크게 의심을 일으키시어 발심하셔서 불교공부를 하신 것으로 알고 있다. 그 당시 수행자들에게서 느낀 향기와는 전혀 다른 향기가 선생님에게서는 풍겨 오던 것으로 기억난다. 참으로 온화하고 자상하신 분이셨다.
　그러나 세월이 흘러 만난 선생님은 더 이상 나에게 감동을 주지 못하신다. 오랜만에 만난 선생님은 얼굴이 더욱 맑고 밝아져 계셨건만 그러지 못했으니, 그것은 내 공부가 더 되어 그런 것이 아니라 선생님의 가르침마저 포용하지 못할 정도로 내 안의 불교적인 마음이 메말라 있었던 것이다.

상실의 세월

　부처님을 떠난 내 생활은 활기를 잃었다. 간간이 경도 읽고 다리 틀며 좌복 위에 앉기도 하지만, 그리고 어려운 일이 있을 때면 부처님을 찾는 것은 예나 다름 없었지만 부처님은 내 마음에서 조금씩 멀어져 갔다. 내가 생각해도 나는 점점 멍청해지는 것 같았다.
　남들이 볼 때는 괜찮은 신랑이었고 허울은 멀쩡하였지만 이제 잊어질 만하면 찾아오던 부부 간의 갈등은 여전하였고 내 스스로는 중심이 없는 삶이었다. 옆에는 이쁜 아내 귀여운 아이들이 남편, 아버지를 세상에 둘도 없는 분으로 좋아하고 사랑하고, 나 역시 술 마시고 놀고 떠들고 했으나 나는 내 삶을 살고 있지 못하였다. 생의 의문을 풀지 못했고 풀려는 의지도 이제는 조금씩 상실된 채, 이렇게 살면 안 되는데 하는 고뇌 속에서 하루하루를 그저 본능적으로 살고 있을 뿐이었다. 부처님을 떠나지 않았을 때도 밀려오는 번뇌에 변변치 못한 삶을 살았는데 떠났으니 오죽했으랴!
　그때는 정말 완전히 내 삶을 잃어버리고 있었으니, 나는 본래 부처님 새끼라 부처님 밑에서 살아야 했는데 말이다. 그렇지만 남들이 볼 땐 나는 언제나 일과 후면 아이들과 같이 있고 아이들과 같이 놀아 주며 주말이면 온 가족이 함께 어김없이 놀러 가는 좋은 아버지였고 시간 날 때마다 심심찮게 방도 청소하고 집안 일 도와 주는 좋은 남편이었던 것이다.

1990년에 나는 개업을 하게 된다. 내가 보기에 일반적으로 나이가 들며 맞게 되는 삶의 번민은 크게 두 가지인데, 하나는 금전적인 번민이요 또 하나는 삶의 근본적인 회의, 즉 나는 무엇을 위해 지금 살고 있으며 앞으로 살아갈 것인가 하는 것이다(이 두 번째 고민은 나이가 어느 정도 들기 전까지는 아예 모르고 지나는 분들도 많지만 언젠가는 반드시 부닥치게 되니 미리 할수록 더 정확한 답을 얻을 수 있는 고민이겠다).

금전적인 고민은 사람에 따라 다르기는 하겠지만 늦어도 대개 30대 후반부터는 생기는 것 같다. 대다수의 개원의들이 그렇듯이 나도 예외는 아니었다. 하루하루가 환자 수에 따라 일희일비하였다.

그런 가운데도 삶의 회의는 끊이지 않았다. 이게 내 삶은 아닌데, 이렇게 살라고 그 고생하여 의사가 되고 내가 이 세상에 나온 것은 아닐 텐데….

이제 부처님 기억도 가물가물, 그저 아이들 자라고 돈 버는 데 신경 쓰며 꿈처럼 하루하루 살아갈 뿐이었다. 어느덧 삶의 의문을 푸는 마지노선으로 정한 나이 40이 다 되어 가는데, 순수했던 그 옛날의 마음은 어디론가 가고 없었다. 어디에도 그 마음은 찾아볼 수 없고 이게 아닌데 이건 아닌데 하는 번민 속에서 날이 가고 또 날이 왔다.

나이 40이 될 때까진 삶의 비밀을 알아 내고, 고통 속에 사는 이들의 좋은 벗이 되어 주길 맹세한 지 근 20년. 이제 내일이면 그 약속의 해인데 알아 낸 것도 없었고 준비된 것도 없었다. 불혹(不惑)의 해가 오더라도, 그때 약속을 지키지 못한다 하더라도 할 수 없는 것. 약속이란 어차피 그런 것 아닌가. 더구나 철없을 때 한 약속인데 뭘…. 나는 점점 그렇게 뻔뻔스러워져 가고 있었다.

생각해 보면 내 팔자도 기구(?)하였다. 내 주위 분들 중엔 부처님 은혜 입은 분들이 많다. 부모님들 신심이 뛰어나 큰스님 몇 분은 적어도 시봉하고, 그래서 다들 큰스님도 마음만 있으면 쉽게 친견할 수 있었지만 우리 어머님은 치마 불교라 큰스님 시봉 복은 타고나지 못하셨다.

무엇보다 나를 안타깝게 한 것은 스승을 못 만난 것. 내 주위엔 학생 시절에 백봉 거사님 밑에서 몇 년을 선공부한 분도 계시고 법정스님이나 광덕스님 총애도 받은 분도 많고, 구산스님이나 성철스님에게서조차 공부하신 분들도 있는데 나는 어느 한 분도 개인적인 스승으로 만나지 못하였다. 스승님, 저 왔습니다 하면 오 그래? 하실 스승님이 계신 것이 얼마나 부러웠는지 모른다.

불교에선 올바른 스승을 갖는 것이 얼마나 중요하다고 하는가. 올바른 스승 밑에서 본격적으로 공부해 본 적이 없으니 아는 것은 그저 겉불교뿐. 이런 알음알이는 평상시 겉멋 부리기엔 적당할지 모르나 고난 앞에는 아무런 힘이 없다. 스승 잘 만나 공부 잘하여 어느 경지에 이른 분들이 스승에게 감사를 표할 땐 부러움이 한량 없었으니, 세간에선 불과 10여 년밖에 아버님을 모시지 못했고 출세간에서는 한 번도 스승을 모시지 못했던 것이다.

또한 나는 같은 불자와 결혼하지 못했다. 사실 아내와 아이들 손 잡고 부처님 앞에 절이나 실컷 공양하러 다니는 것이 부처님 만난 뒤 내 소원 중의 하나였다. 수련회에서 절을 할 때도 가끔 내 옆에서 여성 법우가 절 올리게 되면 나는 마치 사랑하는 아내와 부처님께 절 공양 올리는 듯한 착각에 빠지기도 했고, 부처님, 훗날 아내와 이렇게 같이 절 공양드리면 얼마나 좋을까요 하고 속으로 생각해 보기도 했다. 그런 의미에서 같은 불자끼리 결혼하여 같이 법회에 다니는 부부를 보면 지금도 그렇게 부러울 수 없다.

　이것은 아내도 마찬가지. 나중에 알고 보니 우리는 서로 착각(?) 속에서 결혼했던 것. 즉 아내를 만났을 때 천주교 신자라는 말을 들었지만 인상이 천상 부처님 자식이라 언제든 불교로 개종시킬 수 있을 것이라 생각하여 별 관심을 두지 않았는데, 아내 역시 내가 불교 믿는다 했지만 별 볼일 없는 그렇고 그런 불교인이라 생각하고 별 어려움 없이 자신이 천주교로 개종시킬 수 있다고 생각했다고 한다. 그래서 서로 다른 꿍꿍이(?)를 갖고 결혼해 보니 그렇게 독실한 천주교 신자일 수 없고 그렇게 독실한 부처님 자식일 수 없었던 것이니, 결혼이란 정말 묘한 인연이다. 아내 역시 성당에서 외짝 교우(부부 중 한 쪽만 성당 다니는 경우를 그렇게 부른다)라 부부가 같이 성당에 다니는 모습이 그렇게 부러웠고 지금도 부럽다고 하니, 내 언제가는 아내의 소원을 들어 줄 마음으로 있다.

　그리고 앞서 말한 삶에의 회의. 나 역시 언젠가 죽음이 올 텐데, 나는 과연 어떻게 떠날 것인가. 수련의 과정에서 보았던 여러 죽음의 광경들이 생각났다. 아아, 이 문제를 풀어야 할 텐데…. 세월은 오늘도 그냥 가고 있었다.

님은 나를 사랑하시어

　그런 나에게 그리움이 다시 찾아오고 부처님을 만나게 된 것은 한 여성에 의해서이다. 부처님을 다시 만나게 되는 것이 어이없게도 여성 때문이라니 어찌 보면 참 부끄러운 일일 수도 있다. 무슨 대단한 감동적(?)인 사건을 기대하신 분에게는 매우 미안한 일이지만 사실이 그러했으니 부끄럽더라도 사실대로 말씀드리지 않을 수 없다. 어쩌면 관세음보살님께서 삶의 방향을 찾지 못하고 고통 속에 헤매는 내가 불쌍해서 화신으로 찾아오셨는지도 모르니, 그 여성은 나에게 그 동안 까맣게 잊어버리고 지냈던 그리움만 다시 일으켜 주고 그냥 그렇게 떠나갔기 때문이다.
　약속을 지키지 못한 채 불혹의 나이가 온 지난 1994년 4월, 나는 우연히 옛날 사모하던 여성에 관한 소식을 듣는다. 대학 시절 가슴 애달프도록 사랑했던 그녀는 내 정성을 아는지 모르는지 나도 모르게 미국으로 유학을 떠났다. 그 후 십수 년이 넘도록 소식이 끊겨 있었는데 우연히 근황을 알게 된 것이다. 유학을 갔다 작년에 귀국했다는 그녀는 아직 미혼인 채 대학 시간강사로 나가고 있다는 것.
　나는 사랑에 있어서는 본래부터 순정파요 짝사랑 전문가이다. 이상하게도 나는 나를 사랑하는 이들에겐 관심이 덜 가는 반면, 나를 사랑하지 않는 이들에겐 몇 배의 관심을 퍼붓는다. 다른 사람은 잘도 이성을 사귀는데, 나는 꼭 나를 좋아하지 않는 이만 골라 다니니 도대체 그게 잘 될 리가 있나. 그러니 짝사랑 전문일 수밖에(한때는 그게 부끄럽기도 하고 원망스럽기도 했으나 사실 어떤 면에서는 부처님이나 예수님도 짝사랑 전문가가 아닐까?).

한때 청소년 상담을 한 적이 있는데 다른 것은 무난하였으나 딱 하나, 어떻게 하면 좋아하는 여학생의 관심을 얻을 수 있을까요? 하는 질문에는 그야말로 꿀먹은 벙어리였는데 그도 그럴 것이 내가 성공한 적이 있었어야지요….

지금 생각하면 짝사랑의 가장 큰 이유가 그리움 때문이 아닌가 한다. 아무래도 같이 사랑하는 이보다는 사랑하지 않는 이를 그리워할 때 그리움이 더 크게 이는 것이 아닌가 하는데, 그리움에 잠길 때면 내 마음은 한없이 맑아지는 것이었다.

나는 어릴 때부터 그리움에 몸을 떨고는 했다. 아직 초등학교도 안 들어갔을 무렵, 잠이 들 때면 들려 오던 먼 산 너머의 증기기관차 기적 소리는 나를 알지 못하는 아득한 그리움으로 몰아넣었다.

사춘기 시절은 그리움 그 자체였다. 부모님, 형님, 누님이 보고파 울먹였고 다시 올 수 없는 행복했던 초등학교 시절이 그리워 울먹였다. 좋아했던 낙동강 하구에 해가 질 때면 알 수 없는 그리움이 노을처럼 아득히 강 너머로 물들었으며 별이 쏟아지는 밤에는 미지의 세계에 대한 그리움으로 가슴 아련했다.

그 중의 압권은 오지 않는 님에 대한 그리움. 오지 않는 님에 대한 그리움은 나를 언제나 애닯게 했다.

님은 오지 않았다. 그렇게 오지 않을 수가 없었다. 아무리 그리움으로 밤을 밝혀도 님은 내게 오지 않았다. 나의 그리움은 노래로, 시로 나를 향하게 했으니 소월의 시를 읽고 만해의 시를 읽고 헤세, 하이네의 시를 읽고 또 읽었다. 밤 인사를 비롯한 슈베르트의 겨울 나그네는 그 당시 나의 전유물. 또한 그리움은 스스로 시(詩)가 되어 내 가슴을 노래하기도 했으니 나는 그 무렵 어줍잖은 시인(?)이었다. 도대체 그리움은 무엇이길래 왜 그렇게 나를 괴롭혔을까….

    님은 나를 사랑하시어
    나를 그리움에 들게 하나니
    그리움은 나의 가슴을
    맑게 하는 까닭입니다

    님은 나를 사랑하시어
    내 가슴을 태우나니
    더없이 타는 열정에
    어둠을 밝히는 불길이
    곱게
    피어나기 때문입니다

    님은 나를 사랑하시어
    내게 오지 않으시니
    고독 속에 참나[眞我]의 싹이
    트는 까닭입니다

    님이여
    이 밤도 빈 방에 앉아
    그리움의 등불을

외로이
밝혔습니다…

 그렇다! 그리움, 그것은 그 자체로 무슨 큰 가치가 있어 그런 것이 아니었다. 오직 그리움은 내 마음을 맑게 만들어 주었기 때문에 그토록 나를 찾아온 것이었다. 내가 아직도 탐심과 망상으로 가득 차 있기 때문에 그리움은 나를 떠나지 않고 늘 내 주위를 맴돌았던 것이다.
 그리움은 언제나 나의 좋은 벗이었다. 그리움이 나를 찾아올 때면 나는 모든 허울을 던져 버리고 그를 맞았다. 또한 이에 화답이라도 하는 듯, 그리움은 나의 모든 허물을 덮어 주고 나의 모든 마음의 때를 벗기며 나를 가장 순수했던 그 자리에 다시 되돌려 놓으니, 그리움은 정녕 이상한 마법(?)을 가진 알 수 없는 녀석이었던 것. 그런 그리움을 나는 그 동안 까맣게 잊고 있었으니, 내 생활이 형편 없는 나락의 길로 가게 된 것도 바로 그리움이 나에게서 떠났기 때문이었다.
 그러한 그리움이 그녀를 통해 다시 불붙기 시작했다. 더구나 행복하지 못한 그녀의 소식이 더욱더 나를 애닯게 했다. 지금 생각해도 이상한 것은, 그 동안 한 번도 생각지 않았던 그녀인데 어떻게 그 소식을 듣자마자 내 마음이 단번에 그리움으로 물들었을까 하는 것이다. 정말 부처님의 가피가 나에게 왔던 것일까?
 어쨌든 만나지도 않았건만 가슴 가득 밀려오는 그리움을 나는 어쩔 수가 없었다. 눈을 떠도 그녀 생각, 눈을 감아도 그녀 생각, 온통 가련한 그녀 생각뿐이었다. 그녀 생각에 잠 못 이루는 날이 하루 이틀이 아니었다. 성철 큰스님께서 화두가 오매불망이라더니, 나는 그리움이 오매불망이었다. 잠을 자도 꿈속에서도 오로지 그녀 생각뿐이었다.

날은 봄날이라, 봄바람은 곳곳에 불어 오고 세상은 나날이 초록을 더해 가는데 그리운 이는 어느 곳에서도 없었다. 만날 수도 없고 볼 수도 없는 그리운 그녀! 대체 나는 어떡하란 말인가! 그리움은 내 가슴을 태우고도 또 태웠다.

내가 생각해도 내 자신이 한심했다. 청소년도 아니고 나이 40이 넘어 이게 무슨 꼴인가. 나이 40 넘은 중년의 남자가 나이 40 넘은 여성 한 명을 못 잊어 밤잠을 못 잔다니 이게 말이나 되는가. 아내에게도 볼 면목이 없었다. 그렇지만 내색도 못하고 그냥 끙끙 혼자 앓는 수밖에 없었다. 세월은 빨라 벌써 6월로 접어들고 있었다.

그런데 그 와중에 참 이상한 일이 일어났다. 그렇게 꼬박 두 달을 앓는 동안 잊어버렸던 부처님이 점점 보고 싶어지는 것. 그녀가 보고 싶으면 보고 싶을수록, 그녀가 그리우면 그리울수록 그것에 정비례해서 조금씩 부처님이 자꾸 보고 싶고 그리워지는 것이었다. 참으로 이상한 일이었다.

그리움을 잊기 위해 그 동안 묻어 두었던 화두를 들었다. 그렇지만 그렇지 않아도 시원찮았던 화두가, 더욱이 스승 없는 화두가 제대로 들어질 리 없었다. 불교학생회에 가입해 불교를 알게 된 지 햇수로는 어언 20년이 지나가지만 솔직히 나는 수행법을 몰랐다. 머리로는 알고 지식으론 알았지만, 그리고 남들 하듯 법회도 나가고 좌선한다며 단전에 힘 주고 앉아도 보고, 염불도 진언도 독경도 해 보았지만 제대로 알지 못했으니, 하는 것은 어디까지나 흉내였을 뿐 나의 수행이 되지는 못하였다. 그러니 어찌 어려움을 만났을 때 헤쳐 나갈 힘이 길러질 수 있었겠는가! 이번에도 역시 괴로움을 어쩌지 못하고 그냥 물결치는 대로 바람 부는 대로 방황할 뿐이었다.

그렇게 공부도 안 되고 그리움으로 잠 못 이루던 그 해 초여름, 나는 이 때까지 알았던 공부 방식을 과감히 버리기로 결심한다. 그리고 부처님께 항복하고 내 마음의 생명이요 내 그리움의 근원인 부처님 품속으로 돌아가기로 마음먹는다. 잊기 위해, 그리워하지 않기 위해 몸부림칠 필요도 없이 그냥 내 마음 가는 대로 그리운 부처님께 돌아가기로 했던 것이다.

부처님은 어렵고 복잡한 것이 없었다. 애당초 화두는 내 근기엔 맞지 않았다. 그것은 일거에 돈오하는 수승한 방법임에는 틀림없겠으나 나같이 박복하고 번뇌 많은 중생에겐 맞는 방법이 아니었다. 물론 내가 화두를 제대로 들지 못한 것은 스승을 만나 제대로 화두 공부를 하지 못해서일 것이다. 그러나 나는 천성적으로 화두와는 맞지 않는 성격이었는지도 모른다. 나중에 청화 큰스님의 법문으로 알게 된 것이지만, 사람은 심성에 따라 지(知), 정(情), 의(意)의 세 가지 타입으로 나눌 수 있는데 그 중 감성적인 면이 두드러진 사람은 아무래도 화두보다는 염불이 낫다고 한다. 나 역시 화두보다는 염불이 좋았는데 아마 나는 감성적인 사람이어서 그런 모양이다(참고로, 염불은 이런 지, 정, 의를 모두 회통한다고 한다).

그리고 더 이상 옛 조사스님이나 큰스님에 연연하지 않기로 마음먹는다. 그때까지만 해도 견성은 곧 성불이요, 따라서 견성하신 분은 바로 석가모니 부처님 같은 분인 줄 생각했다. 그런데 문제는 그 분들의 행은 아무리 봐도 부처님과는 거리가 있던 것. 원만하지 못하기도 하고 화도 잘 내시고, 거기다 못 알아듣는 중생을 나무라기도 하시는데, 내가 아는 부처님은 전혀 그렇지 않았던 것이다. 눈이 멀어 바늘에 실을 못 꿰는 제자를 위해 직접 실을 꿰어 주시고, 어리석은 제자를 위해 어떻게 하면 이끌어 주실까 고민하시고, 돌아가실 때까지 법을 물으러 오는 중생을 거부하지 않으신 그런 분이었다. 특히 조사스님들은 할이나 방을 쓰시는데, 어쩌다 한두 번이면 모르되 오는 사람마다 그러는 것은 아무래도 문제가 있는 것이 아닐까. 아무리 좋은 경전도 글 못 읽는 이에겐 아무 소용 없듯, 아무리 큰스님도 어리석음 못 깨우치는 내게는 더 이상 와 닿지 못했다.

그래서 나는 부처님께 돌아가기로 한다. 화두를 못 깨쳐 몇 아승지겁을 중생으로 떠돌더라도 오로지 부처님에게로 돌아가자! 부처님을 떠나지 말자!… 나는 그렇게 마음먹는다.

그때 도움을 준 것이 포항에서 들었던 김재웅 법사님의 바치는 공부이다. 그래, 이런 부질없는 인연에 괴로워하지 말고 솟아나는 그리움일랑 부처님께 바치고 잊어버리자. 나의 이 열병을 고치는 것은 부처님밖에 없으리라….

계절도 초여름으로 들어선 그 해 6월 어느 별 밝은 밤, 장미꽃보다 푸르고 아카시아 향보다 짙은 그리움 속에서 나는 그녀에게 보내는(그러나 실지로는 보내지 못한) 이별의 시를 쓴다.

　　사랑하는 이보다
　　그리운 이 되게 하소서

　　제 가슴 속 어린 마음
　　모두 가져가시고
　　그대 향한 그리움으로
　　제 가슴 가득 채워 주소서

　　사랑하는 이보다

그리운 이 되게 하소서

사랑은 애욕을 낳고
애욕은 목마름으로
끝내 우리를 울게 하기 쉬우나

그리움은 우리를
말 없이 바른 길로 인도하리니

만날 필요도
같이 있을 필요도 없는
그리운 이 되게 하소서

그리움만 뭉게구름처럼
피어나게 하소서

그리하여
먼 훗날
어느 여름
별 밝은 밤
가슴 에이는 그리움 속에서
그대 맑은 눈동자
다함 없이
보게 하소서…

    그 날 이후, 그녀가 그리울 때마다 부처님을 찾았다. 그리고 부처님께 그리움을 바쳤다.

 그러던 어느 날 점심 시간, 신록의 싱그러움과 함께 자라나는 벼 사이로 논두렁을 산책하던 나는 문득 이런 생각이 들었다. 그리운 이가 어찌 꼭 일정한 장소에만 있으랴, 그리고 그리운 이가 어찌 꼭 사람이어야만 할 것인가!

 눈을 뜨고 바라보니 그리운 이는 한 곳에만 있지 않았다. 불어 오는 초여름 바람에도 그리운 이의 향기가 섞여 있고, 논두렁 길가의 돌멩이에도 그리운 님의 얼굴이 있었다. 어찌 님이 꼭 인간의 모습으로, 그리고 한 가지 모습으로 다가올 것인가. 나를 그립게 하고 내 마음을 맑히는 이는 모두 그리운 이 아니런가….

 그 동안 나는 참 어리석었던 것이다. 금강경에서 그렇게 형상으로만 부처를 찾지 말라 하셨건만, 나는 그 동안 형상에서 그리운 님을 찾으려 했었다. 눈, 코, 귀가 달린 얼굴만 님의 얼굴인 줄 알았지 불어 오는 봄바람, 귓가에 스치는 장미꽃 향기가 다 님의 얼굴이요 님의 소리가 아닌 것이 없는데, 나는 그것을 모르고 애타도록 유형(有形)의 님만 그 동안 그리워했던 것이었다. 아, 그 동안 내 가슴을 그토록 태웠던 그리움이 얼마나 허망한 것이었던가! 내 가슴 한 구석을 그렇게 달구었던, 아무리 애써도 끌 수 없었던, 그 뜨겁게 불타 오르던 애욕의 불길이 어느 사이엔가 시원스레 꺼져 가는 것이었다.

 그리고 생각해 보니 내가 할 일은 그런 것이 아니었다. 이성에 대한 부질없는 사랑이 아니라 부처님을 그리워하고 참나의 본성을 밝히는 그것이 내 평생 목숨 걸고 한번 해 볼 만한 일이었다. 인간에 대한 사랑이 어찌 부처님과 비교할 수 있으랴!

 그래, 부처님을 한번 사랑해 보자. 허망하고 덧없을 사람에 대한 사랑이 아니고 영원히 변치 않을 님이신 부처님을 연인 삼아 한번 사랑해 보자. 그리움에 잠 못 이루고, 자나 깨나 오매불망하는 이 마음, 이 그리움, 모두 부처님께 바치고 부처님을 사모해 보자. 이성의 연인 사랑하듯 한번 사랑해 보자. 부처님을 그리워하고 부처님을 보고 싶어하고 부처님께 맛있는 음식 좋은 음식 먹여 드리고 싶어하고 부처님을 즐겁게 해 드리고 싶어하고 부처님을 웃겨 드리고 부처님 마음에 쏙쏙 드는 일만 골라 해 보자. 길을 걸어도 잠을 자도, 파란 하늘 아름다운 가을 들녘에도, 눈 내리는 겨울 강가에서도 그리운 이, 그립다 못해 눈물 나도록 안타까운 그 부처님! 그 부처님을 한번 그렇게 그리워해 보자!

우리 평생에 부처님만큼 사모해 볼 만한 이가 어디 있으랴! 모든 것은 유위법이라 덧없고 허망하며 허물어지고 영원하지 못하지만, 우리 부처님이야 시공을 뛰어넘어 늘 존재하고 옆에 계시는 분 아니런가. 그런 분을 사랑하고 그리워하지 않으면 도대체 어떤 이를 그리워하랴! 부처님, 내 가슴 다하도록 한번 사무치게 그리워해 보겠습니다. 그렇게 애타게 부처님 한번 사모해 보겠습니다. 부르고 또 불러 내가 지쳐 쓰러지더라도 부처님 사모함을 멈추지 않겠습니다. 내가 지쳐 쓰러지거들랑 부처님은 어느덧 내 옆에 다가오셔서 끝나지 않을 노래를 내게 불러 주실지니, 아아! 나는 당신의 황홀한 입김과 목소리에 눈멀고 귀멀었습니다…

어떻게 사모하고 그리워했는가. 그리움이 일 때마다 부처님을 생각했다. 그리고 부처님께 그리움을 바쳤다. 또한 그리움이 일 때면 염주를 돌리며 부처님을 불렀다. 불러도 불러도 다함 없을 부처님 이름, 부처님, 오늘도 저는 부처님께 제 마음 바칩니다…

그런데 가만히 보니 이게 바로 염불이 아니겠는가. 염불은 부처님을 생각하는 것이요 부처님을 그리워하는 것이요 부처님을 사모하는 것이리라. 그리하여 마침내 부처님을 떠나지 않게 되는 것이려니….

염불에 관해선 별로 들어 본 적도 공부해 본 적도 없었지만 그런 생각이 들었다. 맞는지 안 맞는지 모르지만 어쩐지 맞을 것이라는 생각이 들어 그냥 그렇게 수행해 보기로 한다.

사랑이라는 것도 그렇다. 흔히 우리는 인간 도덕 가치의 가장 높은 정점이 사랑인 줄 아는데, 사랑은 최고선은 아니다. 사랑은 위험하고 괴로움을 가져온다.

잘 되면 모르지만 사랑만큼 괴로운 것이 없다. 사랑하는 사람끼리 서로 만나지 못하면 얼마나 슬프고 가슴 아픈가. 사랑에 실패하여 자살까지 하는 사람들이 동서고금을 통해 얼마나 많은가. 내가 당신을 사랑합니다 하는 소리를 사람들은 듣고 싶어하고 또 들으면 감격까지 하는데, 사랑한다는 것이 모든 가치를 우선할 수는 없다.

먼저 사랑하는 마음이 영원할 수 없다는 것. 우리가 어떤 이를 사랑하면 그 사랑하는 마음이 영원할 것 같지만 결코 그렇지 않다. 마음은 장난꾸러기라, 사랑하는 마음도 하루에도 열두 번은 더 변한다. 그러기에 예로부터 믿을 수 없는 것이 사람 마음이라 하지 않았는가.

또한 사랑한다는 그 말 뒤에 숨은 이기적 생각을 놓쳐서는 안 되니, 우리가 어떤 사람을 사랑한다고 하는 이면에는 우리의 이기적 사고가 자리잡고 있는 경우가 허다하다. 즉 사랑을 남을 위해서 하는 게 아니라 나를 위해 하는 것이다. 그런 이유로 소위 '스토커'라는 극단적인 일방적 사랑이 나올 수 있는 것이다. 그런데도 우리는 사랑이 최고의 가치며 사랑이 모든 것을 덮어 준다는 착각에 빠져 있다.

천주교 교리를 배우러 다닐 때 성당의 신부님이 우리에게 던지신 질문—기독교는 사랑의 종교입니다. 그런데 과연 어떤 사랑이 참된 사랑입니까?

　아무도 대답을 못하고 우물거리자 신부님은 한 마디로 말씀하셨다—참된 사랑은 상대방을 기쁘게 해주는 것이라고.

　그렇지요! 참된 사랑은 남을 기쁘게 해주는 것이지요! 내 기쁘라고 하는 게 아니라, 그 분을 기쁘게 해 드리기 위해 온갖 나의 정성을 바치는 그것이 바로 참된 사랑일지니, 이는 바로 불교의 자비의 개념이다.

　정말 고귀한 사랑은 무엇인가? 그것은 연민이 동반된 사랑이다. 사랑하는 이에 대한 연민의 마음은 불완전하던 사랑을 완전하게 변화시켜 준다. 나의 모든 정성으로 상대방을 기쁘게[慈] 해주고, 상대방에 대한 깊은 연민의 정을 갖는 것[悲], 그것이 바로 불교의 '자비(慈悲)'사상이요, 대표적인 예가 자식에 대한 부모의 사랑이다.

　사랑 중에 자식에 대한 부모의 사랑만큼 깊고 완전한 것은 없다. 그런데 부모는 그들을 위해 자식을 사랑하는 것도 아니요 또한 언제나 자식을 사랑하지만은 않는다. 자식을 바라보는 부모의 가슴은 늘 연민의 정에 싸여 있다. 가엾이 여기는 이 마음! 이 마음이 바로 온갖 중생의 공덕의 바다를 이뤄 내는 것이다. 부처님과 관세음보살을 자부(慈父) 자모(慈母)라 부르는 이유도 여기에 있다.

제3장
행원의 노래

다시 만난 행원 : 광수공양(廣修供養)
—널리 바치고 섬겨라

　그런데 그리움을 바치던 나는 옛날 바치는 공부를 할 때처럼 무언가 조금 허전한 마음이 가시지 않는다. 바치는 것만으로는 만족되지 않았던 것. 그때 생각난 것이 바로 '공양(供養)'이란 용어다.
　나는 공양이란 말이 참 좋았다. 공양은 pūjanā라 하여 공시(供施), 받들어 베푼다는 뜻을 가진다. 본래 음식, 의복, 그밖에 생활에 필요한 물건들을 불법승 삼보에게나 부모, 스승, 또는 죽은 이나 대중에게 공급하는 것을 말하는데 공양물의 종류, 방법, 대상에 따라 여러 가지로 나뉜다.
　공양과 비슷한 뜻으로 쓰이는 말로 보시가 있는데, 보시는 대승의 주요 수행법의 하나이나 나는 왠지 보시라는 말이 싫었다. 보시는 범어로 dāna라 하니 탐심을 떠나 조건 없이 물건을 나눠 주는 것을 말한다. 그런데 이 말이 보시(布施)로 번역될 때는 강한 거부감을 갖게 하니, 이 때는 '베푼다'는 말이 되기 때문. 그런데 이 베푼다는 행위는 결코 동등한 입장에서 행해지는 것이 아니다. 물론 참된 보시는 삼륜공적시(三輪空寂施)라 하여 베푸는 사람[施者], 베풂을 받는 사람[受者], 베푸는 물건[施物]이 없는 것이라 하나 그런 경지에 이르기는 쉽지 않은 일이다. 대체 일체 중생이 뛰어난데 누가 누구에게 베푼단 말인가. 부처님에게 감히 보시드린다는 말을 쓸 수 있는가. 우리는 부처님에게는 공양드린다고 하지 않는가. 모두가 다 부처님일진대 우리가 어찌 보시란 말을 쓸 수 있는가? 하여 나는 개인적으로 보시란 말을 잘 쓰지 않는다.

그러나 공양은 오로지 받들고 섬기는 행위만이 있을 뿐이니 높은 자, 가진 자가 낮은 자, 없는 자에게 주는 것이 아닌 것이다. 거기엔 나라는 생각, 베푼다는 생각, 잘났다는 생각 등이 일체 없다. 무주상(無住相) 보시를 하라는 말은 있어도 무주상 공양을 드리라는 말은 없으니, 공양이란 행은 이미 나라는 아상을 떠나는 행이기 때문. 이런 까닭으로 나는 보시란 말보다 이 공양이란 말이 참 좋았다. 그래서 부처님께 바치는 대신 공양드린다는 말을 나의 수행에서 쓰기로 한다.

부처님께 그리움을 공양드리던 어느 날, 예전에 보현행원품에 광수공양원이 있던 것이 생각났다. 그래, 행원품에 공양원이 있었지…. 행원품은 공양을 어떻게 설명했는지 한번 봐야겠다는 생각이 들었다.

행원품 광수공양원 부분을 읽어 내려가던 나는 법공양에 이르러 크게 놀란다. 그때까지 나는 법공양이라면 부처님 또는 선지식들의 법문 내용이 적힌 책을 무료로 나눠 주는 것인 줄 알았는데 행원품에서 말하는 법공양은 그게 아니었던 것이다.

선남자야, 모든 공양 가운데는 법공양이 가장 으뜸이 되나니 이른바 부처님 말씀대로 수행 잘하는 공양[如說修行供養]이며 중생들을 이롭게 하는 공양[利益衆生供養]이며 중생을 섭수하는 공양[攝受衆生供養]이며 중생의 괴로움을 대신 받는 공양[代衆生苦供養]이며 선근을 부지런히 닦는 공양[勤修善根供養]이며 보살업을 버리지 않는 공양[不捨菩薩業供養]이며 보리심을 여의지 않는 공양[不離菩提心供養]이니라.

경에 의하면 법공양은 무엇보다 부처님 말씀대로 수행 잘하는 게 그 첫째였다. 부처님 말씀대로 수행 잘하는 것이 공양이라…. 그렇게 생각하면 일체의 수행법이 법공양 아닌 것이 없다. 오늘날의 불교계에선 수행법에 대해 여러 견해가 있는데 대체로 자신들의 수행법만이 수승하고 옳은 것이라고 주장하시는 일이 많은 것 같다. 관법하시는 분은 관법이, 화두선하시는 분은 화두타파 이외에는 수행이라는 이름조차 부치시질 않는다. 여러 이유가 있겠지만 경허 큰스님 이후 우리 나라 불교가 그렇게 흘러왔고 현재 산중에 한 소식 하신 큰스님들께서도 대부분 그러하시니 대중은 그런 견해를 따르지 않을 수 없다.

나 역시 불교입문 이래 화두선이 최상인 줄만 알고 가슴에 와 닿지 않고 풀리지 않는 화두를 들고 적지 않게 고생했다. 그런데 오늘 보니 부처님 말씀대로 하면 다 법공양인 셈이라, 수행의 우열을 따져 무엇하겠는가. 그저 내 자성 부처의 명령(?)에 따라 어느 수행이든 하면 되는 것이니 이제부터는 참선, 염불 등 무슨 수행을 해도 부끄럽지 않을 일이로다..

두 번째는 중생들을 이롭게 하는 것이 법공양이라…. 그렇다면 이것 역시 내가 당장 할 수 있는 일이었다. 내가 조금 손해 보고 남이 이익을 본다면 그는 이익 봐서 좋고 나는 법공양해서 좋고…. 내가 지금 하는 사업이 잘 되어 직원 더 고용하고 월급 더 주면 그것도 이익중생이니 열심히 일해 사업 잘 되게 하는 것도 법공양이 되는구나. 그러므로 직업 윤리에 대해 더 걱정할 필요도 없겠고, 중생을 이롭게 하는 일이야 찾아보면 얼마든지 나올 일이니 그래, 이거 하나도 안 어렵겠다, 언제 한번 해 보자.

세 번째는 중생을 섭수하는 것이라…. 중생의 괴로움과 상처를 다 안아 주고 그들에게 용기를 주는 것이니, 이것 또한 한번 해 볼 만한 일이었다. 모든 중생을 다 안아 주는 이 법공양은 중생의 어떤 허물도 덮어 주고 상처받고 넘어진 이들에게 희망과 용기를 주는 것이니, 맹세코 내 주위 모든 분들에게 이 섭수중생공양 한번 잘해 봐야겠구나.

네 번째는 중생의 고통을 대신 받아 주는 것인데, 이 말은 너무 엄청난 가르침이었다. 지금까지 다른 공양은 다 하겠지만 이 대중생고공양은 감히 하겠습니다 하는 소리가 입에서 나오지 않았다. 그것은 지금도 마찬가지다.

혹자는 말할지 모른다. 중생공양을 하자면서 남의 고통을 몰라주면 되느냐. 그건 위선적이다라고. 하지만 솔직히 말해 나는 남의 고통을 대신 받아 줄 능력이 아직 없다. 물론 버스 간에서 노약자에게 자리 양보하는 것도 고를 대신하는 공양이라 이 정도는 어렵지 않겠지만 남의 고통을 대신 받는다는 것은 엄청난 고통과 자기 희생을 요하는 것이라 아직은 감당할 힘이 내게는 없다.

남이 죽어야 할 자리에 내가 대신 죽는 것이 이런 공양인데 나는 이런 일을 견뎌 낼 능력이 없는 것이다. 지금도 나는 정신박약아만 골라 양자를 받아들인다거나 자신의 재산을 몽땅 털어 노인 봉양하시는 분들을 보면 내 스스로가 부끄럽기 짝이 없다. 그런 일들은 아직 나로서는 엄두도 내기 어려운 일들이다. 그렇지만 이 공양도 언젠가는 내 입에서 하겠다는 소리가 나오리라 생각되니, 내 원이 자라고 내 법공양이 꽃을 피우는 날 언제가는 이런 원이 발해지리라 믿는다.

다섯 번째는 선근을 부지런히 심는 공양이니 이 또한 당장 할 수 있는 공양이었다. 지난날 우리는 얼마나 많은 이웃들과 나쁜 인연을 많이 맺어 왔던가. 복을 짓고 좋은 인연을 많이 지을 일이다. 본래 좋은 인연 나쁜 인연이 없는 것이지만, 또 그렇게 구분할 수도 없고 구분해서도 아니 되지만 여하튼 자꾸 좋은 인연을 지어 나가려는 마음을 잊어서는 안 된다.

이런 좋은 인연은 멀리서 지으려 들지 말고 바로 우리 주위에서부터 지어 나가야 하니, 좋은 아내 좋은 남편 좋은 어머니 좋은 아버지, 그리고 좋은 사위 좋은 며느리가 되는 것이다. 직장에서도 좋은 상사 좋은 부하가 되면 온 세상이 얼마나 평화로울 것인가. 좋은 인연을 맺어 나가기에도 우리 인생은 충분치 못하다. 그 아까운 시간에 하물며 악연을 지을까 보냐. 우리가 밭에다 씨를 뿌리면 다 싹이 돋지는 않는다. 그 중 일부가 싹이 터 꽃을 피우고 열매를 맺는 것이니 선근도 이와 같다. 선근의 씨앗이 무수히 뿌려진 뒤에야 비로소 몇 개가 발할지니, 앞으로는 선근만 심어 나갈 것이로다.

여섯 번째는 보살의 일을 버리지 않는 것이니, 보살의 일이란 무엇인가? 중생의 번뇌를 없애 주고 보리심을 심어 주는 일이다. 모든 악업에서 중생을 보호하고 선업을 심어 주며 무명의 어둠을 없애 주고 육바라밀을 행하는 것이 모두 보살의 직업(?)이 아닌가. 옳지, 부지런히 보살의 길을 닦아 나가야겠구나.

끝으로, 보리심을 잃지 않는 것이 법공양이니, 언제나 수행할 때 반드시 보리를 이루겠다는 마음을 잊지 않을 일이로다. 본래 맑았던 그 마음, 모든 부처님을 나오게 했던 그 근본 자리를 잊지 않을 것이니, 그것이 바로 보리심을 떠나지 않는 공양이 될 것이다. 그리고 원을 잊지 않을 것이니 왜냐하면 원이란 우리 보리심을 밝히는 행위이기 때문이다.

법공양 일곱 가지는 나에게 큰 가르침을 주었다. 행원품에서 말하는 법공양이란 결국 형상을 떠난 것이었다. 형상을 떠나 우리의 본성을 밝히는 일체의 행위가 바로 법공양이요 부처님 기쁘게 하는 모든 행위가 바로 법공양이었던 것이다. 그렇게 생각하면 이 세상 어떤 것도 부처님의 공양구가 아님이 없다.

부처님은 언제 기뻐하시는가. 중생이 제 모습을 활짝 꽃피울 때 기뻐하신다. 마치 운동 선수가 시합에서 그 동안 쌓은 기량을 활짝 발휘할 때 감독이 기뻐하는 것처럼 중생이 그 본 모습을 활짝 발할 때 부처님은 기뻐하시는 것이다. 번뇌 망상에서 모두 떠나고, 이 세상의 모든 이들을 긍정과 감사로 맞이하며, 가수는 열심히 노래를 부르고 농부는 논밭에 열심히 씨를 뿌리고, 어부는 바다에서 그물을 드리우고 근로자는 공장에서 힘차게 기계를 돌릴 때 세상은 모두 평화롭고 부처님은 기뻐서 춤을 덩실덩실 추실 것이다. 부처님이 이처럼 기뻐하시는데 부처님이 기뻐하실 일을 안할 까닭이 없다. 옳지 부처님, 잠시만 기다립시오, 제가 한번 기쁘게 해 드리겠습니다…

처음 법공양을 접한 날, 엄청난 충격 앞에 혹시 내가 법공양 해석을 잘못 하지는 않았나 하고 다시 한 번 문맥 앞뒤를 살펴보기도 했다. 그러나 틀림없었다. 별로 있지도 않은 한문 실력이었지만 틀림없이 그 일곱 가지가 법공양이었던 것이다.

광수공양원을 알게 되면서부터 나는 행원에 관심을 가지기 시작한다. 가슴 에이는 그리움이 일 때마다 그저 부처님 명호 부르며 바치기만 하던 것이 부처님께 매일 아침 월을 공양드리는 것으로 발전한다. 즉 부처님 제가 반드시 광수공양하겠습니다 하고 공부하기 전 아침마다 발원드리는 것.

그러나 사실 나는 어떤 원을 공양드려야 할지도 몰랐으니, 애초에 내게 원이란 것이 없었기 때문이다. 원이 없으니 행이 없고, 행이 없으니 과(果)가 있을 턱이 없으니, 세월이 아무리 지나도 나는 맨날 요 모습 그대로일 뿐. 다만 광수공양원을 보고 나서 궁리 끝에 법장 비구나 약사 부처님처럼 나도 부처님께 멋있는 원을 세워 공양드려야겠다라고 생각했으니, 원을 세우는 일이 바로 보리심을 잃지 않는 것이기 때문이다. 그리하여 먼저 남은 생에 부처님께 무엇이든 공양 한번 원 없이 하겠다는 원을 세운다.

경(經)공양, 염불공양

그 당시의 나의 생활은 이러했다. 아침에 출근하면 잠시 입정에 든다. 그리고 원을 공양드린다. 그리고 금강경을 일독하고 원효스님이 뱀복이 어머니를 위해 지은 법공양문과 조선조 말 성월스님이 지으신 무상해탈문을 읽은 후 염불을 했다.

경을 읽을 때는 참 즐거웠다. 금강경을 읽을 때면 내 마음은 상상의 나래를 펴고 부처님 계시는 기수급고독원으로 간다. 거기엔 수보리를 비롯한 여러 제자 천이백오십 인이 계신다. 그런데 설법을 하시려던 부처님께서 감기가 걸리셔서 목소리가 잘 나오지 않는다. 그래서 부처님께선 좌중의 누군가가 대신 한 명을 지정하여 예전 부처님 설법하신 것을 읽으라고 하는데…. 나보고 읽으시란다! 옳지, 이 얼마나 큰 영광인가. 그래, 부처님, 잠시 쉬소서, 제가 비록 뜻은 잘 모르지만 큰 소리로 잘 읽어 드리겠습니다. 마치 초등학교 일학년 어린이가 선생님에게 읽기 지명을 받아 신나서 읽어 나가듯, 나 역시 그런 마음으로 즐겁고 힘차게 읽어 나갔다.

하지만 그때나 지금이나 큰 차이 없지만 어찌 그리 글 한 자 읽는 데도 번뇌 망상이 그리 많은지…. 더구나 한문으로 된 경문을 그냥 읽어 나가니 짧은 한문 실력으로 해석이 제대로 될 리도 없건만 그저 부처님 기쁘시게 부처님께 금강경 공양드린다는 일념으로 망상이 일면 이는 대로, 번뇌가 일면 이는 대로 하루도 쉬지 않고 읽어 나갔다.

오후엔 행원품을 한문 그대로 읽었는데, 그때만 해도 행원의 내용이 구체적으로 설명된 책을 구하지 못해 그냥 행원을 읽어 나가기만 했다.

지금 생각해도 기특(?)한 일은, 이런 수행을 할 때 반드시 원을 세웠다는 것. 예를 들어 경을 읽을 때도 부처님, 제가 읽는 이 경 소리가 시방세계 일체 중생들의 가슴에 스며들어 이 깊은 뜻 이해하고 모든 중생들이 크게 기뻐하여 보리심 일으키길 발원드립니다 하며 원부터 공양드린 후 경을 읽어 나갔던 것이다. 법공양문, 무상권발문을 읽을 때도 현재 살고 있거나 세상을 떠난 일체 모든 중생들이 이 가르침 소리에 큰 기쁨 일으키고 공부 열심히 하여 모두 해탈하기를 발원드린 후 읽어 나갔다.

기특한 일은 하나 더 있다. 일정한 시간에 매일 쉬지 않고 했다는 것. 지금도 생각하면 그렇지만, 수행에 있어 일정한 시간에 매일 쉬지 않고 한다는 것은 매우 중요한 일이라 생각한다. 우리가 학교 공부를 할 때도 일정한 시간에 일정한 분량으로 꾸준히 해야 실력이 늘지, 어느 날은 많이 하고 어느 날은 쉬고 하면 실력이 도무지 늘지 않는다.

수행도 이와 같이 번뇌야 일든 말든 일정한 시간이 되면 자리에 앉아 그 날의 일과를 완료해야지 그렇지 않고 빠뜨리거나 불규칙하게 하면 도저히 업장과 싸워 이길 수가 없게 된다. 이는 행원에서 말하는 염념상속 무유간단의 가르침과도 일치하는데, 당시엔 행원이 뭔지도 모르는 상태에서 그냥 막연히 쉬지 않고 했던 것에 불과하지만 결과적으론 행원의 가르침에 부합하는 것이었으니, 어찌 불보살의 가호가 아니련가….

그런데 참 이상한 일이었다. 뜻을 모르던 금강경 문구들이 하나 둘씩 내 가슴에 와 닿기 시작하는 것이다. 그리고 머무르지 않는 그 마음들이 아주 조금이지만 실생활에도 한 번씩 실천되기 시작하는 것이었다.

행원품도 마찬가지였다. 광수공양만 알았는데 예경제불, 칭찬여래, 참회업장 등에 관한 뜻도 어느 사이엔가 조금씩 가슴에 슬그머니 오더니 내 마음을 조금씩 밝혀 나가는 것이었다.

원도 마찬가지였다. 처음엔 그냥 부처님, 반드시 큰 원을 공양드리겠습니다라고 시작한 것이 하나씩 늘어났다. 우선 부모님과 우리 가족이 모두 건강하기를 원하는 극히 개인적인 원이 생기더니 점점 주위의 고통받는 이웃들이 고통에서 벗어나기를, 그리고 일체 중생의 해탈을 발원하게 되었다. 그리고 어떤 일이든 일 하나하나마다, 행 하나하나마다에 간절한 원을 세우는 일이 잦아졌다.

그러나 지금도 그렇지만 그때는 부처님께 공양드릴 공양구가 정말 없었다. 반야가 뛰어난 것도 아니고 재산이 많은 것도 아니고, 오로지 있는 것은 가슴 가득한 무명뿐, 공양드릴 것이 정말 없었다. 그래서 그냥 가슴에 떠오르는 번뇌, 불안, 걱정, 외로움, 이러한 것들을 생기는 대로 공양드리게 된다.

부처님, 지금은 제가 공양드릴 것이 아무것도 없습니다. 가슴 가득한 고뇌, 걱정, 이것밖에 없습니다. 부처님, 보잘것 없지만 번뇌 공양 올리오니, 자비하신 원력으로 제 공양 받아 주옵소서, 나무 석가모니불….

우리가 절에서 공양을 드릴 때 아무 것이나 공양구로 쓰진 않는다. 쌀도 제일 좋은 쌀, 양초도 제일 좋은 초를 골라 불을 붙이고 부처님께 올린다.

공양구 중에 제일 좋은 공양구는 우리의 맑은 마음이다. 부처님이 오시기 전이나 후에나, 이 우주가 생기기 전이나 후에나, 늘 또렷이 밝아

한시도 우리를 떠나지 않는 그 맑은 마음, 그 마음이 바로 우리가 부처님께 공양드릴 최고의 공양구이다. 병든 마음, 어리석은 마음, 절망하거나 좌절하는 마음, 비난하고 부정하는 마음은 부처님께 공양드릴 공양구가 아니다.

그러나 이런 마음이 처음부터 바쳐지는 것은 아니니, 그것은 우리가 다생 이래로 지어 온 업장 때문. 그러므로 먼저 우리는 가슴 가득한 이 번뇌, 업장부터 부처님께 바쳐야 한다. 부처님은 자비가 끝없으신 분이라 뭐든지 다 받아 주신다. 또한 부처님은 이 세상에 둘도 없는 부자이시라 부처님이 좋아하시는 것은 재물이 아니라 우리의 끝없는 참회와 보리심이다. 참회의 눈물 앞에 고개 돌리실 부처님 없고, 맑은 보리심에 취하지 않을 부처님 없다. 바치는 순간순간 부처님을 떠나지 않으니 염불공양이 따로 없고 바칠 때마다 부처님이 기뻐하시니 법공양이 따로 없다. 번뇌의 먹구름이 부처님 원력 앞에 모두 사라지는 날, 반야의 맑은 본성이 우리 앞에 나타날 것이다.

예경제불(禮敬諸佛) : 모든 부처님을 예배하고 공경하라

예경제불은 부처님을 예배하고 공경한다는 것이니, 이 세상에 계시는 일체의 부처님을 그렇게 대하는 것이다.

경에서는 법계가 다하고 허공계가 다하도록 넓은 세계에[盡法界虛空界], 과거 현재 미래를 통하여 시방에 가득한[十方三世] 일체의 부처님의 국토[一切佛刹]에 먼지 수보다 더 많은[極微盡數] 부처님이 계신다고 하였다. 이런 부처님을 내가 보현행원의 원력으로 눈앞에 대하듯[如對目前] 깊은 믿음을 내어 청정한 몸과 말과 뜻을 다하여[悉以淸淨身語意業] 항상 예배하고 공경한다고 되어 있다.

이를 좀더 쉽게 말하면, 한량없는 세계에 언제나 부처님이 수없이 계신다는 말이고, 이 부처님을 내가 일체 중생을 섬기고 공양하고 회향하는 실천을 통해 깨달음에 이르겠다는 보현보살과 같은 원력을 가지고 '눈앞에 대한 듯[如對目前]' 예배하고 공경하겠다는 것이니, '눈앞에 대한 듯'이란 말은 부처님이 바로 내 앞에 계신다는 뜻이다.

여기서 보듯 행원에서의 공경하는 마음은 막연하게 하는 것이 아니라 마치 부처님이 '눈앞에 계신 듯[如對目前]' 생생하게 깊이 믿고 예경하라고 가르치신다. "이 세계에는 티끌보다 더 많은 부처님이 계신다"는 것은 그저 하신 말씀이 아니라 분명한 현실이다. 여대목전(如對目前)은 눈

앞에 있는 중생을 '부처님처럼 생각하라'는 것이 아니고 실지 부처님이 '눈앞에 계신다'는 말이다. 내 앞에 있는 분이 바로 '부처님'인 것이다.

우리는 흔히 일체 중생을 부처님처럼 섬기라는 말을 들으면 일체 중생이 부처님은 아니지만 부처님을 대하듯 섬기라는 말로 생각하기 쉽다. 그러나 실지 부처님이 아닌 것을 부처님이라 생각하는 것과 실지로 부처님이 계시는 것은 엄청난 차이가 난다. 예컨대 빚을 지고 있지 않지만 빚을 진 것처럼 생각하는 것하고 진짜 빚을 지는 것은 엄청난 차이다.

우리가 부처님을 섬길 때도 그러하다. 눈앞에 계시는 분이 바로 부처님이 아니고 부처님처럼 대하는 분이라면 그 감동과 정성이 아무래도 부처님을 직접 눈앞에 둔 것과는 같을 수가 없다. 그러므로 예배와 공경이 아무래도 생생하게 느껴지지는 않는다.

하지만 여대목전은 바로 부처님이 눈앞에 계신다는 말이다. 내 앞에서 떠들고 화를 내는 분이 다른 분이 아니고 바로 부처님이라는 뜻이다. 내 주위의 일체 중생이 바로 부처님이라는 말이다.

여대목전의 부처님은 그냥 오지 않는다. 밀물처럼 밀려오신다. 여대목전의 눈을 뜨고 보면 온 세상이 부처님뿐이다. 부처님의 물결이 물밀듯이 우리에게 밀려오신다.

밀물이 밀려올 때를 본 적이 있는가. 밀물이 밀려올 때면 도망갈 곳이 없다. 온 사방이 물이라 한꺼번에 밀려와 도무지 숨을 곳도 도망갈 곳도 없다. 여대목전의 부처님도 이와 같다. 한치의 틈도 없이, 숨막히도록 온 누리 가득 채우시며, 지극한 은혜와 축복 가득 안고 부처님은 밀물처럼 우리에게 밀려오신다. 이런 부처님을 생생하게 보며 부처님 앞에 엎드려 일체 중생을 공경하고 존중하는 것이 바로 행원에서의 예경제불이다.

다음의 칭찬여래행원에도 나오지만 행원은 이처럼 막연한 행원을 요구하지 않는다. 그야말로 생생하고 구체적인 실천을 요구한다. 그것이 보현의 행원이다.

칭찬여래(稱讚如來) : 부처님의 공덕을 칭찬하라

칭찬여래는 무슨 뜻인가. 경에서는 이렇게 이른다.

선남자여, 또한 부처님을 찬탄한다는 것은 진법계 허공계 시방삼세 일체세계에 있는 극미진의 그 낱낱 미진 속마다 일체세계 극미진수 부처님이 계시고, 그 낱낱 부처님 계신 곳마다 다 한량없는 보살들이 둘러 계심에 내 마땅히 깊고 깊은 수승한 알음알이의 분명한 지견으로 각각 변재천녀의 혀보다 나은 미묘한 혀를 내며 낱낱 혀마다 한량없는 음성을 내며 낱낱 음성마다 한량없는 온갖 말을 내어서 일체 부처님의 한량없는 공덕을 칭찬하고 찬탄한다.

善男子 言 稱讚如來者 所有 盡法界虛空界 十方三世 一切刹土 所有極微 一一盡中 皆有一切世界極微盡數佛 一一佛所 皆有菩薩海會圍遶 我當悉以深深勝解 現前知見 各以出過辯才天女微妙舌根 一一舌根 出無盡音聲海 一一音聲 出一切言辭海 稱揚讚嘆 一切 如來功德海

이 말을 좀 쉽게 현대적 언어로 표현하면, 한량없는 세계에 부처님이 수없이 많이 계시고, 그 부처님 계신 곳마다 보살들이 바다처럼 둘러싸고 있으니, 내 당연히 그 사실을 깊이 이해하고 우리 앞에 나타나는 분명한 앎으로써 부처님의 일체 공덕을 변재천녀보다 더한 웅변으로 찬탄한다는 것이다.

행원에서의 칭찬여래는 일체 부처님의 공덕의 바다를 찬탄하고 칭찬하는 것이니, 이는 곧 부처님의 공덕을 가슴 깊이 느끼고 부처님의 은혜에 감사드리는 것이다. 그런데 부처님의 공덕은 또한 바로 우리 중생의 공덕이라 부처님 공덕을 칭찬한다는 것은 일체 중생의 공덕을 칭찬하는 것과 똑같은 것이니, 우리 주위 모든 이들의 허물을 덮어 주고 그들의 공덕을 기뻐하고 감사하며 끝없이 찬탄하는 것이 칭찬여래 행원이다.

여기서도 행원품은 부처님 공덕에 대한 분명한 확신을 요구하고 있다. 부처님 공덕은 막연한 것이 아니라 분명한 것이다. 부처님 공덕이 실지로 끝없는 것이다. 경에서는 이를 '우리 앞에 나타나는 분명한 앎[現前知見]'으로 온 누리에 가득 찬 눈부신 부처님 공덕을 똑똑히 바라보라고 말한다. 여기서 우리가 새겨 들어야 할 것이 '우리 앞에 나타는 분명한 앎[現前知見]'이라는 말이다.

우리 중생은 본래 의심이 많다. 부처님 무량공덕이라 하지만 얼핏 생각하면 부처님의 공덕은 느껴지지 않는다. 성경에서처럼 부처님이 이 세계를 만든 것도 아니니 하늘을 봐도 땅을 봐도 부처님 공덕이 어디 있는지 알 수 없다. 육신의 부활도 하지 않으셨다. 그러니 공덕을 어디서 느낄 수 있겠는가.

그러나 경에서는 이런 생각을 버리고 부처님의 공덕의 바다를 똑바로 보라고 하시니, 그것이 바로 심심승해(深深勝解)와 현전지견(現前知見), 즉 바다 같은 부처님 공덕을 분명히 이해하는 깊고 깊은 알음알이와 우리 앞에 생생히 나타나는 지혜이다.

여기서 우리는 부처님께서 부처님의 공덕의 바다[功德海]를 아는 데는 먼저 알음알이[知解]와 슬기를 요구한다는 것을 알 수 있다(이는 예경제불, 광수공양 등에서도 마찬가지). 먼저 '알라'는 것이다. 공덕을 실지 체험을 해 보지는 못했어도, 바다와 같은 부처님 공덕을 증명하지는 못했어도 이 세계 온 우주에 티끌보다 더 많고 더 깊은 부처님의 공덕세계를 이론적으로 먼저 깊이 믿고 이해하되, 그 공덕이 눈앞에 나타나듯 생생하게 느끼라는 말이다. 그리고 이렇게 느낀 후에 변재천녀보다 더한 웅변으로 부처님 공덕의 바다를 찬양해 보라는 것이니, 먼저 이론적으로 알고 나서 부처님의 공덕에 일체의 의심을 내지 말고 굳게 믿고 실천 내지는 실증(實證)해 나가라는 것이다.

이것은 청화 큰스님께서 항상 강조하시는 선오후수(先悟後修 : 먼저 깨닫고 뒤에 닦는 것. 즉 '내 스스로 본래 부처이고 나한테는 일체 공덕이 다 갖춰 있다. 이 공덕은 부처와 더불어 절대로 조금도 차이가 없다'고 느끼고 공부하는 것인데, 이는 알음알이로 아는 해오(解悟)를 먼저 분명히 해야 수행이 제대로 된다는 말씀이다)와 일맥상통한다. 또한 광덕 큰스님께서 늘 말씀하시는 '내 생명 무량공덕'의 바라밀 염송과도 상통하는 말이다.

그리고 이렇게 생생히 느낀 뒤에 변재천녀보다 더한 웅변으로 부처님 공덕의 바다를 칭양하고 찬탄하기를 말하니, 변재천녀란 누구인가?

천녀는 노래와 음악을 맡은 하늘의 여신이니, 사람으로 하여금 걸림 없는 말재주를 갖게 하여 복과 지혜를 얻게 하며 수명을 늘리고 재산과 보배를 늘리게 하는 능력이 있다. 또한 천재지변을 없애기도 하고 적이 없게 하는 힘을 가지고도 있다 하는데, 이렇게 말 잘하는[辯才] 천상의 여신보다 더 뛰어난 찬탄의 말을 요구하고 있다. 천녀의 기묘한 혀보다 더 많은 혀를 내어, 혀를 굴러 나오는 소리 하나하나가 바다와 같이 다함 없으며, 그 음성 하나하나에 바다와 같은 일체의 언사를 토해 내어 일체 부처님의 공덕의 바다를 칭찬하고 앙양(昻揚)하며 찬탄할지니, 상상만 해도 그 소리가 얼마나 우레와 같겠는가! 이처럼 행원품은 언어의 중요성을 강조하고 있다.

칭찬여래에서 알아야 할 가르침의 하나가 언어의 창조적 능력이다. 말이 씨가 된다는 속담이 있듯이 말은 무에서 유를 창조하는 능력을 갖고 있다. 어두운 말, 부정하는 말을 하면 우리 마음도 그렇게 되고 현실도 그렇게 변하게 된다. 긍정적이고 힘차고 밝은 말을 하면 실제 우리 삶도 그렇게 변해 간다. 아이들을 밉다고 하면 정말 미운 행동만 저지르게 된다. 하지만 예쁘다 하면 그렇지 않으니 옛 어른들이 말 조심하라고 자식들에게 그렇게 당부한 것도 그냥 하신 말씀이 아닌 것이다.

칭찬이 왜 중요한가? 칭찬이 보약이라는 말이 있듯이 칭찬이 일체 중생을 자라게 하며 우리의 모든 생명력을 꽃피운다. 긍정과 칭찬 속에서 모든 생명은 마음껏 제 모습을 활짝 꽃피우게 되나, 부정과 비난 속에서 생명은 자라지 못한다. 시험 문제에 있어서 답 고르기를 보더라도 맞는 답을 고르는 것이 틀린 답을 고르는 것보다 훨씬 더 교육적 효과가 있음은 이미 잘 알려진 일이다. 행동교정에도 체벌보다는 칭찬이 더 뛰어난 교육효과가 있음 역시 잘 알려진 일이다.

칭찬 속에서 모든 생명은 그 고유의 모습을 제대로 보여 줄 수 있게 된다. 겨울의 매서운 추위와 눈보라 속에서는 아무것도 자라지 못한다. 봄이 되어 온 산하에 따뜻한 봄볕과 훈훈한 봄바람이 대지를 스칠 때 비로소 모든 생명이 움트듯, 칭찬과 긍정 속에서 모든 생명은 보리의 씨앗을 움트게 하고 칭난 속에서 우리 모두의 마음은 긍정과 희망, 기쁨으로 가득 차 오르게 된다.

이렇듯 칭찬은 모든 존재, 모든 행위를 긍정적으로 보는 것이고 이러한 긍정적 언어와 사고는 어둠을 없애고 밝음을 우리에게 가져다 준다.

기독교의 주요 수행법이 바로 이 칭찬, 찬탄 행위이다. 찬송가를 보면 대부분이 주님의 은혜를 찬탄하고 감사하는 것으로 되어 있다. 그 분들은 모이기만 하면 같이 주님의 은혜를 감사하고 칭찬하는 찬송가를 부른다. 구태여 따로 칭찬의 행을 하지 않더라도 이렇게 모여 끝없이 주님을 찬송하고 감사를 드리는 노래 속에서 그 분들 가슴은 끝없는 감사와 긍정으로 가득 차 오르게 된다.

그러니 행자들이여, 모두 일어나 부처님 공덕을 찬양할지어라! 변재천녀보다 더 큰 언변으로, 바다보다 깊고 하늘보다 더 높은 음성으로 온 시방법계 가득한 부처님 무량공덕을 칭찬하고 찬탄할지어라!

칭찬은 꽁꽁 얼어붙은 대지를 녹이고 온 산하를 깨우는 훈풍을 불러오는 교향악이며, 잘난 이 못난 이, 기쁜 이 서러운 이 차별 없이 모두 가슴 벅찬 생명의 축제에 초대하는 환희의 노래요 기쁨의 노래일지니…

칭찬여래가 알려 주는 또 하나의 가르침은 눈에 보이는 일체 중생의 허물이 우리가 분노하고 비난해야 할 허물이 아니라, 실상은 우리가 감싸주고 다듬어 주고 보완해 줘야 할 무량공덕의 또 다른 모습이라는 사실이다. 우리는 남의 잘못을 탓하거나 흉을 보기 쉽다. 하지만 그런 일은 우리가 상대방의 허물을 덮을 만한 능력이 없음을 알리는 데 지나지 않는다. 뛰어난 연주가는 결코 악기 탓을 하지 않는다. 물론 수준이 아주 높아지면 그렇지 않으나 웬만한 경우 아무리 값싸고 허름한 악기라도 뛰어난 연주가의 손에 들어가면 뛰어난 소리를 내는 훌륭한 악기로 변하게 된다. 못난 목수가 연장 탓하듯, 내 눈에 보이는 저 사람의 허물은 실상은 그의 허물이 아니라 나의 허물이다. 그 허물을 덮을 만큼 내가 뛰어나지 못하기 때문에 허물이 허물로만 보이는 것이다.

실로 비난받을 중생도, 비난할 중생도 없는 것. 이 세상 일체의 생명이 다 부처님인데, 그 부처님이 부처님 노릇을 못하시는 것은 내가 그렇게 하도록 잘 섬기지 못해 나오는 결과이다. 부처님은 무장애라 어떤 것도 장애가 될 수 없건만 내가 뛰어나지 못해 그런 허물이 장애로 행세할 만한 허물로 만드는 것이다. 극과 극은 통한다는 말이 있듯이 가장 악한 사람이 가장 선한 일도 할 수 있는 법인데, 저 사람이 계속 악행을 하는 것은 내가 악을 돌이켜 선으로 만들 만한 능력이 없어 그런 것이니, 남의 허물을 탓하기 앞서 내 마음의 등불을 먼저 밝힐 일이다.

참회업장(懺悔業障)

참회업장이란 무엇인가.

우리는 살아가면서 여러 가지 잘못을 짓는다. 이는 수행을 많이 하신 분들도 마찬가지여서 정도의 차이는 있지만 잘못으로부터 완전히 자유로울 수는 없다.

프로 기사가 한 판의 바둑을 두는 데는 약 200여 수의 수(手)를 놓는데, 제일 잘 둔 수[正手]를 100점, 제일 못 둔 수[惡手]를 0점, 그리고 그 사이를 정도에 따라 각각 점수를 주었을 때 한 판의 바둑을 다 두고 나서 평균 점수가 얼마나 될까? 90점 상회하기가 쉽지 않다. 이창호 9단이 현재 세계 최고수라 하지만 이 9단 역시 모두 정수만 두지는 못한다. 악수도 여러 번 두지만 상대방이 더 많은 악수를 두기 때문에 승률이 좋은 것이다.

이와 같이 우리가 삶을 사는 데 있어 언제나 착한 일, 경우에 바른 일만 할 수는 없기 때문에 누구도 이 참회로부터 자유로울 수가 없다. 그러므로 참회는 어느 종교에서나 강조하는 수행의 주요 덕목으로 수행의 깊이에 관계 없이, 남녀노소에 관계 없이 늘 행하여야 한다.

그러면 참회는 어떻게 해야 하는가. 행원에서는 먼저 자신의 잘못을 알라고 한다.

선남자여, 또한 업장을 참회한다는 것은 보살이 스스로 생각하기를 내가 과거 한량없는 겁으로 내려오면서 탐내는 마음과 성내는 마음과 어리석은 마음으로 말미암아 몸과 말과 뜻으로 지은 모든 악한 업이 한량없고 가이 없어 만약 이 악업이 형체가 있는 것이라면 끝없는 허공으로도 용납할 수 없으리니….

善男子 言 懺悔業障者 菩薩 自念 我於過去無始劫中 有貪瞋癡 發身口意 作諸惡業 無量無邊 若此惡業 有體相者 盡虛空界 不能容受….

만약 모양이 있다면 허공을 가득 채우고도 모자라는 우리의 죄! 이것이 행원에서 말하는 우리 중생들의 죄의 모습이다. 그런데도 우리 중생들은 자신의 잘못에 대해 인정을 잘 하지 않는다. 잘못 했음에도 불구하고 미안하다는 말 한 마디가 하기 싫어 곧잘 우기는 일이 많다. 시정해야 할 일이다. 삶의 대립적인 관계는 우리의 잘못을 인정하고 상대의 용서를 구할 때 비로소 풀리기 시작한다.

그런데 정말 심각한 문제는, 우리가 저지른 잘못을 스스로는 잘 모른다는 데 있다. 바꿔 말하면 우리가 별 죄의식 없이 저지르는 잘못이 매우 많다는 것이다. 혹자는 이렇게 생각할 것이다. 모르고 지은 죄는 알고 지은 죄보다 죄질이 덜한 게 아닌가. 세속법에도 모르고 지은 죄보다는 알고 지은 죄를 더 엄하게 벌하지 않는가? 세속법은 그럴지 모르나 부처님 법은 그렇지 않으니, 무엇보다 모르고 지은 죄는 죄를 뉘우칠 기회마저 제공하지 않기 때문이다. 그리하여 오해는 더 깊어지고 원한은 더 쌓여 잘못된 관계는 더욱더 잘못되어지는 악순환이 끊이지 않는다.

또한 모르고 짓는 죄는 알고 행할 때보다 그 성격상 더 큰 죄를 짓기 쉬우니, 밀린다왕 문경에는 다음과 같은 이야기가 나온다.

밀린다왕은 나가세나에게 물었다.

"스님, 알면서 나쁜 짓을 하는 사람과 모르고 하는 사람 중 누가 더 큰 화를 입습니까?"

"몰라서 나쁜 짓을 하는 사람이 더 화를 입습니다."

"그렇다면 우리 왕자나 대신들이 모르고 잘못을 범한다면 그들에게 갑절의 벌을 내려야 하겠습니까?"

"임금님, 어떻게 생각하십니까? 이글이글 단 쇠붙이를, 한 사람은 모르고 잡았고 한 사람은 알고 잡았다고 하면 어느 사람이 더 심하게 데겠습니까?"

"모르고 잡은 사람이 더 심하게 뎁니다."

"그와 마찬가지로 모르고 악행을 하는 사람이 더 큰 화를 입습니다."

"잘 알겠습니다, 나가세나 스님."

사람이 덜되어 자신의 잘못을 딱 잡아떼는 사람이 있는가 하면, 정말 무엇을 잘못했는지를 몰라 인정 않는 사람도 있을 것인데, 여기서 주의할 일은 모르고 한 일은 큰 죄가 안 된다더라 하면서 스스로를 합리화하는 것. 실지로 우리 주위는 이런 사람들이 적지 않다. 그러면서 자기는 모르는 것으로 해 달라 하며 부정한 일도 서슴지 않고 저지른다.

그러나 우리는 모르고 한 일이 더 죄가 크다는 것을 분명히 알아야 한다. 얼마나 못났으면, 얼마나 어리석으면 자기가 잘못한 사실조차 모를까! 스스로를 돌이켜보아도 세월이 지나면 알던 기억도 잊어버리는데, 우리 중생들이 다생겁래를 살아오며 어찌 기억에 남는 죄만 지어 왔을 것인가. 오히려 나도 모르는 사이 남의 가슴에 못 박은 적이 한두 번이 아니었을 것이다. 그런데도 그것을 모르고 눈앞에 보이는 죄만 죄인 줄 알고 모르는 죄는 까맣게 잊고 살아왔으니, 지난날이 그 얼마나 우스운 일인가!

기독교에서 원죄(原罪)를 그렇게 강조하는 이유도 사람들에게서 이 '스스로는 모른 잘못'을 일깨워 주기 위함이 아닌가 한다. 따라서 우리는 아는 잘못은 물론 스스로는 아무리 봐도 잘못한 게 없는 것 같더라도 상대방이 마음 아파하면 얼른 자신의 허물을 뉘우치고 용서를 구해야 하며, 내가 얼마나 무심하면 잘못하고도 몰랐을까 하고 모른다는 그 사실 자체를 더욱더 뼈저리게 뉘우쳐야 비로소 바른 보살행이라 할 것이다.
　다시 말해 그렇게 많은 잘못을 저지르고 살아온 것이 우리 중생이니, 주위에 나 때문에 괴로워하고 마음 아파하는 이가 있으면 비록 내 기억에 남아 있지 않고 내가 모른다고 해서 무작정 우기기만 해서는 안 된다. 단 하나의 이웃이라도 가슴 아파한다면 그들에게 용서를 구하고 스스로를 한번 돌이켜보아야 한다. 그리고 오늘에 닥치는 모든 고난 역시 아득한 과거에 있었던 잘못에 대한 과보일지니 원망하는 마음을 조금도 일으키지 말아야 할 것이다.
　참회의 두 번째 순서로 행원에서는 일체 모든 부처님 앞에서 참회하라고 하니, 왜 부처님 앞에서 참회하는가. 일상생활에서 잘못을 저지른 사람이 자백을 한다고 치자. 이럴 때 낮은 지위에 있는 분보다 높은 지위에 있는 분 앞에서 하는 것이 정상 참작에 좀더 이로울 것이다. 대통령같이 높은 분 앞에서 하면 더욱 좋을 것이고….
　그런데 부처님은 대통령보다 더 높으신, 이 세상에서 제일 높으신 분이므로 부처님이 사하지 못할 죄는 없다. 그러므로 우리는 부처님 앞에서 참회하는 것이다. 그러면 부처님 앞에서 참회한다는 말은 무엇을 뜻할까. 그것은 바로 우리 본성 앞에 참회를 하는 것이다. 그런데 우리의 본성엔 본래 죄라는 것이 없다. 본래 청정무구하여 죄라는 것이 있을 수가 없다. 그러므로 이는 바로 우리의 죄가 본래 없음을[罪無自性]

아는 것이니 이참(理懺)이요 무생참회(無生懺悔)를 이름이다.

　죄의 자성이 없다는 것을 아는 것은 대단히 중요하다. 그것은 더 이상 죄의 노예가 되지 않음을 뜻한다. 한 번 잘못한 것 때문에 더 큰 잘못을 저지르는 일들이 우리 주위엔 얼마나 많은가. 잘못은 참회하고 더 이상 짓지 않음으로써 재기의 계기를 마련하는데, 죄의식에 빠져 자꾸 더 많은 죄를 짓는다면 이는 본래 밝은 자성을 더없이 흐리게 하는 일이므로 죄의 허망함을 사무쳐 보아 더 이상 죄의 노예가 되는 일이 없어야겠다.

　셋째는 청정한 몸과 말과 뜻으로 성심껏 참회하라는 것이니, 성심참회란 무엇인가. 이는 몸과 말과 뜻으로 구체적인 참회의 행위를 하라는 것이니, 아무리 죄야 본래 자성이 없다 하더라도 현실은 그렇지 못하기 때문이다.

　그러므로 참회에는 반드시 진실된 행이 따라야 한다. 조금이라도 잘못한 것이 있고 남이 섭섭해하면 곧 사과하고 뉘우쳐야 한다. 이는 바로 사참(事懺)이요 작법참회(作法懺悔)를 말함이니 성철스님 같은 분은 평생을 부처님 앞에 백팔배를 드렸다고 한다. 그런데 부처님, 주님 앞에서는 곧잘 참회하는데 진작 당사자 앞에서는 미안하다 한 마디 하지 않는 이가 있는데 이는 성심참회를 한 것이 아니라고 하겠다.

　넷째는 맹세코 다시는 같은 잘못을 되풀이하지 않는 것이니[後不復造], 참회는 같은 행동을 되풀이하지 않음으로써 완성되는 것이다. 우리가 아무리 뉘우치고 죄의 본성이 없음을 알았다 하더라도 돌아서면 다시 저질러서야 무슨 참회를 했다고 할 것인가. 만약 참회했는데도 다시 같은 잘못을 되풀이한다면 참회를 제대로 한 것이 아님을 알아야 한다. 이렇게 하여 마침내 우리는 죄의 어둠에서 벗어나 부처님의 맑은 공덕의 세계에 머무르게 된다.

왜 예경이 먼저인가?

 이렇게 행원의 처음 몇 가지 소식이 들려 오고 행원을 하던 어느 날, 행원의 순서에 관해 의문이 인다. 내 생각에는 행원의 핵심은 광수공양이다. 칭찬을 공양드리고 참회를 공양드리는 것이다(이처럼 행원에 공양이란 말을 붙여 보면 이해가 쉽다). 그런데 행원의 순서가 그냥 아무렇게나 정해진 것은 아닐 텐데…, 과연 공양원이 이렇듯 중요하다면 광수공양이 응당 맨 처음 나와야 할 텐데 왜 세 번째일까? 왜 예경제불이 맨 처음일까? 이런 의문은 한동안 지속되었다. 그러나 행원을 발하며 지속적으로 공부해 나가는 과정에 의문이 풀렸으니, 일체 중생을 공경하고 존중하는 행위는 곧 일체 행의 기본이요 이런 기본 행원이 있은 다음에야 보현의 나머지 행원이 비로소 제대로 실천되기 때문이다.
 누구에게나, 어느 때에나 그렇듯이 상대방에 대한 공경심과 존중심은 모든 행위의 기본이다. 모든 행의 첫걸음이 바로 상대에 대한 공경심이다. 자식이 부모에게 효도하기 위해서도 제자가 스승에게 은혜를 갚기 위해서도 공경하는 마음이 없으면 안 된다. 공경하는 마음이 없으면 인간관계가 성립될 수 없다. 그러므로 무엇보다 필요한 것은 상대방을 인정해 주고 받드는 그런 마음가짐. 보현의 열 가지 행원도 부처님을 공경하는 마음이 우리 가슴에 가득 차오를 때 비로소 하나 둘 우리 앞에 펼쳐지게 된다.

일전에 텔레비전을 보는데 유명한 정신과 의사 한 분이 나는 인사 안 하는 젊은이를 보면 그 친구가 집에서 도대체 뭘 배웠나 하고 그 부모를 의심하게 된다, 인사는 모든 행의 기본이다, 병원에서도 인사 잘하는 직원을 보면 한 번 더 그 사람을 보게 된다는 말을 한 것을 보았다. 그 말에 그 분보다 나이가 젊은 사회자가 선생님, 저 오늘 선생님께 인사드렸죠? 후유, 나보고 하시는 말씀인 줄 알았네? 하며 좌중을 웃겼다. 인사 역시 상대방에게 경의를 표하는 세속의 행위요, 이렇듯 공경은 삶에 있어 대단히 중요한 덕목이다.

나는 수행인의 여러 덕목 중 가장 주요한 특징이 일체 생명을 존중하고 섬기는 행위라고 본다. 예수님께서도 '나는 이 세상에 섬김을 받기 위해서가 아니라 섬기기 위해서 왔다'라고 말씀하셨듯 모든 종교를 불문하고 수도자의 수행이 깊어지면 깊어질수록 더욱더 뚜렷하게 나타나는 것이 바로 섬기는 모습이다. 상대방을 극진히 존중하고 섬기게 되는 것이다.

따라서 남을 공경하고 섬길 줄 모른다면 아무리 명성이 높고 아는 것이 많다 하더라도 그것은 수행을 제대로 한 것이 아니라고 생각한다. 우리가 아무리 나이가 많아 봐야 부처님보다 많을 수가 있는가. 우리가 또 아무리 아는 것이 많아 봐야 부처님보다 더 알 수가 있는가. 알고 보면 아무 보잘것 없는 그런 수자상 중생상에 이끌려 남의 대접이나 받으려 한다면 수행에 무슨 공덕이 있을 수 없다.

그러므로 나보다 나이가 많은 분만 아니라 나보다 나이가 적은 분도 공경하고 섬길 일이다. 자식이 부모를 섬기는 것만이 아니라 부모도 자식을 받들고 섬기는 것이다. 나보다 높은 분만 내가 섬기는 것이 아니라 나보다 못하고 더 보잘것 없는 분들도 내가 지극정성을 다 하여 섬기고 공경하는 것이다.
　우리는 자꾸 작아져야 한다. '그대 앞에만 서면 왜 나는 작아지는가' 하는 노래 가사도 있듯이 우리는 부처님 앞에 한없이 작아져야 한다. 그래야만 비로소 부처님이 보이고 부처님께서 우리 앞에 나타나게 된다. 이렇듯 공경하고 존중하는 행위는 모든 행의 기본이 되므로 행원의 제일 처음 항목으로 나오게 된 것이다.

행원의 공덕, 하나 : 현전(現前)하시는 부처님들

　그저 조금이나마 나름대로 안 내용은 네 가지밖에 안 되는데도 언제부터인가 내 가슴은 환희가 오기 시작한다. 그리고 행원을 하면서부터 여러 가지가 달라지기 시작한다.
　무엇보다 놀라운 것은 부처님이 보이기 시작한 것. 옛날 대학생 때 이기영 교수님께 핀잔받았던 그 질문에 대한 해답이 저절로 나온 것이다. 처음엔 잘생기고 잘나신 부처님만 눈에 보이더니, 날이 갈수록 못생기고 못난 부처님도 점점 보이는 것이었다. 잘생기고 못난 것에 관계 없이 우리 부처님들이 얼마나 점점 예뻐지시는지, 그리고 또 얼마나 귀여우신지…. 요리 봐도 이쁘고 조리 봐도 이쁘고, 이쁘디 이쁜 부처님들이 나에게 다가오시는 것이었다.
　전에는 부처님이 한 분밖에 안 계신 줄 알았는데, 대승에서 말하는 수많은 부처님은 단지 방편설법인 줄 알았는데 정말로 부처님들이 살금살금 걸어 나오시는 것이니, 대관절 어디에 이 많은 부처님들이 숨어 계셨던 것일까. 요렇게 이쁘신 부처님들이 내 주위에 이렇게 많이 계신 줄 그 동안 몰랐다니 나도 참 한심한 녀석이로다….
　그런데 가만히 생각하니 한 분밖에 안 계시던 부처님이 하나 둘씩 나오신다는 것은 내가 그만큼 밝아지고 있음을 의미하는 것. 주위가 어두울 때는 아무것도 보이지 않지만 촛불을 켰을 때 조금씩 주위가 보이는 것처럼 어둠 속에 안 보이던 부처님이 나의 주위가 조금씩 밝아지니 보이는 건 아닐까. 그렇다면 행원은 나도 모른 사이 나에게 밝음을 가져온 것일까. 내가 정말 조금이나마 밝아진 것일까…. 도시에서는 보이지 않던 별이 맑은 시골 밤하늘에선 쏟아져 내리는 것처럼, 부처님은 내 마음에 그렇게 쏟아져 들어오고 있었다.

또한 길가를 오가는 모든 분들에서 많은 것을 깨달으니, 그들은 셀 수 없는 여러 겁을 윤회해 온 우리 모두의 자화상이었던 것.

우리가 수많은 생을 살면서 어떻게 살았을까. 좋았던 삶도 있었고 나빴던 삶도 있었을 것이니, 적어도 우리는 그런 삶을 한 번씩은 모두 살아 보았을 것이로다. 권력을 좇아 살아도 보았고 실지 떵떵거리는 권력가로도 살아 보았을 것이다. 돈을 좇아도 살아 보았고 실지로도 하늘 아래 둘도 없는 재력가가 되어 인생을 나 혼자 성공한 듯한 기쁨에 뻐기고 자랑하며 나보다 못한 사람들을 무시하고 경멸하며 살아도 보았을 것이다. 보잘것 없는 천민으로도 살아 보았을 것이며 한 번쯤은 수행 잘한 이로도 살아 보았을 것이다. 그래서 한 때의 깨달음으로 산 좋고 물 좋은 도량에 앉아 무상의 법문을 설하며 어리석은 중생들을 불쌍히 여기고 존경도 받아 보았을 것이다.

무명이 두터워 생을 바꾸니 까맣게 잊어버리고 이렇게 지내기는 하지만 우리의 본 모습은 모두 그러한 것이리라. 그러므로 나보다 낫다 하여 비굴해질 것도 없고 나보다 못하다 하여 으스댈 것도 없는 일. 그저 알 수도 없는 아득한 옛날부터 알 수도 없는 아득한 뒷날까지 그저 한 때의 성과에 울고 웃으며 끝없는 길을 가는 가엾은 무명 중생일 뿐 더할 것도 덜할 것도 없는 삶이었다.

젊은 이는 오늘 내 과거의 모습이요 늙은 분은 내 미래의 모습이라, 혈기 하나에 안하무인인 저 젊은 이는 한 때 거만하였던 젊은 날의 내 모습이었는지 모르고, 나이에 맞지 않게 공손하고 예의 바른 저 젊은이 또한 본성 찾았을 때의 내 모습인지도 모른다. 온 얼굴에 주름 가득한 피곤한 저 늙은 분은 공부 안하고 방일한 뒷날의 내 모습일지 모르며, 얼굴 맑고 온화한 저 분은 하루를 헛되게 보내지 않고 정진한 내 뒷날의 모습인지도 모른다. 북망산을 내일 모레 앞두면서도 남에게 인색하고 너그럽지 못하여 저 많은 나이에도 주위 사람들에게 경멸당하는 한 저 늙은 분 역시 닦지 않고 내 기분대로만 살아가는 나의 뒷날 모습인지도 모른다. 어떤 모습이 되든 그것은 전적으로 오늘의 나에게 달린 것이니, 하루하루가 두렵고 무섭지 않을 수 없다. 오가는 일체 중생이 나에게 가르침을 주시는 선지식이었다.

그런데 이와 함께 가슴에 밀려드는 아쉬움 하나는 잠자는 부처님, 주무시는 보살님들 때문이었다. 우리 뛰어나신 부처님 보살님들이 중생의 잠을 조금 오래 주무신다는 것. 이제 깨실 때도 되었건만 무엇에 그렇게 취하셨는지, 이쁜 아내 자랑스런 아이들에 취하셨는지, 아니면 권력과 재력, 부귀영화에 취하셨는지, 왜 금생에 오셔서 왜 이 모습으로 사시는지, 본래 서원 까맣게 잊어버리시고 한없이 중생의 잠을 주무시는 것이다.

우리들은 본래 서원이 있다. 그냥 온 것이 아니다. 우리 모두 제 나름대로의 서원을 가지고 이 땅에 온 것이다.

공부하고 유학 가고, 결혼하고 아이 낳고, 취직하고 가게 내는 그 모든 우리의 일상생활 하나하나가 본래 목적이 있다. 그냥 공부하고 그냥 가게 내는 것이 아니다. 다만 우리가 어리석어 평상시에 잊어버리고 있을 뿐, 하나하나가 모두 분명한 목적이 있다.

　우리가 이 땅에 오는 것도 그러하다. 그런데도 마치 안수정등(岸樹井藤 : 넓은 언덕을 걷고 있던 사람이 갑자기 닥치는 불과 미친 코끼리를 피해 칡덩굴을 타고 우물로 들어갔으나, 우물 밑엔 독사가 자신이 떨어지기만을 기다리고 있어 덩굴을 죽어라 잡고 있는데 우연히 나무 구멍에서 나오는 꿀을 먹다 보니 우물에서 탈출하는 것도 잊어버리고 꿀만 먹고 있다는 불경의 이야기)의 비유에 나오는 나그네처럼 오욕락에 빠져 본래 서원 까맣게 잊어버리고 그냥 살아간다.

　중생이 그렇게 허망한 삶을 산다면 주무시는 보살님들이라도 얼른 일어나 어린 중생들 깨우셔야 할 텐데, 보살님들마저 엊저녁 무얼 그리 드셨는지 아침이 지나고 점심이 지나도 깨어나실 줄 모르신다. 이 분들이 좀더 일찍 잠을 깨시면 이 땅의 가엾은 수많은 중생들이 얼마나 도움을 받고 얼마나 큰 힘이 될까. 그런데 어이하여 우리 보살님들은 그렇게 하염없이 중생의 잠에서 깨어나질 않으시는 걸까. 어떻게 저 잠자는 보살님들을 깨워 드려 다함 없는 보현의 행원으로 같이 갈 수 있을까… 그것이 나의 고민이요 또 하나의 원이었다.

행원의 공덕, 둘 : 번뇌와 업장의 소멸

두 번째는 내 주위에 나를 괴롭히던 일들이 점점 없어지며 번뇌가 줄어드는 것.

먼저 툭하면 찌푸리던 얼굴이 찌푸리는 횟수가 줄게 된다. 그리고 화도 덜 내며 마음이 여유를 가지는 것이었다. 물론 초기엔 워낙 업장이 두터운지라 조금만 경계가 달라져도 도로 나무아미타불이었으나 그래도 조금씩 나아졌던 것.

자잘한 일들도 별로 생기지 않게 되었고 나를 탐탐치 않게 생각하시던 분들도 어디로 가셨는지 점차 보이지 않게 된다. 마음도 조금씩 너그러워지고 웬만한 피해를 입어도 우리 부처님들이 잠시 번뇌 때문에 눈이 어두워져 실수하신 것이리니, 우리 부처님들이 그럴 리가 있나, 구름 걷히면 금방 본 모습으로 다시 돌아오시겠지 하는 생각이 들어 별로 대수롭지 않게 넘어가니 오히려 나에게 고맙다고 하는 이들도 조금씩 생기게 된다.

나를 괴롭히는 일들이 줄어드니 내가 괴로워할 필요가 없고, 내가 괴로워하지 않으니 괴로운 일들은 더 줄어들게 되었다. 자연히 얼굴은 부드러워지고 나에게서 그 많던 독기가 점차 사라져 갔다. 부처님 원력이 늘 나와 함께 계신다는 생각이 드니 웬만한 일에도 가슴이 콩콩 뛰고 놀래는 일도 줄었다.

　나는 예전부터 화안애어(和顔愛語)라는 용어를 좋아했다. 부드러운 얼굴에 남이 듣기 좋아하는 말을 그렇게 갖고 싶고 하고 싶었지만, 그래서 해마다 새해 다짐에 그렇게 써 놓고 실천하려 했으나 그런 얼굴과 말은 좀처럼 내게 오지 않았다. 얼굴은 툭하면 찌푸려졌고 언성은 늘 높았다. 그런데 공경하고 칭찬하며 공양하고 참회하니 그런 얼굴 그런 말이 저절로 나를 찾아왔던 것이다.

　내 얼굴이 부드러워지고 내 입에서 비수 같은 비판이나 헐뜯는 소리가 나오지 않으니 주위에서 나에게 호감을 보이는 분들도 늘어간다. 예전엔 한 가지 잘못한 일이 있으면 참지 못하고 비판하였는데(그것도 핏대 올려가며 말이다), 행원을 한 이후는 웬만한 일은 그냥 넘어가고 설사 비판하더라도 웬 웃음이 그렇게 나오는지, 웃으면서 말을 하니 설령 듣기 싫은 말을 하더라도 듣는 이들이 그렇게 싫어하지 않았다. 전에는 나를 비난하고 내가 나타나면 싫어하는 분들도 있었으나 나를 좋아하고 관심을 보이는 분들이 많아지게 되었다. 나 역시 그런 분들을 만나면 즐겁고 자그마한 일에도 신경을 쓰게 되니 칭찬도 몇 사람을 건너 들려오기도 했다.

　가만히 보니 내가 과거에 그런 비난과 장애가 많았던 일이 그냥 일어나지는 않았던 것. 내가 나의 의도와는 상관 없이 어처구니없는 시비를 많이 받았던 것은 내가 아상이 심하고 잘난 체를 많이 하고 살았기 때문. 내 잘난 것만 알고 남 잘난 것은 몰랐으니, 내가 부처인 것은 알고 남 또한 부처인 줄은 몰랐으니 그 행동이 어찌 원만할 수 있었겠는가. 부처님을 능멸하고 괴롭혔으니 나는 그보다 더한 장애를 받지 않을 수가 없었을 터. 내가 그런 일을 겪었던 것은 지극히 당연한 일이었다.

또 내게 짜증이 많았던 것은 다생에 남을 미워하고 나를 절제 못하고 살았기 때문이니, 과거에 못 고친 버릇은 금생에도 못 고치는 법. 그저 내 잘못은 생각 안하고 남 잘못만 헤아렸으니 그 행태 또한 이쁘게 보였을 리 만무하다. 그러니 남들 역시 나를 비판하게 되고 나는 왜 저들이 내 고귀한(?) 뜻도 모르고 내게 저러나 하는 원망심을 일으키니 원망은 원망을 낳고 피곤한 수레바퀴는 쉴 줄을 몰랐던 것이다.

이 때 경험한 일 중의 하나가 툭하면 눈물이 하염없이 솟아나는 일. 지금도 그때와 큰 차이는 없지만 그때부터 나는 울보(?)로 변해 버렸다. 웬 눈물이 툭하면 터지는지, 조금만 가슴 아픈 사연 있으면 신문을 보다가도 눈물이 나오고 텔레비전 보다가도 눈물이 나오니 아이들 보기 만망했다. 심지어 나를 이해 못하는 이를 봐도 눈물이 나왔다. 내가 본시 눈물이 적은 편은 아니었으나 철들고 나서는 보통 어른들처럼 그렇게 눈물이 흔하지는 않았는데 행원을 하면서부턴 왜 그렇게 눈물이 나오는지 스스로도 의아했는데, 지금 생각해 보면 업장이 녹기 시작하느라고 그랬던 모양이다.

행원의 공덕, 셋 : 가행(加行) 정진

　행원의 또 하나의 공덕은 모든 수행이 점점 쉬워지는 것. 여설수행공양과 불리보리심공양에서 배웠던 것처럼, 보리심 잊지 않고 수행을 공양드리려 생각하니 그 어떤 수행도 어려움이 예전보다 훨씬 적어지게 된다.
　참선만 해도 그렇다. 좌복에 앉으면 허리도 아프고 망상이 끊임이 없었으나, 참선을 부처님께 공양드려야지 하고 생각하니 가부좌하고 앉는 게 별반 힘들지 않았다. 내가 참선하는 것이 아니라 부처님께 공양드리는 건데 뭘. 그리고 오늘 공양은 형상으로가 아니라 형상을 떠난 것일지니…. 참선 자세로 부처님을 생각하고 부처님이 기뻐하실 것을 생각하니 잡념 또한 별반 힘을 발휘하지 못하는지라, 마음속엔 그저 기뻐하시는 부처님 모습만이 떠오를 뿐. 그런데 에라, 우리 부처님 어디 계신고.
　십만억 불토 지나 계신가 아니면 우리 집에 계신가. 동방에 계신가 서방에 계신가. 부처님, 어디 계십니까, 대답 좀 해 보세요. 이쁘고 귀여운(?) 부처님, 한 번 제 앞에 나타나 보소서. 오늘은 무슨 옷 입고 나타나실까. 오늘은 무슨 모습으로 오실까. 이쁘게 오실까 미웁게 오실까. 공부 잘한다고 웃으시며 오실까 공양 미진했다고 나무라시며 오실까. 평상시에 떠오르던 그 많던 잡생각은 어디 가고 잡념은 잡념이되 온통 부처님 생각뿐이라, 이런저런 생각도 기쁘기 그지없다.

그러다가도 요놈이 뭣고? 부처님 말씀 잘 안 듣고 맨날 행패 부리던 어제 고놈은 누구고 또 오늘처럼 얌전히 요렇게 부처님 앞에 앉은 놈은 대관절 뭣고? 요 두 놈이 같은 놈인가 다른 놈인가? 스스로 물어 보니 도처에 계시는 것은 부처님뿐이라 이리 봐도 부처님 저리 봐도 부처님, 부처님 원력이 나와 함께 하는 듯. 그러니 좌복에 앉는 것이 예전처럼 그렇게 힘든 일만은 아닐지니⋯.

염불도 그러하다. 염불이 무언지 구체적으로 배워 본 적은 없지만 이름에서 알 수 있듯 부처님을 생각하는 것이 염불일 것이니 부처님을 생각한다는 것은 무엇인가. 그것은 부처님을 사모하고 그리워하며 부처님을 떠나지 않는 것을 뜻함일지니 본래 사모하고 그리워하는 건 짝사랑 전문인 내 전공 아니던가. 그러니 염불공양하는 건 식은 죽 먹기요 내 적성에도(?) 맞았다. 부처님 명호를 부르면 시간이 어찌 그리 빨리 지나가는지, 그리고 부처님을 부르면 흥이 어찌 그리 저절로 나는지, 누가 가르쳐 주지도 않았지만 염불 소리는 가락을 이루고 점점 음성도 커지는 것이었다.

나중에 안 것이지만, 염불엔 열 가지 공덕이 있다 한다. 이름하여 염불 십종이익.

첫째는 명중호지익(冥中護持益)이니 눈에 보이지는 않지만 일체의 신장들이 염불하는 이들을 지켜 준다는 것이다(정말 그래서였는지는 모르겠지만 겨울 출근 길에 차가 눈길에 미끄러져 큰 사고가 날 뻔했으나 무사한 적이 있었다. 그때 나는 불보살님이 지켜 주셨구나 하는 느낌이 들었다). 둘째는 지덕구족익(至德具足益)이니 염불을 하면 걸음걸음 부처가 되어 가는 것이니 자기도 모르게 부처님의 후덕함이 쌓여 간다는 것이고, 셋째는 전악성선익(轉惡成善益)이니 염불은 악업을 선업으로 능히 바꾼다는 이야기. 넷째는 제불호념익(諸佛護念益)이니 우리가 부처님을 부르면 모든 부처님 역시 우리를 생각해 주시고 보호해 주신다는 말씀이며, 다섯째는 제불칭찬익(諸佛稱讚益)이니 모든 부처님이 염불하는 이를 칭찬하는 것이며, 여섯째는 심광조호익(心光助護益)이라 염불하는 이의 마음엔 자꾸 부처님의 광명이 깃든다는 것이며, 일곱째는 심다환희익(心多歡喜益)이니 염불을 하게 되면 우리 마음에 자꾸 환희심이 생긴다는 말이며, 여덟째는 지구보덕익(知具報德益)이니 일체 중생에게 덕을 베풀고 부처님 은혜를 보답하게 된다는 말이고, 아홉째는 상행대비익(常行大悲益)이니 언제나 대비심이 생겨나 중생을 이익되게 한다는 것이고, 끝으로 입정정취익(入正定聚益)이라 염불하는 이는 마침내 성불하고 극락에 간다는 뜻이다.

다른 것은 다 몰라도 심광조호익, 심다환희익, 상행대비익은 의심이 나지 않았다. 내 스스로도 그렇게 느끼고 있던 일이었으니까….

행원의 공덕, 넷 : 참된 천생연분으로

　그리고 지금도 무엇보다 고맙고 다행스럽게 생각하는 일이 생겨났으니, 부부 사이의 갈등이 점차 해소되어 나가는 것이었다. 툭하면 다투던 일이 어느 새인가 없어지고 아끼고 위해 주는 마음이 언제부터인지 한 움큼 감동으로 가슴에 싹트게 되었다. 그제서야 과거 김재웅 법사님이 일러 주시던, 대부분의 부부는 서로 빚으로 만난다는 말씀이 내 가슴에 현실로 울려 온다.

　그럴 것이다. 생각해 보면 내가 몰라서 그렇지 아득하게 모르던 과거에 얼마나 내가 아내에게 빚을 졌을까. 그 빚을 갚기 위해 내 얼마나 오랜 시간을 기다리다 금생에 비로소 만나게 된 것일까. 그래서 겨우 부부로 만나게 되었을 것인데, 왜 툭하면 아내를 원망하고 아내의 마음을 몰라 줬던 것일까. 비록 아내가 현재 하는 일들이 내 마음에 들지 않고 나를 어렵게 하는 것이 있다 하더라도 그것은 과거 빚을 청산하고 오로지 나의 보리심을 길러 주기 위한 것인 줄도 모르는데, 나는 왜 그걸 모르고 자꾸 또 다른 업을 지었던 것일까. 얼마나 나로 인해 고생 많이 하였는가. 얌전한 서울 규수로 자라나 거칠고 투박한(?) 경상도 머슴아의 아내가 되어(경상도 남자들은 마음은 안 그런데 말투 등 겉모습이 일반적으로 그런 편이다) 얼마나 많이 놀랬을까.

첫 아이를 낳을 때 하루 종일 진통으로 신음하던 아내의 얼굴이 생각났다(나는 그때 전공의 수련 중이라 분만실에 얼마든지 들어갈 수 있었다). 또한 그 작은 체구에 쌍둥이를 가져 임신 말기엔 제대로 눕지도 앉아 있지도 못하던 모습이 떠올랐다.

나는 진심으로 아내에게 참회하였다. 행원의 참회업장을 읽어 나갈 때도 허공을 채우고도 남을 나의 과거 업에 아내에 대한 죄송함이 늘 떠나지 않았다.

집에서 같이 지낼 때도 이제는 농담이라도 여보, 미안하오라고 한다. 처음엔 자기를 놀리는 줄로만 알았던 아내는 들은 척도 하지 않았는데 요즘은 그래, 이제 알았어요? 하루에 열 번씩 나한테 미안하다 그래요! 라며 같이 농담을 던진다. 그 말에 대답은 않지만 그래, 당신이 좋다면 그런 사과는 얼마든지 하겠다는 것이 마음속 나의 다짐이다.

더욱이 아내는 나에게 다른 종교에 대한 눈을 뜨게 하여 편협된 불교인이 아니라 열린 종교관을 갖게 해주었으니 이 얼마나 고마운 일인가! 종교는 다르지만 아내는 나를 바른 길로 이끌어 주는 참으로 좋은 도반이 아닐 수 없다.

옛날 김재웅 법사님 말씀대로 좋은 부부는 처음부터 좋은 인연으로 만나는 것이 아니었다. 모든 빚을 갚아 가는 과정에서 좋은 부부로 정녕 다시 태어나는 것일지니….

우리는 흔히 천생연분이란 말을 들을 때 무조건 좋은 쪽으로만 천생연분인 줄 안다. 하지만 공부를 하면서 알게 된 천생연분은 그게 아니다. 이 세상의 부부는 대다수가 천생연분—그런데 처음부터 잘 살고 행복하다는 의미의 천생연분이 아니라 빚을 제대로 갚기 위해 정말 둘도 없이 잘 만난 사이라는 뜻의 천생연분인 것이다.

그러므로 천생연분의 좋은 부부는 오랜 갈등 끝에 서로를 존중하게 되고 갈등을 승화시키는 과정에서 찾아온다. 대부분의 부부는 그렇게 해서 정녕 좋은 부부로 다시 태어나는 것이다. 그런데 이 사실을 모르는 이들은 서로의 빚을 갚는 과정에서 크나큰 상처를 서로에게 남긴다. 상처가 회복되지 못할 정도로 크게 나면 마침내 더 이상 같이 살지 못하고 이혼하게 되는 것이며 그래도 견딜 만하면 아옹다옹 다투긴 하지만 백년해로는 한다.

빚 갚는 과정에서 서로에의 원망을 더 이상 일으키지 않으면 상처의 횟수나 깊이가 점점 얕아지고 어느 날인가부터는 그런 다툼이 홀연히 사라져 버리는 것이니, 남은 것은 애틋하고 서로를 위하는 마음뿐. 그로부터 즐겁고 아름다운 날들만 서로에게 펼쳐지는데 남들은 그들을 보고 천생연분이라고 말한다.

그러므로 일단 부부가 된 이상은 모두 천생연분이요 부부가 되어야 할 사람끼리 부부가 된 것이니, 우리는 안타까운 어둠 속에 살지 말고 밝음 속에 살아야 할 것이다. 나에게 날아오는 아내, 남편의 비수가 사실은 비수가 아니라 빚 갚음 하는 지난날 어음일지니 조금도 섭섭한 마음 갖지 말고 더 이상 아픔은 서로에게 주지 말아야 할 것이다. 아무리 빚이 크더라도 언젠가는 다 없어지며 그런 연후에는 오로지 밝은 날만 찾아올 것이니 원망의 마음일랑 추호도 내지 말고 조금만 더 참고 조금만 더 기다려 볼 일이다. 그렇지 않으면 빚이 다한 날 또 새로운 빚이 시작될 터이니 두렵고 두려워라….

일체가 공이 아님 없으니 빚 또한 공한 것. 있지도 않을 빚에 뭘 그리 가슴 아파할 것인가. 더 이상 속지 말지어라, 허망할 빚이여! 그리하여 우리 둘 사이의 빚 다하는 날, 우리는 정말 좋은 부부로, 그야말로 남들다 부러워하는 천생연분으로 다시 태어날지니….

우리 주위에서 행여나 갈등하는 부부님들이 계시다면 저의 이 간곡한 이야기를 부디 새겨 들으옵소서!

부부는 모두 빚으로 만난답니다. 빚을 갚는 과정에서 수많은 갈등이 생길지나, 부디 회복 못할 상처는 서로에게 주지 마옵소서. 상처가 깊디 깊으면 아무리 용한 의사가 와도 치유를 못한답니다.

상처가 커 이 인연 다하지 못하면, 또 가슴 아픈 인연이 다음 생에 이어집니다. 언젠가 한 번은 서로 갚아야 할 고달픈 빚, 금생에 후회 없이 갚으옵소서….

그리고 참회하옵소서. 아무리 무엇을 잘못 하였는지 통 생각이 나지 않더라도, 그저 내 남편, 내 아내가 마음 아파하면 무조건 미안하다, 잘못했다, 진심으로 한번 빌어 보소서. 어느샌가 그 짙은 먹구름이 걷히어 밝은 햇살이 비춰 옴을 알 것입니다.

그리하여 마침내 빚이 다하는 날, 장마 끝 하늘이 그리 푸르듯, 새로운 만남 새 인연이 맑고 푸르른 날처럼 우리를 기다릴지니, 남는 것은 그이에 대한 다함 없는 사랑과 애틋한 마음뿐, 미움과 원망이 어디 있겠습니까! 그러니 반드시 우리에게 올 그 날을 기다려, 원컨대 부디 오늘에 속지 마소서….

아내와의 갈등을 통해 내가 알게 된 또 하나의 사실은, 모성이 온 우주의 본성의 하나라는 것. 여성의 그 부드러움, 너그러움이 모든 생명을 잉태한다는 것이다.

우리는 보통 전투적이며 투쟁적인 면이 강할 때, 그리고 배타적이며 파괴적이고 거칠고 유연성이 부족할 때 남성적이라고 말한다. 그 반면 평화적이고 포용성이 크며 부드럽고 온화할 때 좀더 여성적이라고 한다. 그런데 남성적인 환경에서는 생명이 자라지 못한다. 오직 여성적 환경에서만 온 생명이 자라게 되는 것이다.

본래 인간을 태생학적으로 보면 태아가 남성이 되기 위해선 특별한 환경이 필요하다. 발생학적으로 아무 일이 일어나지 않으면 태아는 전부 여성으로 자라게 된다. 나는 이런 사실을 의학 공부에서 배울 때 이것이 남성 우월의 한 증거인 줄 알았다. 남성은 특별한 존재로 그만큼 더 진화한 상태로 알았던 것이다.

하지만 지금은 그 생각이 여지없이 바뀌었다. 그냥 놔 두면 여성으로 자란다는 것은 그만큼 이 세상은 여성을 요구하고 있다는 증거에 지나지 않는다. 남성은 특별한 경우에만 필요했던 것이다.

모든 것은 그 연륜이 깊어질수록, 성숙할수록 좀더 여성적으로 변한다. 산천도 유년기에는 산은 높고 계곡은 깊으나 장년기에 접어들수록 부드럽게 변한다. 사람도 젊을 때는 냉정하고 매몰차나 나이가 들수록 너그러워진다. 독기(毒氣)가 빠지는 것이다.

예술에서도 마찬가지. 뛰어난 춤의 대가는 그 춤추는 모습이 한없이 부드럽다. 딱딱하고 모날수록 그는 춤을 못 추는 사람이다. 이는 투쟁적인 무술에서도 다르지 않으니 무술의 달인일수록 그 일거수 일투족의 모습은 부드럽기 그지없다.

그러고 보면 수행에서도 마찬가지. 수행자가 수행이 깊어지면 깊어질수록 여성을 닮아간다. 중생이 무슨 짓을 해도 부드럽고 너그럽기가 어머니 같다. 관세음보살은 그 정점이 아닌가.

일전 모 라디오 프로그램에서 진행자가 자기 친구 이야기를 하는데,

자기한테 굉장히 투쟁적이고 양보도 안하며 자기 고집이 강한 이가 있는데 그런데 그 친구는 집에서는 전혀 딴판이라는 것이다. 집에서도 부인에게 그럴 것 같은데 전혀 그렇지 않아 이상해서 어느 날 그 이유를 물어 봤더니 이렇게 대답하더란다. 여자한테 이겨서 뭐하냐고!

그렇다, 이기려면 모나고 파괴적이어서 보리심을 파괴하고 불성(佛性)을 꺾는 그런 자와 싸워야지, 이미 성숙의 단계로 들어간 여성과 싸워서 무엇하랴! 집 안의 여성이 편안하면 온 생활이 다 편안해지는 법, 참 그 동안 나도 패나 어리석었지요….

행원의 공덕, 다섯 : 밀려오는 깨달음

　다섯째는 금강경을 읽고 행원품을 읽으며 염불 참선을 하는 도중 저절로 여러 가르침이 머리에 떠오르는 것. 그리고 행원의 원을 안고 일상생활을 살아나갈 때 보고 부딪히는 경계에서도 여러 가르침이 알아지는 것이다. 앞서도 잠깐 말했듯 나는 참으로 많은 가르침들을 일상생활과 거리를 오가는 수많은 이들에게서 배웠다. 그들은 모두 나의 선지식이었던 것이다.
　우리는 깨달음이란 것에 대해 조금 생각을 달리해 볼 필요가 있다고 본다. 먼저 우리는 깨달음 자체를 너무 갈구하는 경향이 있다. 그리고 깨달음이 먼 데 있다고 생각하는 것이다. 그리하여 작은 현실은 무시하고 큰 깨달음만 추구한다. 그런데 그런 마음가짐은 내게는 마치 하루하루 착실히 벌어 재산을 늘리려 하는 것이 아니라 일확천금의 투기로 단번에 재산을 모으려 하는 것과 다름이 없는 것으로 보인다.
　깨달음이란 무엇인가? 오도송을 읊고, 깨달음의 세계는 말로 할 수 없는 것이라며 할을 하고 주먹을 내지르고, 알 수 없는 한문 구절을 읊는 것이 과연 무슨 의미를 가진 것일까. 깨달음의 세계는 정녕 말로 할 수 없는 것일까. 그렇다면 대각을 이루신 부처님께서 자설(自說)하신 말씀은 무엇이며 육조스님이 말씀하신 것은 또 무엇인가. 관자재보살이 보았던 오온개공(五蘊皆空)의 세계는 무엇이며 열반경에 설해지는 상락아정(常樂我淨)의 세계는 또 무엇인가.

깨달음이 과연 문자로 설해질 수 없다면 부처님은 바보이시라 산에서 내려오셔서 40년을 넘게 그렇게 애타도록 중생들을 찾아다니시며 '내 말을 잘 들으라'고 타이르시고 그토록 간절히 말씀하셨던 것일까….

내가 보기에 근세 우리 나라 불교는 온통 깨달음 병에 걸려 있는 것 같았다. 대장부 태어나 할 일은 이것밖에 없다며, 본시 그런 뜻은 아니었겠으나 결과적으로 일상 생업을 등한시하는 듯한 인상을 주시고, 화두타파 아니면 그 어떤 성불도 이룰 수 없다며 오직 참선만을 주장하시는 게 내가 그때까지 보아 온 우리 나라 불교의 주된 흐름이다.

그리하여 너도 나도 사무치지도 않고 전혀 나와는 상관 없는, 어쩌면 옛 스님들의 그림자에 불과할지도 모르는 공안을 내 화두라고 받고서 저잣거리에서 우리는 떠돌고 있었다.

스님들도 그렇다. 화두타파에 목숨을 걸고 풀리지 않는 화두를 지닌 채 수많은 스님들이 산 속에서 용맹정진하였으나, 그 동안 과연 몇 분이나 성공하였던가. 그리고 성공한 후는 또 어떠하셨는가. 과연 화두타파 하나로 모든 삶과 죽음의 의문이 풀렸으며 더 이상의 번뇌는 찾아오지 않는가. 또한 부처님처럼 일체 중생을 섬기고 슬픔도 기쁨도 그들과 함께 하시는가. 부처님처럼 그런 원만행이 화두타파만 하면 나오던가?

그런데도 큰스님들께선 산 속에서 법문을 설하시며 열반을 노래하고 계셨다. 그러는 사이 기독교는 방황하는 우리 세속인들에게 놀랍도록 큰 전파력으로 퍼지고 있었다(현재 세계 인구가 60억이라는데 기독교 인구는 19억이요 불교 인구는 겨우 3억 남짓이며, 국내를 보더라도 이제는 개신교

인구만 해도 우리 불교인보다 많으니, 이게 다 어찌된 일이런가…).

깨달음은 과연 그렇게 얻기가 어려운 것인가. 그리고 다함 없는 큰 깨달음만 오직 가치가 있고 작은 깨달음은 무시해도 되는가. 그리고 깨달으면 다인가. 깨달으면 더 닦을 필요도 없고 모든 것이 해결되는가. 그때까지는 그 어떤 것도 값어치가 없는가.

깨닫는 문제도 그랬다. 깨달으면 모든 문제가 해결되는 양 말씀하시는데 내가 보건대는 깨닫고 난 뒤가 더 문제였다. 세상 모든 이치가 그러하지 않은가. 챔피언도 챔피언이 되고 나서가 더 문제요 스포츠(프로 야구 등)도 우승하고 나서가 더 문제이다. 유학 가서 박사를 따더라도 따고 난 뒤가 더 문제요 취직도 합격하고 난 뒤가 더 문제다. 제 아무리 어려운 산에 기를 쓰고 올라갔더라도 그게 끝이 아니고 내려오는 게 더 문제다.

어떤 것이 이루어졌다는 것은 모든 것의 끝이 아니라 단지 또 다른 시작에 지나지 않을 뿐이요 우리의 걸음은 세세영영 어쩌면 우주가 지속될 때까지 다함이 없을 일일지도 모른다.

그런데 유독 깨달음만 그렇지 않은 것일까. 깨달음만 깨치는 것으로 다일까. 옛 사람 말씀에 깨치는 데 7일이면 족하다고 하시는데 그렇게 깨쳐 무얼 할 것인가.

깨달음이 단박 온다는 것도 그렇다. 세상 어느 일도 단박 오는 것은 없다. 겉보기에 그렇게 보일 뿐이지 이 세상 어느 하나도 갑자기 이뤄지는 것은 없다. 꽃이 하나 피기도 며칠을 두고 조금씩 봉오리가 열리고 있었던 것이지 가만히 있던 봉오리가 갑자기 탁 터진 것은 아니다. 요즘 현대인들이 다이어트를 한다고 야단이지만 조금씩 체중이 줄어드는 것이지 어느 날 갑자기 체중이 일시에 빠지는 것은 아니다. 바다 위로 해가 뜰 때도 갑자기 쑤욱 떠오르며 주위가 밝아지는 듯 보이나 여명은 이미 조금씩 오고 있지 않은가. 질병도 갑자기 오는 것 같지만 실지론 팀진치에 찌든 몸이 조금씩 망가지고 있는 것이다.

그런데 깨달음만 단박 오는 것일까. 하나도 못 깨치던 분이 어느 날 갑자기 일체를 알게 되는 것일까. 이 세상 어느 하나도 그런 일이 없는데, 부처님 말씀이 맞다면 이 세상 일체가 진여자성을 노래 않는 것이 없는데 깨달음만 그렇지 않다는 것인가.

다함 없는 깨달음도 그렇다. 부처님은 금강경에서 분명히 깨달음이 깨달음이 아니라 그 이름이 깨달음이요, 우리가 목숨 바쳐 추구해야 할 다함 없는 깨달음 역시 그 이름이 무상정등각이라 말씀해 놓으셨다. 작은 것이 없으면 큰 것도 없다. 일층이 없으면 이층도 없고 백층 천층은 더욱더 있을 수 없다. 아는 이에겐 티끌만한 깨달음도 아뇩다라삼먁삼보리이지만 모르는 이에겐 수미산만한 깨달음도 아무것도 아닌 것이다. 이 세상에 가장 큰 수(數)가 있을 수 없듯 가장 큰 깨달음도 그러한 것이 아닐까. 무상정등각은 무어라 형상이 있는 것이 아니라 가장 필요한 장소, 필요한 시각 그 자리에 있던 일체의 깨달음이 아닐까. 따라서 깨달음은 모두가 무상정등각이 아닐까. 깨달음에 대한 나의 물음 또한 끝이 없었다.

행원을 하는 나에게 깨달음은 언제나 오고 있었다. 그리고 곳곳에서 설해지고 있었다. 선사들의 무상정등각은 아닐지나 언제 어디서나 깨달음은 만날 수 있었다. 제 때 밥을 안 먹으면 일할 때 허기가 지고 욕심 부리다간 더 큰 걸 잃기 쉽다는 것은 훌륭한 깨달음이다. 술 먹고 운전하면 안 되고 죄지으면 감옥 가고 색(色)을 자제 못하면 패가망신한다는 것도 큰 깨달음이다.

또한 일체 중생의 모습은 진여자성의 모습 그대로이다. 송아지는 소에서 나왔으므로 비록 어리고 연약하지만 소의 특징을 그대로 가지고 있다. 그러므로 소를 알고자 할 때 반드시 큰 어미소를 봐야 하는 것은 아니다.

시방여래 시법계신(十方如來 是法界身)이라 말씀하시듯, 일체 중생이 그대로 다 부처의 속성을 가지고 태어났으므로 눈만 뜨면 우리는 그 속에서 우주 진리의 모습을 볼 수 있다. 안 보이고 못 보는 것은 다만 내가 엉뚱한 생각을 하기 때문이다.

우리가 식당에서 밥을 한 그릇 먹을 때도 집에서 신문을 볼 때도 깨달음은 우리에게 설해지고 있다. 다만 우리가 중생상을 일으켜 못 보고 있을 뿐이다.

잘 되는 식당에 가 보면 음식 맛은 물론 주인과 종업원이 일심동체가 되어 밝은 말을 쓰며 친절하게 대하고 있다. 못 되는 집에 가 보면 주인도 얼굴이 찌푸려 있고 종업원도 그다지 밝지 못하다. 장사가 잘 되니 얼굴이 더욱더 밝아지는 것이고 장사가 안 되니 얼굴이 더욱더 어두워지는 것이지만, 이를 바꿔 말하면 얼굴이 어두우니 장사는 더 안 되는 것이고(누가 인상 쓰는 주인 있는 식당에 가서 밥 먹고 싶을까!) 얼굴이 밝으니 장사는 더 잘 되는 것이다. 밝은 모습은 우리에게 번영을 가져다 주고 어두운 모습은 우리를 퇴락으로 이끈다는 자명한 진리가 그 곳에서 이미 설해지고 있는 것이다.

신문 속에서도 숱한 가르침이 설해진다. 즐거움만 끝이 있는 것이 아니라 괴로움도 끝이 있다는 걸 몰랐던 사람은 당장의 괴로움을 이기지 못해 자신을 망친다. 그러나 마음은 물질적인 부족함을 능히 보충하고도 남음을 아는 분들은 현재의 괴로움을 이겨 복으로 바꾼다.

이처럼 우리 주위로 수많은 가르침이 지나가고 있으나 어떤 분은 모든 것을 잃고 나서야 비로소 알게 되며, 또 어떤 분은 잃고 나서도 전혀 모르고, 어떤 분은 잃기 전에 미리 지혜의 눈으로 보고 방비를 하게 된다.

매사가 그렇다. 우리가 살아갈 때 뭐든지 그다지 많은 것이 필요한 것은 아니다. 배고픔도 밥 한 그릇이면 족하고 집에 갈 때도 버스비 약간이면 된다. 내가 비록 소아과 전문의지만 아이들이 아플 때 뭐 대단한 지식이 필요한 것은 아니다. 물론 깊이 알고 할 때와 모르면서 할 때 비록 똑같은 행동이라도 의미는 다르겠지만, 자연은 나름대로 방어력을 가지고 있어 허용범위란 게 있으니 웬만한 실수는 극복하고 넘어가는 법이다.

세상사 모두가 이와 같다. 정말 중요한 것은 좋은 음식 먹겠다고 며칠을 굶을 것이 아니고 배고플 땐 라면이라도 찾아 먹고 더 중요한 일을 하는 것이고, 밤이 깊었을 땐 좋은 차를 찾는 것이 아니라 버스라도 타고 가는 것이다.

깨달음도 이와 같지 않을까. 우리가 살아갈 때 바르게 살기 위해 반드시 큰 깨달음이 필요한 것은 아니다. 다함 없는 깨달음을 얻지 못하고서야 가장 근원적인 문제는 해결하지 못하겠지만, 그래서 그런 큰 깨달음은 우리가 평생, 아니 여러 생을 두고 추구해 나가야 할 일임엔 틀림없긴 하지만 그것은 근본 자리에서 그런 것이지 일상생활에서 그런 것은 아니지 않은가. 오히려 가장 큰 깨달음에만 매달려 이런 작은 깨달음을 놓치는 것이 더 문제가 아닐까.

그리고 남에게 도움이 되지 않는 깨달음이 무슨 소용이 있는가. 아무리 어떤 분이 우리 나라 제일의 갑부라 하더라도, 그 분의 부(富)가 우리에게 도움이 되지 않는다면 그 부(富)가 우리하고 무슨 관계가 있겠는가.

  깨달음도 그와 같은 것이 아닐까. 저 분의 성불 소식이 나에게 깨달음을 가져다 주지 못하고, 저 분의 열반이 우리에게 번뇌를 끊어 주지 못한다면 이 세상 모두가 성불하고 열반에 든다 한들 번뇌 중생인 우리에게 무슨 소용이 있겠는가….

끝없는 공덕과 보현행자의 서원

그 외 행원은 나에게 부수적으로 여러 공덕을 안겨 주고 있었다. 마음의 안정을 따로 구하지 않아도 마음의 안정이 저절로 왔다. 내가 죽으려 하지 않아도 나는 저절로 자꾸 죽어졌다. 하심(下心)을 하겠다는 생각조차 한 일이 없는데 하심은 나의 주요 덕목이 되었다. 나는 그 동안 건방지다란 말을 수없이 들었으나 어느새 내 주위엔 나를 겸허한 사람이라며 평가하시는 분들도 있게 되었다.

아상(我相)을 없애려고 하지도 않았는데 어느새 상(相)은 점점 사라지고 있었다. 참나[眞我]를 찾겠다는 생각을 조금도 한 적이 없는데 이상하게도 참나는 여명에 밝아 오는 아침처럼 뿌옇게 내 가슴에 찾아오고 있었다. 일체 중생을 칭찬하고 공경하며 만나는 이마다 섬기고 공양하는 보현행은, 찾지도 않았고 뵌 적도 없는 무수한 반가운 손님들을 나의 보금자리로 그렇게 모셔 오고 있었던 것이다.

내 주위도 변화하고 있었다. 행원을 하는 내 주위의 분들 역시 나를 만나면 비록 잠시지만 환희와 기쁨을 느끼는 것이었다.

나는 이러한 변화에 환희심이 저절로 우러나왔는데, 그러나 이는 이제 막 시작에 불과한 것. 지금 생각해 보면, 무시 이래의 업장이 그야말로 조금씩 녹기 시작하는 것이었지 그 이상도 그 이하도 아니었던 것. 하지만 이는 나에게 환희심을 주기에 충분했다. 행원으로 무언가 변화가 일어나는구나 하는 확신은 행원에 대한 나의 믿음을 점점 확고히 해주었다.

행원은 이런 간단한 사실들을 내게 알려 주었다. 행원을 가지고 하루하루를 살다 보면 나에게 오는 가르침이 한도 끝도 없었다. 어제도 깨닫고 오늘도 깨달으며 내일도 깨닫는 일이 쉬지 않고 일어나는 것이니, 아침 출근 길에도 가르침이 오며 점심에 밥 먹다가도 가르침이 오고 전화를 받을 때도 오고 잠자리에 들 때도 왔다. 물론 아뇩다라삼먁삼보리는 아니지만 깨달음은 그렇게 오고 있었다.

그러고 보니 우리 일상생활 그 자체가 크나큰 축복 속에 전개되고 있으며 우리는 이 화엄법계의 중요한 구성원으로서 나름대로 열심히 법계를 꾸며 나가고 있었다. 내가 싫어하는 것은 다른 이도 싫어하고 내가 좋은 것은 다른 이도 좋아한다. 내가 행복하고 싶듯 일체 만물이 다 행복하고 싶어하는 것이 만고의 진리이다.

그럼에도 불구하고 나는 여전히 외로웠는데 행원이 뛰어나다는 것은 오로지 해제에만 그랬을 뿐, 그리고 행원의 우수성을 느낀 것은 나 자신뿐, 그것은 수행으로서의 행원이 보편성을 결여한 것은 아닌가 하는 의심이 끊이지 않았던 것.

나만 행원에 인연이 있어 그런 것은 아닌가. 그렇지 않다면 왜 그 많은 선지식들께서 이렇게 뛰어난 행원에 관해 왜들 거의 말씀이 없으신가? 과연 화두를 들지 않고 행원만으로 깨달음을 이룰 수 있는가.

확신에 차신 모습으로 화두타파 없이는 결코 견성하거나 성불할 수 없다는 현존하시는 큰스님들의 말씀은 더욱 이런 회의를 깊게 하였다. 평생 부처님만 공부하신 그 분들이 보현행원을 모르시는 것은 아닐 테고, 행원이 정말 내가 느끼는 것처럼 그렇게 뛰어나다면 그렇게 깊은 경지에 이르신 분들이 행원에 대해 말씀하지 않을 까닭이 없는데 말이다. 이것이 행원을 하면서도 늘 나를 떠나지 않던 의문과 불안이었다.

그 의문을 풀어주신 분이 바로 불광지에 실린 광덕 큰스님의 법문이다. 불광지는 일찍부터 알고 있었으나 정기구독을 하기 시작한 것은 1995년 9월부터이며, 잡지가 오면 그 달 주요 기사만 그냥 대충 읽고 한 구석에 쌓아 두었는데, 한가한 어느 날 잡지를 뒤적이다 우연히 큰스님 법문 중에 '보현행자의 서원'이란 것을 보았다. 나는 놀라움으로 글을 읽었는데 그 글은 참으로 나에게 보리심을 크게 북돋우고 환희심에 젖게 했다. 그리고 시방 제불보살 앞에서 보현행을 맹세하는 보현행자의 대비원은 무엇보다 나에게 깊은 감동을 주어 나도 저렇게 한번 서원해 봐야겠다고 하는 각오를 심어 준다.

그제서야 지난 호들에 실린 큰스님 법문을 찾아보니 보현행원에 관한 것이 매우 많았다. 무척 반가웠다. 그 동안 스님께서 번역하신 행원품을 알고는 있었으나, 그리고 행원에 관한 대부분의 책들은 모두 큰스님께서 번역하시거나 쓰신 것은 알고 있었으나 그것은 그냥 책을 내신 데 지나지 않을 뿐 큰스님께서 특별한 원력으로 하신 줄은 몰랐던 것. 그런데 불광에 실린 법문을 하나씩 다시 읽어 보니 곳곳에 행원에 대한 스님의 원력이 실려 있었던 것이다. 어쩌면 큰스님 법문은 모두가 행원에 관한 것인지도 모를 정도였으며 나 또한 그렇게 듣고 싶어하던, 그러나 찾을 수 없던 낱낱의 행원에 관한 법문이 그 곳에 있었다.

나는 정말 기뻤다. 성철 큰스님 법문집에서 행원의 원력을 발견하지 않은 것은 아니지만 큰스님 역시 주 법문은 화두선에 관한 것이 더 많아 나 같은 범부는 속속들이 행원의 뜻을 듣지는 못했는데(그러나 지금 다시 읽어 보면 큰스님 법문 곳곳에 보현의 원력이 넘치는 것을 느낄 수 있다. 그때는 다만 내가 어두웠을 뿐이다) 그 동안 스님만큼 법문의 주제가 행원이신 분은 뵙지 못했던 것이다. 큰스님 같은 분께서 행원을 말씀하시는 것을 보니 내가 잘못하지는 않았구나, 그냥 이렇게 공부해도 되겠구나 하는 안도감이 들며 행원의 공덕에 관해 이제 더 이상의 의문 없이 행원 공부에 더더욱 매진하기로 마음먹게 된다.

그러나 이런 환희와 확신에도 불구하고 수희공덕분부터는 진도가 나아가지 않았다. 도대체 수희공덕—남의 공덕을 기뻐하라는 말이 이해가 되지 않는 것이었으니, 남의 공덕을 기뻐하는 것이 어떻게 수행이란 말인가. 남이 잘 되는 것을 기뻐하는 것이 어떻게 수승한 수행이 되는지 도무지 알 수 없는 일이었으나 나는 그저 행원품을 날마다 읽어 나가는 수밖에 없었다.

부모와 아이, 그 깊은 인연

　행원을 공부하고 환희심을 느낀 지 1년이 되던 해, 한번 이 행원을 사회에 공양드려 보면 어떨까 하는 마음이 든다. 그리하여 당시 어느 유명 사회단체에 가입하여 2년여를 활동한다. 그 단체는 자식을 둔 평범한 남성들로 구성된 모임으로, 나의 소아과 지원 동기와도 부합되는 단체였다.
　거기서 나는 예경제불과 칭찬여래, 광수공양의 제원을 실천하려고 했다. 정말 좋은 분 많고 좋은 인연 많이 만났으나 결과적으로 행원의 원만한 구현에는 실패한다. 여러 이유가 있겠지만 아직 나의 힘이 미약했던 것이 제일 큰 이유였다. 다만 하나 아쉬운 것은 이 땅의 뛰어나신 분들의 말과 행동에 관한 것.
　이 땅에서 무언가 남보다 뛰어난 능력을 가지고 오신 분들은 그런 능력이 남에게 자랑하라고 온 것이 아님을 알아야 한다. 그런 능력은 오직 그렇지 않은 분들의 모자란 점을 보충해 주고 그렇지 않은 분들을 잘 섬기라고 온 것이다. 그런데 맨날 자기 자랑만 한다면, 그것도 한두 번이지 평범한 우리 나라 남성 분들이 견딜 수가 있겠는가. 늘 겸허한 마음으로 나보다 못한 이들을 모시는 마음이 없고서야 겁 많고 가진 것 없는 부처님들이 놀라 달아나실 수밖에 없는 일 아니겠는가.
　그리고 무슨 일이든지 사심이 없어야 한다. 그런데도 그게 뭐 그리 이

권이 생기는 일이라고 조금만 지나면 사심이 생겨 일을 자꾸 엉뚱하게 유도하니 보통 분들이 어찌 견딜 수 있겠는가. 사람은 바보가 아니다. 불성이 있는 위대하신 분들이다. 남들이 모르는 줄 알아도 다 알아차리는 것이 인간인데, 그런 줄 모르고 본인은 머리를 굴리니 얼마나 한심한 일인가. 우리 나라 사회운동의 한계가 이런 것인지 모르겠으나 이런 일을 하시는 분들은 모두 겸허하고 사심 없는 마음을 가졌으면 한다.

여기서 한 가지, 우리가 어떻게 부모 자식의 연을 맺게 되고 우리는 부모로서 자식에게 어떠한 자세를 가져야 하는지 말해 보자.

에드가 케이시(20세기 초 미국의 유명한 예언가. 특히 life reading이라 하여 사람의 전생을 보는 능력이 뛰어났다)의 라이프 리딩에 의하면 우리는 결혼을 하고 자식을 낳음으로써 이 우주의 가장 중요한 덕목, 즉 남을 사랑하는 것을 배우게 된다. 세상에서 오직 자신만 알고 자신의 이익과 기쁨을 위해서만 살아오던 한 생명이 자식을 가짐으로써 세상이란 그렇게 사는 것이 아니라는 것을 비로소 깨닫게 된다는 것이다. 그러므로 결혼을 하여 자식을 갖는 것은 우리의 성장에 도움이 되는 일이므로 누구나 결혼하고 자녀를 갖기를 케이시는 강조한다.

불광 1998년 1월호에 실린 근세 중국의 큰스님 인광 대사의 가르침엔 우리가 부모 자식의 연을 맺게 되는 이유를 다음의 네 가지로 분류하고 있다.

첫째는 은혜를 갚는 인연, 둘째는 원한을 갚는 인연, 셋째는 빚을 갚는 인연이요 넷째는 빚을 되찾는 인연이 그것이다.

은혜를 갚는 인연이란 자식이 전생에 큰 은혜를 입어 금생에 그것을 갚으러 온 것으로, 평소에 부모를 극진히 모시고 세상에 출세하여 그 이름이 천하에 떨쳐 세상 사람들이 그 부모까지 흠모하도록 만드는, 역사상의 수많은 충신 효자가 이에 해당한다고 하였다.

원한을 갚는 인연이란 자식이 전생에 부모에게 원한이 있어 그 원한을 갚으러 자식으로 태어난 것으로 작게는 부모 마음에 거슬리게만 하고 크게는 화가 부모에게까지 미치게 하며 심한 경우는 권세나 요직에 앉아 부정부패를 일으키고 가문과 친족을 멸망시키며 세상 사람들의 비난이 그 부모, 조상에까지 이르도록 하는, 역사상 역적 간신들이 모두 이에 해당한다고 하였다.

빚을 갚는 인연이란 자식이 전생에 진 재산상의 빚을 갚기 위해 온 것인데, 진 빚이 많으면 평생토록 힘들여 봉양하지만 빚이 적을 땐 도중에 그만두기도 한다는 것이다. 가난하지만 병든 부모를 평생에 힘들게 수발하는 경우가 이런 것에 해당한다고 보겠다. 또한 힘써 공부하여 부귀공명을 얻는가 하는데 요절한다든가 사업 잘 되어 돈 좀 모으다가 죽는 경우가 이런 경우라 한다.

빚을 되찾는 인연이란 부모가 자식에게 진 빚을 자식이 받으려고 온 것으로 부모가 애써 키워 자립하고 사회활동을 할 만하니 그만 수명이 다해 버리기도 하고 집안 재산을 탕진하고 패가망신하는 경우가 이에 해당된다.

우리는 어떤 인연으로 우리 아이들을 맞이하게 되었을까. 은혜의 인연? 아니면 원한 갚는 인연? 한번 깊이 생각해 볼지어다.

은혜의 인연이 대부분이라는 것이 지난날 법사님으로부터 들은 이야기이지만, 우리 주위엔 분명히 그렇게만은 해석되지 않는 만남도 종종 일어난다. 부부 싸움 끝에 자식들과 함께 집단 자살한 부모의 이야기라든가, 부모에게 큰 슬픔을 안겨 주고 뛰어난 재능에도 불구하고 어린 나이에 요절한 사람들의 이야기도 우리 주위에서 흔히 들을 수 있다. 그런 일들은 무슨 인연으로 일어나며, 그런 일을 막을 수 있는 길은 없을까. 그리하여 아무리 좋지 않은 인연으로 우리가 만났다 하더라도 더 좋은 인연으로 우리의 만남을 끝맺을 수는 없는 것인가.

부처님은 당시 인도를 지배하던 숙명론의 그릇됨을 지적하시고 일체가 우리 의지에 의해 나아감을 말씀하셨다. 그러므로 아무리 슬픈 인연으로 부모와 자식이 만났다 하더라도 그 인연은 우리 마음에 따라 바꿀 수가 있는 것이니, 정녕 우리는 아이들에게 좋은 인연을 만들어 주고 좋은 부모가 되어야 하리라 본다.

근본적으로 아이들은 우리를 찾아오신 부처님들이시다. 우리를 위해서가 아니라 일체 중생을 위해 우리를 통해 태어나신 화신(化身) 부처님이시다. 지금은 비록 어리고 미혹하여 우리의 시중을 받으나 더 큰 부처님 법문을 떨치고 더 널리 중생들을 이롭게 할지니, 우리 부모들은 이 부처님들 시봉 잘하여 올바르고 훌륭하게 키워 드릴 의무가 있다.

내가 보기엔 이 세상 모든 부모님들은 다 좋은 아버지요 좋은 어머니시다. 다만 더 좋은 부모님들이 되기 위해 우리가 할 일을 몇 가지만 더 말하라면 나는 다음 세 가지를 얘기하고 싶다.

첫째, 좋은 추억을 많이 만들라는 것. 추억은 인생을 살아가는 데 정말 중요하다. 좋은 추억은 뒷날 삶이 고달플 때 우리를 회복시키는 놀라운 능력을 가지고 있다.

인생을 돌아보면 아이가 부모를 필요로 하는 시기는 사실 얼마 되지 않는다. 그보다 부모가 아이들을 필요로 하는 시기가 훨씬 많음을 알 수 있다. 아이들이 애타게 부모를 찾는 것은 그들 인생에서 고작 10년 안팎

밖에 되지 않는다. 하지만 부모가 자식을 찾게 되는 시기는 적어도 이 곱절은 된다. 그런데도 부모들, 특히 아버지는 그렇게 자신을 찾는 아이들의 소리를 대부분 듣지 못하고 젊은 날을 보낸다. 그러다가 어느덧 젊음도 다 가고 몸도 마음도 지쳐 갈 무렵 비로소 자식들이 보고파지는데, 그때는 이미 늦었으니 아이들은 벌써 자라 자신들의 삶을 살아가고 있는 것이다.

오늘날 사회문제가 되고 있는 젊은이들의 불효도 엄밀히 말하면 인과응보의 한 표현이 아닐까. 과연 효도 안한다고 마음 아파하시는 부모님들이, 그들의 자녀가 그토록 당신들을 찾을 때 옆에 있어 주었던 분들인가. 그래서 인생의 좋은 친구가 되고 선배가 되어 주었던가. 돈만 벌어다 주고 좋은 음식 좋은 옷만 입히면 다라고 생각하며 보내시지는 않았는가. 한번 냉정히 생각해 볼 일이다.

소아과 의사로서 여러 가족을 만나는 내 경험으로 분명히 말할 수 있는 것은, 어릴 때 부모와 좋은 추억을 나눈 자녀는 아무리 그 후 어려운 날들이 오더라도 결코 그들의 부모를 소홀히 하지 않는다는 사실이다. 부모를 못 본 채하는 자녀들은 그들 역시 어찌 보면 피해자이다. 우선 좋은 추억이 없으니 나중의 삶이 고달프더라도 달래 줄 방법이 없고, 사랑을 못 받고 자랐으니 자신들 아이 역시 어떻게 사랑해야 하는지 몰라 그들 부모와 똑같이 되기 쉽고, 부모에게 적대감이 있어 모실 마음이 도무지 나지 않으니 그들 또한 마음이 편치 않다. 부모는 부모대로 마음 썩이니 모두가 피해자인 것이다. 이런 윤회의 고리를 끊는 것이 아이가 애타게 우리를 찾는 지금 바로 그들 옆에 있어 주고 좋은 추억을 만드는 것이다.

좋은 추억을 만드는 데는 그다지 큰 시간과 노력이 필요하지 않다. 퇴

근시 아이가 좋아하는 떡볶이를 사 가지고 들어가고, 식사 후 아이와 산보 한 번 나가는 것 또한 큰 추억으로 아이들에겐 남는다. 중요한 것은 어떻게 하더라도 사랑하는 우리 아이들에게 좋은 추억을 남겨 주겠다는 그 마음이지, 돈이나 시간이 아닌 것이다.

둘째, 자녀 앞에 겸허하라는 것. 흔히 우리는 부모는 잘하는데 아이가 나빠서 말을 안 듣는다고 생각한다. 그러나 대부분의 경우에서 자녀의 잘못 외에 부모의 잘못도 크다. 그런데 대부분 부모들은 이 사실을 인정하려 들지 않는다. 그러므로 아이는 점점 상처가 깊어진다.

아이가 자주 아픈 집을 보면 반드시 문제가 있다. 부부 싸움이 잦거나 부모가 그들 위주의 삶을 영위할 때 아이들 병이 잦아진다. 아이가 밥을 잘 안 먹는 것도 내 탓이요 끈기가 약하고 쉽게 좌절하는 것도 내 탓이다. 부모가 그러니 아이도 그러는 경우가 많은 것이다.

흔히 부모는 나는 이래도 너만은 그러지 말라고 다그친다. 하지만 그런 호소는 아무 소용이 없다. 부모가 모범을 보이지 못하는 한 자식도 변하지 않는다. 나의 모든 것을 닮게 된다. 그러므로 나는 좋은 학교 못 나왔으니, 나는 출세 못했으니, 나는 좋은 배우자 못 만났으니… 하는 이런 모든 말이 아이들에겐 조금도 도움이 되지 못함을, 아니 오히려 부정적이고 어둠만 길러 주는 것임을 알아야 한다. 아이가 건강하게 자라게 하고 싶으면 우리 부모부터가 건강한 마음, 건강한 몸을 가져야 하는 것이다.

셋째, 자녀를 위해 기도하라는 것. 기도는 우리의 본성으로 돌아가는 행이요 일체 장애를 막아 주는 행이다. 따라서 나는 부모의 자식에 대한 의무에서라도 이 기도를 꼭 권하고 싶다. 종교가 없더라도 내 안에서 나오는 자녀를 위한 간절한 소망, 그 소망을 발하는 것이 바로 기도이니,

하나도 어려울 게 없지요!

맥아더 원수의 기도문 같은 것은 얼마나 좋은가! 아이가 잘 때, 또는 아침에 일어나서 흰 번 간절힌 기도를 드려 볼 일이다. 이미 기도를 하면서부터 아이들 앞에 일체의 장애가 없어지는, 놀라운 일을 경험하게 될 것이다.

나는 자녀가 셋(2男 1女)이다. 남들은 든든하다 할지 모르나, 아이가 많으니 그만큼 걱정도 많다.

엊그제 남자 아이 둘이 초등학교를 졸업하였다. 큰 아이는 중2에 올라가고 올해 남자 아이 둘은 중학교에 입학한다. 이제 꿈많은 세계는 끝나고 삶의 고달픔을 배워 나가는 세계로 들어가는 것이다. 방학이라 즐겁게 노는 모습을 보노라면 건강하고 밝은 청소년기를 보내기를 바라는 마음이 간절하다.

언젠가 나와 친한 도반인 후배 S교수가 "형은 자식이 셋이나 되니 걱정이 안 되우? 나는 둘인데도 걱정이 많은데…" 하고 묻길래 "걱정이 없긴 왜 없나? 그것도 태산같이 많지" 하고 대답해 주었지마는, 정말 걱정이 많다.

하지만 나는 믿는다. 부처님 원력과 함께 가면 그 어떤 어려움도 능히 이기고 나갈 수 있다는 것을…. 내가 부처님과 함께 하고 내 원력이 부처님 원력을 떠나지 않는 한 그 어떤 어려움도 우리를 어찌지 못할 것이다. 그리하여 그 동안 가르쳐 주었던 인생의 지혜로, 우리 아이들은 앞으로 맞이할 삶을 씩씩하고 믿음직하게 헤쳐 나가 이 땅 모든 이들에게 희망과 용기를 주는 이가 될 것을 추호도 의심하지 않으며, 오늘도 나는 부처님께 아이들을 위해 기도드린다.

하느님을 보여 주세요!

이 무렵 있었던 에피소드 하나. 어느 날 문방구에 들렀을 때였다. 아주머니 여러분들이 문방구 한 구석에 앉아 누구 험담을 하고 있었는데…. 내용인즉, 목사님이 선교하러 어느 집에 들렀더니 그 사람이 글쎄 목사님 보고 하느님을 보여 주면 하느님을 믿겠다고 하여 목사님이 얼굴이 벌개져 그냥 나오셨대요! 글쎄, 도대체 그런 무식하고 무례한 사람이 어디 있느냐, 어떻게 목사님을 보고 하느님을 보여 달라고 말할 수 있느냐, 하느님은 믿음으로 보는 건데 하느님이 무슨 물건이냐, 보여 줄 수 있게! 하는 것이 그 날 비난의 주된 이유였다.

문방구를 나온 뒤 곰곰이 생각해 보았다. 믿음이 없는 범인(凡人)이 하느님으로 밥을 먹고 사는 전문가 분에게 하느님을 보여 달라고 한 것이 과연 그렇게 비난받을 일인가? 혹시 충실한 종이시면서 그 요구를 충족시켜 드리지 못한 그 목사님이 오히려 회개해야 하는 것은 아닐까? 적어도 하느님 공부를 전문으로 하시는 분이라면 그럴 때 그 분 눈앞에 하느님을 보여 드렸어야 하지 않을까? 우리 불자라면 그때 어떻게 했을까? 스스로 물어 보았다.

성경에 보면 예수님께서도 이와 비슷한 경우를 겪으신 모양이다. 요한 복음에 이런 이야기가 나온다.

최후의 날이 다가오자 제자들에게 앞날을 위촉하시는 예수님에게 제자들은 (하느님) 아버지를 한 번이라도 (실지로) 뵙게 해 달라고 애타게 간청한다. 앞으로 예수님 안 계신 날들을 보내야 할 제자들로서는 앞날이 불안하고 두려웠을 것이다. 그래서 그들의 두려움을 없애 줄 확고한 믿음이 필요했을 것이다. 이에 예수님은 다음과 같이 말씀하신다.

내가 이토록 오랫동안 너희와 같이 지냈는데도 너는 나를 모른단 말이냐? 나를 보았으면 곧 아버지를 본 것이다. 못 믿겠거든 내가 하는 이 일들을 보아서라도 믿어라….

어쨌든 이 일은 나에게 누가 부처님이 어디 계시느냐고 물어 올 때 어떻게 부처님이 계심을 증명할 수 있겠는가 하는 것을 연구(?)하게 하는 계기가 된다.

행원, 그거 별 게 아니예요!

이 기간 동안 또 하나 내가 시도한 일은 행원을 널리 퍼뜨리려 한 일. 수희공덕은 잘 모르지만 행원 첫번째 네 가지만으로도 행원의 우수성을 나름대로 체험한 나는 조금은 주제 넘게 주위 분들에게 행원에 관해 말씀드리기 시작했다.

그런데 반응은 시원찮았다. 불교를 잘 모르시는 분들은 칭찬하고 공양하는 행원에 대해 호감을 가지는 데 반하여 오히려 불연이 깊고 참선 등을 하시는 분들일수록 행원을 탐탁찮케(?) 말씀하시는 것이니…. 그 분들의 대체적인 견해는, 행원은 늘 일상사 일이고 깨달음을 얻으려면 따로 수행해야 하는데 행원 가지고 될까, 그리고 행원이 훌륭한 행임엔 분명하나 그런 보현행의 공덕은 깨달음에 미치지 못하며 또한 보현행은 깨달으면 저절로 나오는 것이니 굳이 힘써 닦을 필요는 없지 않겠는가 하는 것.

심지어 불교학을 하시는 어떤 분에게서는 행원에 대해 무얼 아느냐는 말까지 듣기도 했다. 글쎄, 행원은 실천이요 이론이 아닌데, 그 질문 자체가 행원을 모르시는 것 같은데…. 좌우간 그 분은 프로요 나는 아마추어니 물러설 수밖에…. 어쨌든 행원은 뛰어난 수행이긴 하나 상을 없애거나 깨닫는 데는 별 도움이 안 되는 방법이라는 것이 그 분들의 대체적인 주장이었다.

  그러나 내 생각은 그게 아니었다. 앞서 언급했듯 행원 자체가 우리의 뿌리 깊은 업장을 해소시키며 끝없는 아상 중생상을 없애 주는 것이었다. 머무름이 없는 마음이 따로 일어나는 것이 아니라 행원 속에서 기적처럼 일어나는 것이었다. 그렇지만 내 주장은 공허할 뿐 귀기울여 주는 분들은 별로 없었다.

  그렇지만 그 분들 역시 나의 선지식이었으니, 나는 그 분들로 인하여 더욱더 보현행원을 더 철저히 공부하여 누가 어떻게 행원을 비판하더라도 능히 대답하고 잘못된 견해가 있다면 바로잡아 주며, 올바른 행원을 더 많은 이들에게 알려 드리겠다는 원을 세우게 된다.

가슴 아픈 사연들 : 병은 왜 오는 것인가?

 행원을 공부하는 도중 일어난 일들 가운데 내 주위 분들의 투병 소식을 빼놓을 수 없다.
 우리 같은 의사는 수련 기간 중에도 삶과 죽음의 현장을 수없이 많이 본다. 의사라면 누구나 가슴 아픈 사연들을 다 가지고 있을 것이다. 수련이 끝나면서 그런 일들을 잠시 잊었는데, 나이가 드는 탓인지 우리 주위에 하나 둘씩 떠나시는 분들을 적지 않게 보게 되었다.
 그 중에서도 26세의 젊은 나이에 불치의 병으로 세상을 떠난 환아의 외삼촌, 42세의 젊은 나이로 그 자신이 의사이자 유명 의대 교수였으나 사랑하는 아내와 자식을 남겨 둔 채 기어이 떠나고 만 내 친한 도반 P교수의 처남, 친척 S형님이며 평상시 불교의 가르침에 심취해 수행을 게르지 않았던 아직 채 환갑도 되지 않았던 P거사님…. 모두들 가실 때가 아니건만 불치의 병으로 떠나셨다. 위문도 가 보고 위로도 드려 보았지만 도무지 나의 힘으론 조금의 도움도 드리지 못했다.
 노화이든 질병이든 죽음이 임박하면 사람은 대개 다음과 같은 다섯 가지의 반응 단계를 보인다고 한다.
 첫째, 충격과 부정(Shock & Denial). 죽음이 통고되었을 때 환자는 충격을 받고 믿으려 하지 않는다. 혹 오진은 아닌가, 무엇이 잘못되었을 것이라고 부정한다는 것. 사람에 따라서는 끝까지 이 단계에 머문다고 한다.

둘째, 분노(Anger). 죽음이 사실임을 확인하면 분노하고 좌절한다. 하필 왜 내가? 하며 환자는 신과 운명을 저주하고 가족, 친구, 의사에 대해서도 화를 낸다.

셋째, 타협(Bargaing). 의사, 가족, 그리고 신과 타협하려 한다. 내가 어떻게 하면 죽지 않을까 하여 교회나 절에 헌금, 시주를 하거나 마음속으로 약속을 한다.

넷째, 우울(Depression). 환자는 결국 절망하고 우울해진다. 위축되고 자살도 고려한다.

다섯째, 받아들임(Acception). 환자는 죽음을 피할 수 없음을 알고 이를 받아들인다. 용기 있게 죽음과 사후의 일에 대해 관계자와 솔직히 토론하고 대책을 세우며, 이 때 종교적 신앙이 도움이 된다.

이것이 내가 의대생일 때 정신과 강의에서 배운 내용이다. 마지막 5단계까지 가는 분도 있고 처음 몇 단계에서 좌절하는 분도 있다고 한다.

나는 5단계까지 가는 분조차 그렇게 많이 본 것 같지는 않다. 대개는 병을 부정하고 어떻게든 살려고 몸부림치다 어느 날 갑자기 멀리 가 버린다. 의사가 보기엔 거의 종말인데도 끝까지 자신은 낫고 있다고 우기다가 유언 한 마디 못 남기고 가시는 분도 허다하다. 신앙이 없는 분은 물론이고 평소에 독실한 신앙생활을 하신 분조차 그러한 것을 보았다. 심지어 불교적 수행이 깊은 분마저 그러함을 보았으니, 도대체 평소의 수행과 극한 상황은 무슨 관계를 가지는 것일까. 불교라는 종교 자체가 그런 상황을 슬기롭게 승화시키지 못하는 것일까. 아니면 그 분의 수행이 그러기에는 너무 옅었던 것일까….

병이란 무엇이며 왜 오는 것일까. 의학만으로는 결코 병을 이길 수 없다는 것은 이미 결론이 난 일인데, 그렇다면 정녕 그 병을 벗어날 수 있는 방법이 없는 것일까. 아닐 텐데… 부처님께서는 분명히 알려 놓으셨을 텐데… 답답한 마음은 끝이 없었다.

유마경의 소식

이 때 읽은 경전으로 유마경만큼 나에게 감동을 준 경전은 없다. 유마경을 다시 읽게 된 동기도 우습다. 아이들과 교보문고에 책 사러 들려 기다리는 동안, 시간이 남아 불교 코너에서 서성거리다가 유마힐소설경을 보고 사게 된 것이다. 대학 때도 유마경을 한 번 읽고 감동을 많이 받기는 했지만, 이번에 본 유마경의 가르침은 그 감동의 깊이에 있어 그 때와는 판이하게 달랐다.

유마경에서 가장 크게 다가온 부분은 제일 첫 부분인 불국품에서 부처님과 사리불이 나눈 대화 내용이다.

그때 사리불이 부처님의 위신력을 입어 이렇게 생각하였다.
'만일 보살의 마음이 청정하면 불국토가 청정해진다 할진대 우리 부처님께서는 보살행을 하실 적에 마음이 부정하지는 않았을 터인데 어찌하여 이 사바세계가 이렇게 청정하지 못할까요?'
부처님께서는 벌써 그 생각을 아시고 이렇게 말씀하셨다.
"너는 어떻게 생각하느냐? 해와 달이 청정하지 못하여서 장님은 보지 못한다고 생각하느냐?"
"그렇지 않습니다. 부처님이시여, 그것은 장님의 허물일지언정 해와 달의 허물은 아닙니다."

"사리불아, 중생의 죄업으로 여래의 국토가 청정하게 장엄된 것을 보지 못할지언정 여래의 허물은 아니니라. 나의 국토는 청정하건만 네가 보지 못하니라."

그때 나계범왕이 사리불에게 말하였다.

"사리불이여, 이 불국토가 청정하지 못하다는 생각은 하지 마시오. 왜냐하면 내가 보기에는 석가모니의 국토가 청정하기가 마치 자재천궁과도 같소."

"내가 보기에는 이 사바세계는 험한 등성이와 깊은 구렁텅이가 있고 가시덤불, 자갈밭, 흙과 돌, 여러 산, 온갖 더러운 것으로 채워져 있소."

"당신의 마음이 높고 낮고 하여 부처님 지혜에 따르지 못하므로 이 국토가 부정하다고 보는 것입니다. 사리불이여, 보살은 모든 중생에게 한결같이 평등하고 깊은 마음이 청정하여 부처님의 지혜를 의지하기 때문에 곧, 이 불국토가 청정한 것을 보는 것이오."

그때에 부처님이 발가락으로 땅을 누르니 삼천 대천 세계가 동시에 여러 가지 보배로 장엄된 것이 마치 보장엄 부처님이 무량한 공덕으로 장엄한 국토와 같았다. 모든 대중은 처음 보는 일이라고 찬탄하며 자기 자신이 보배 연꽃 위에 앉은 것을 보게 되었다.

부처님이 사리불에게 말씀하셨다.

"너는 이 불국토가 깨끗한 것을 보느냐?"

"예, 그렇습니다. 부처님이시여, 예전에는 보지도 못하고 듣지도 못하였더니 지금에 이 불국토가 청정하게 장엄된 것이 활짝 드러났나이다."

부처님은 사리불에게 이르셨다.

"사리불아, 나의 불국토가 항상 이렇게 깨끗하다. 다만 어리석은 사람들을 제도하기 위하여 일부러 여러 가지 나쁜 것이 가득한 부정한 국토를 나타내 보인 것이다.

마치 여러 천상 사람들이 한 그릇의 밥을 먹더라도 제작기 그 복덕을 따라서 밥이 다른 것과 같으니라. 그렇다 사리불아, 만일 사람의 마음이 깨끗하여지면 이 국토의 공덕장엄을 보게 되느니라."

부처님이 이렇게 청정한 국토를 나타내어 보일 적에 보적이 데리고 온 장자의 아들 오백 명은 다 무생법인을 얻었고, 팔만사천의 사람들도 가장 높은 깨달음을 구하고자 하는 마음, 아뇩다라삼먁삼보리심을 일으켰다.

부처님이 신통을 거두시자 이 세계가 다시 예전과 같이 되는 것을 보고 성문법을 구하는 삼만이천 명 천인들과 사람들은 이 세상의 생겨나고 없어지는 법이 다 무상한 줄을 알고 세속의 번뇌를 멀리 여의고, 법을 보는 눈이 깨끗함을 얻었으며 팔천 비구들은 모든 법의 공한 이치를 깨닫고 번뇌가 다하고 마음이 열리었다.

이 내용은 나에게 큰 충격을 주었다. 나는 그때까지 이 세상이 성불되어 있다는 말은 단지 방편설인 줄로만 알았다. 그런데 부처님께서는 그렇지 않음을 보여 주셨는데, 그렇다면 어째서 이 세계는 나에게 성불된 모습으로 보이지 않는 것일까? 진정 내 마음이 깨끗해지지 못해서 그런 것일까? 내 마음만 깨끗해지면 이 세상이 성불되어 있는 것이 과연 보일 것인가?

머리가 혼란했다. 부처님께서 거짓말하실 리는 없는데, 그렇다면 대승 경전이 위경이 많다는데 이 유마경도 그런가? 그래서 우리를 위로하기 위해 잠시 거짓말로 그런 것인가. 이 땅은 아무리 봐도 갈등이 끝없고 중생업이 끝없는 예토인데…. 물론 정토가 따로 없고 지옥 극락 역시 마음에 있다는 말은 들었어도 그것은 어디까지나 우리 마음가짐의 중요성을 강조한 말일 뿐 이 땅 이 사회가 현재 바로 불국토의 모습은 아닌데 말이다.

전생 신드롬

이 무렵 우리 사회를 떠들썩하게 한 사건으로 전생 신드롬을 빼놓을 수 없다. 은행나무 침대라는 영화와 모 정신과 의사가 쓴 전생에 관한 책이 인기가 솟으면서 전생에 대한 세인들의 관심은 높아졌던 것이다.

최면술로 시작된 이 전생 탐구는 드디어 종교 간에도 희비가 엇갈려 불교계는 윤회가 증명되는 것이라 하여 떠들썩하였고, 기독교계는 이것이 행여나 윤회가 있다는 증거가 될까 봐 노심초사하였다고 한다. 그런데 그 어느 쪽도 우열을 점할 수 없었으니 전생이 있다고 주장하시는 분도 없다고 하시는 분도 논리적으로 명확하게 제시를 못했던 것.

나는 이러한 전생 연구가 반가웠다. 유교는 현생만 논하고 기독교는 현생과 내생만 논하나 불교는 현·내생뿐 아니라 전생도 논하는데, 상식적으로 보아도 현생이 있는데 과거생이 없을 수가 없다. 그러나 지난날 연구는 전생이 비과학적인 분들에 의해 증명(?)되어 신뢰도에 문제가 있었는데, 가장 논리적이고 합리적인 의사들에 의해 이런 연구가 진행된다는 것은 잘만 하면 전생이 사실로써 객관적인 인정을 받을 수 있는 계기가 될 수 있기 때문이다. 개인적으로는 이 전생 연구가 좀더 과학적 체계적으로 이루어져 종교를 떠나 중생의 윤회하는 모습을 모두가 확실히 아는 계기가 되었으면 했다.

전생은 우리에게 어떤 의미가 있을까. 전생을 아는 것은 어떤 의미가 있을까. 어제의 나와 오늘의 나는 엄밀한 의미에서 다른 것이며 내일의 나와도 다를 것이며, 전생이 있다면 전(前) 전생도 있을 것이고 그보다 더 앞선 전생도 있을 것이니 바로 앞 전생만 따지는 것은 문제가 있다. 또한 삶을 바꾸면 애당초 다시 시작하는 것이고, 본래 내가 없는 것[無我]이므로 사실은 전생 내생을 따지는 것이 무의미하기도 하지만 굳이 그것을 알아 보려는 이유는 무엇인가.

우리가 역사를 공부하는 까닭은 과거를 알게 되면 오늘의 우리가 어떻게 있게 되었는지를 알게 되고, 오늘의 우리가 어떻게 있게 되었는지를 알게 되면 앞으로 우리가 어떤 방향으로 살아가야 하는지를 확연히 알게 된다.

전생 연구도 마찬가지다. 오늘의 내가 어떻게 해서 있게 되었나를 알면 내일의 내가 어떻게 될 것인지 알 수가 있고, 우리 삶에 대한 의미가 좀더 확실하게 다가오며, 내일을 좀더 우리의 뜻과 가까운 쪽으로 창조적으로 이끌 수 있기 때문이다.

어떤 이가 맨날 남에게 주기만 하고 받는 것은 하나도 없이 살았다. 어느 날 이 사람은 고민에 빠진다. 도대체 나는 무슨 팔자가 남에게 주기만 하고 손해만 보는가. 이제부터는 절대 그런 일 없어야겠다. 이런 생각을 한 그 사람은 그때부터 남에게 주지 않고 살려 했는데, 사람들로부터 비난은 비난대로 받으며 오히려 더 많이 빼앗기게 된다. 마음속에 세상을 향한 증오가 가득 차게 된 그 사람은 점점 더 삐뚤어져 사람들로부터 점점 더 멀어지는 삶을 살게 된다.

그러던 어느 날, 어느 마을에 현자(賢者)가 있다는 이야기를 듣고 왜 나는 이렇게 살아야 하나 하는 생각에 현자를 찾아가 가르침을 구한즉, 금생의 모든 일은 자기가 지난 생에서 너무 욕심을 부렸던 데서 기인한 것임을 알고는 깊이 뉘우치게 된다.

그 사람은 이런 사실을 알기 전까지는 자기 신세를 한탄하고 원망만 했지만 그런 원망이 얼마나 오만하고 어리석은 행동인지 깨닫게 되고, 주면 줄수록 자신의 빚이 줄어든다는 것을 알고는 이 후부터는 받지 않아도 마음 불편한 곳이 없게 되고 주는 것이 곧 도로 받는 것임을 알아 마음에 장애가 없게 된다.

이 이야기처럼 과거의 일을 안다는 것은 매우 중요하다. 전생은 전생 자체가 무슨 큰 가치가 있어 찾는 것이 아니라 오늘날의 나를 돌이켜보고 내일을 경계하며 오늘의 삶의 분명한 방향을 제시하기 위함에 있는 것이니, 전생이 있음이 증명되고 참되게 전생을 알 수만 있다면 전생 연구 그 자체는 아주 바람직한 것이라 하겠다. 고속도로에서 차가 막힐 때 우리를 정말 답답하게 만드는 것은 차가 막힌다는 그 사실보다 왜 차가 막히는지를 모르는 것. 만약 방송 등으로 그 이유를 알고 나면 답답함은 훨씬 덜해지고 우리는 그 지루함을 능히 참고 이겨 나가게 된다.

그런데 전생이나 윤회의 자세한 내용을 우리 불자들도 의외로 잘 모른다. 실지 불교공부를 꽤 하신 분들도 윤회의 과정을 일반인 이상으로 아시지 못한 경우를 보았는데, 아마 다음과 같은 이유로 그런 것 같다.

첫째는 정말 무식(?)해서 모르는 경우(일반인들이 여기 해당된다), 둘째는 윤회는 어디까지나 부처님의 방편설로 아는 경우, 셋째는 현재 자신의 위치가 행복하므로 윤회를 굳이 알 필요가 없는 경우가 그것이다.

그러나 윤회는 결코 방편설이 아니고 어디까지나 현실임을 알아야 한다. 그리고 아무리 현재 자신이 과거를 알아야 할 정도로 가엾은 위치에 있지 않다 하더라도 과거를 아는 것은 나뿐 아니라 그렇지 못한 다른 이에게도 큰 도움이 됨을 알아야 한다.

어떤 이는 말한다. 전생에 내가 누구였나를 아는 것보다 현재 내가 무엇을 하고 있나가 중요하다고. 이 말은 백 번 옳은 말이다. 하지만 그것은 현재의 위치가 행복한 사람들에게 주로 해당된다. 삶이 어렵지 않은 이들이 그런 생각을 하기 쉽다. 예컨대 사업도 잘 되면 그 이유를 분석하지 않기 쉽다. 그러나 못 되면 어떤 문제가 있어 그런지 누구나 알아보고자 한다.

우리 삶도 마찬가지. 내가 행복하면 굳이 과거를 알 필요가 없다. 그러나 삶이 힘든 사람은 다르다. 왜 내 삶이 이리도 고달픈지 그 이유를 알아야, 내가 현재 하는 일로 이 고달픔을 벗어날 수 있는지 아니면 또 다른 무엇을 더 해야 하는지를 알 수 있는 것이다.

그러므로 내가 당장 필요를 느끼지 못한다 하여 우리 불교인들이 전생과 윤회에 무관심해서는 안 된다. 행복이 꿈이라면 불행 또한 꿈일 터. 이왕 꿀 꿈이라면 극락 꿈을 꾸어야지 하필이면 악몽을 꾸게 하는가.

비록 나는 행복하더라도 열심히 공부하여 모르고 어려운 이들에게 인과가 분명히 존재함을 알려 그들 삶의 본 모습을 알게 하고, 고달픈 삶이 환희의 삶으로 바뀌도록 도움을 드릴 수 있어야 하겠다. 그것이 불자의 중생에 대한 의무이다.

그런데 문제는 이 전생을 증명하기가 여간 어렵지 않은 것. 성철 큰스님같이 법력 있으신 분도 일반인들에게 전생을 믿게 하기가 그리 쉽지 않으셨던 모양이니 하물며 보통 사람은 말해 무엇 하랴. 이런 와중에 의사가 전생을 연구한다 하니, 가히 반가운 일이라 아니할 수 없으리라.

그런데 가만히 보니 전생 연구하시는 분들에게도 문제가 있었다. 먼저 전생에 대한 사전 지식이 그다지 없다는 것과 심안(心眼)이 깨이지 못한 상태에서 오직 최면 기술에 의해서만 전생을 접근한다는 사실.

전생에 대한 일반적인 사전 지식이 있다거나 마음의 눈을 어느 정도 뜬다는 것은 올바른 전생 연구를 위해 대단히 중요한 일이다. 물론 최면술이라는 것이 시술자가 편견이 있을 경우 시술자의 의도대로 갈 수 있기 때문에 이 역시 문제가 없는 것은 아니지만, 그래도 어느 정도는 그런 데 대한 지식이 있어야 하고 마음의 눈도 어느 정도는 뜨고 있어야 한다.

의사는 환자가 어떤 증상을 호소할 때 진단을 위해 여러 가지 방법을 취한다. 요즘에는 진단을 위한 검사가 매우 발달해 있어 웬만하면 검사부터 하지만, 진정한 명의가 선호하는 것은 검사가 아니다.

진짜 명의는 환자가 오면 우선 증상이 시작된 시기, 증상의 양상 등 환자가 그 동안 어떻게 아팠나 하는 병력을 자세히 물어 보고 환자의 전반적인 상태를 관찰하며 두드려도 보고 만져도 보고 자세히 진찰을 한 다음 나름대로 감별한 질병 몇 가지를 유추해 낸다. 검사는 오직 진단을 감별하고 확인해 나가는 과정일 뿐이다. 이런 자세한 진찰 끝에 나가는 검사는 그 종류도 많지 않아 환자도 시달림이 덜 하고 의료비도 적다.

또한 모든 검사는 오류가 생길 수 있는데, 설혹 이런 오류가 생긴다 하더라도 이 때는 큰 문제가 되지 않는다. 이미 어떤 병일 것이라고 대강 짐작하고 있는 있는 경우엔 조금 틀리게 나왔다 하더라도 그 오류를 뛰어넘을 수 있는 능력이 능히 있는 것이다. 하지만 서투른 의사는 다르다. 서투른 의사는 이런 과정을 무시하고 오직 검사에만 의존한다. 그러므로 처음부터 불필요한 검사가 나가기 쉽고 의료비도 높고 환자도 시달리며 뜻하지 않은 검사 결과가 나오면 당황해서 진단을 그르치기 쉽다.

전생 연구도 이와 비슷하다. 전생 연구를 위한 최면에서 힘든 일 중의 하나가 환상과의 감별인데(이 때문에 전생을 인정하지 않는 의학자는 이런 진술을 모두 과거 경험한 일들이 섞여서 나온 하나의 환상 상태로 일축한다), 시술자가 환자의 전생을 어느 정도 혜안으로 파악하고 최면을 걸어 나가면 좀더 정확하게 전생을 찾아 나갈 수가 있을 것 같다.

우리가 좀 알고 접근하면 환자가 진술하는 것이 진짜 전생인지 아니면 환상인지 구별이 비교적 용이하지만, 아무 지식도 없이 나아가면 처음부터 갈팡질팡하고 조금이라도 앞뒤가 안 맞는 이야기가 나오면 당황하기 쉽다. 요즘은 연구가 중단된 것으로 아는데, 그 이유로는 아마 이런 까닭이 기저에 있지 않나 생각된다.

전생 연구로 유명한 이안 스티븐의 연구에서도 그렇듯, 전생을 확실히 증명한다는 것은 쉬운 일이 아니다. 스티븐 박사는 무려 2,000여 건이 넘는 사례를 연구하였지만 겨우 20건의 사례에서만, 그것도 확실한 전생이 아니고 전생으로 생각할 수도 있다 하였다고 한다. 이처럼 어려운 것이 전생 연구이다.

내 개인적 견해로는 눈 밝은 의학자에 의해 좀더 체계적인 전생 연구가 이루어졌으면 한다. 윤회의 과정도 많이 알고 수행을 많이 하여 심안(心眼)이 어느 정도 열린 의사 분이 최면술 등 세부적 기술을 전문가의 도움을 받아 전생 연구에 나선다면 지금보다는 훨씬 더 정확하고 설득력 있는 연구 결과가 나오리라 본다. 왜냐구요? 전생은 정말로 존재하기 때문이지요!

수희공덕(隨喜功德) : 하나되는 가르침

　수희공덕의 깊은 뜻이 조금이나마 내게 비치기 시작한 것은 행원 공부한 지 3년이 지나서였다. 경에서는 부처님뿐 아니라 보잘것 없는 미물의 아주 보잘것 없는 공덕, 즉 육취(중생이 자신의 업에 따라 태어나게 되는 여섯 가지 세상), 사생(생물이 태어나게 되는 네 가지 형식, 즉 모태에서 태어나는 태생, 알에서 나는 난생, 습기에서 나는 습생, 스스로의 업력으로 홀연히 화하여 나타나는 화생을 이름)의 티끌만한 공덕도 같이 기뻐하라 했는데[十方一切世界 六趣四生一切種類 所有功德 乃至一塵 我皆隨喜], 왜 그랬을까?
　수희공덕은 남이 잘한 것을, 또는 남이 잘해 얻은 이익을 내 일같이 기뻐하라고 가르치는 것인데, 수희공덕이 왜 중요한가 하면 이렇게 남의 조그마한 장점 내지는 잘한 것을 내 일같이 기뻐해 주는 것이야말로 우리가 하나되는 가장 쉬운 길이요 보잘것 없는 보리심의 불을 북돋워 활활 타오르게 하기 때문이다.
　우리는 같이 기뻐함으로써 하나가 된다. 말로는 우리 중생은 하나다라고 말하지만, 그리고 우리가 본래 한 뿌리, 한 마음에서 나왔음을 알라고 언제나 주장하지만, 우리가 진정 하나됨을 정말 느끼게 하고 또 그렇게 하나되는 법을 구체적으로 가르쳐 주는 경우는 별로 없었던 것 같다. 행원은 바로 우리가 본래 하나임을 느끼게 하고 하나가 되는 명쾌한 길을 제시하고 있으니 대표적인 것이 바로 수희공덕이다.

지난 번 월드컵 축구에서 우리는 한 마음으로 우리 나라가 16강이 되기를 빌었다. 새벽까지도 잠 못 자고 응원한 것은 우리가 모두 같은 편이었기 때문이었다. 그런데 우리 팀이 네덜란드에게 지자 우리 모두가 분노하였고 전패(全敗)의 위기에서 벨기에와 무승부를 이루자 기뻐한 것도 우리가 한 편이었기 때문이다. 이처럼 기쁨도 슬픔도 같이 나눈다는 것은 우리가 하나이기 때문이지 다른 이유가 없다.

그런데 이를 거꾸로 하여 같이 기뻐하면 같은 편이 된다. 즉 남이 잘한 것, 남의 공덕을 우리가 같이 기뻐하면 그때부터는 우리는 둘이 아니요 하나이며 우리는 다른 편이 아니라 같은 편이 되는 것이다. 비록 피부가 다르고 풍습이 다르고 생각하는 것이 다를지라도 다른 이의 공덕을 같이 진심으로 기뻐해 주면 일체의 차별과 대립이 없게 된다.

그러므로 같이 기뻐한다는 것은 우리가 본래 하나임을 알게 하고 하나되는 가장 빠른 길이다. 부모가 자식의 일을 내 일처럼 기뻐하는 것도 부모와 자식은 본시 둘이 아니기 때문이요 우리가 내 일같이 기뻐할 때 중생의 분별심으로 갈라졌던 이 세계가 모두 다시 하나로 되돌아가는 것이다. 따라서 같이 기뻐하는 이 수희공덕은 본래 하나였으나 차별상이 생기게 된 우리 중생계를 다시 하나로 만들어 주는 뛰어난 방법이다. 개구리가 알을 낳아도 기뻐할 일이요 뒷집 돼지가 새끼를 낳아도 기뻐할 일이며, 봄이 되어 버들가지에 물이 올라도 기뻐하고 길가 개나리가 노랗게 꽃을 피워도 같이 기뻐할 일일지니, 육취사생의 티끌만한 공덕도 우리 모두 진심으로 기뻐하고 축복해 줄 일이로다…

그리고 같이 기뻐해 주면 모든 중생들의 보리심이 싹트게 된다. 흔히 모임에 가 보면 발표를 활발히 잘하는 분이 있는가 하면 수줍어 말씀 한 마디 못하시는 분도 있다. 이런 수줍음 많으신 분이 자기 의견을 발표했을 때, 야, 정말 말씀 잘하셨다, 또 그 의견이 참 좋다, 이렇게 기뻐하고 격려해 주면 그 사람은 아마도 벅찬 감격과 큰 용기를 얻는다. 그래서 다음 회의에도 나름대로 열심히 연구하여 발표하고 도움이 되어야겠다고 생각하게 된다.

이처럼 비록 보잘것 없는 일이라도 같이 기뻐해 주면 그 사람의 마음에는 무한한 자신감과 보리심이 싹튼다. 그렇지 못하고 비웃고 당신이 웬 일로? 하고 무시한다면 그 어느 누구도 용기를 내지 못할 것이다.

이와 같이 함께 축하하고 내 일같이 기뻐하는 것은 대립과 갈등이 끝이 없는 우리가 하나되게 하고, 보잘것 없는 보리심을 키워 우리 모두 아뇩다라삼먁삼보리를 얻게 하는 소중하고 고마운 가르침이다.

이렇게 수희공덕의 뜻이 조금이나마 들려 와 기뻐하는 사이, 일생의 가장 큰 슬픔, 아버님과의 이별을 겪게 된다.

아버님과의 인연

아버님을 생각하면 지금도 마음이 아프다. 아버님께서는 79세를 일기로 작년 이른 봄 돌아가셨다. 아버지라고 하는 위치가 자식에겐 어떠한 것일까. 나보다 먼저 부친을 여읜 친구들로부터 아무리 자식에게 나쁘게 대한 분도 돌아가시고 나면 생각이 많이 난다는 말을 듣곤 했는데, 속정 깊으시고 자식을 극진히 사랑하신 분이야 오죽하겠는가. 일 년이 다 되어 가는 지금도 아버님만 생각하면 마음엔 슬픔이 인다.

아버님은 3·1운동 다음 해에 태어나셔서 평생 법관이 되는 것이 꿈이시던 분이었다. 그러나 법관은 무슨 법관, 면장이나 되라는 완고하신 할아버지의 반대에 부딪혀 할아버지 모르게 공부를 하셔야 했다. 도저히 시골에서는 안 되겠다는 생각 아래 일본 유학을 결행하셨을 때도 어머니가 숨겨 둔 노자돈을 받아 쥐고 할아버지 모르게 도주(?)를 하셔야 했고, 일본에 가셔서도 일체의 학비를 할아버지로부터 받지 못하셨다.

하지만 갖은 고생에도 무슨 연유에서인지 법관의 꿈을 이루지 못하신 아버지께서는 법원에서 공직생활을 시작하셨다. 6·25가 일어나서는 인민군을 피해 뒷산으로 도주하시기도 하셨으며, 그 후에도 몇 번의 죽을 고비도 넘기셨지만 다행히 평소에 덕이 있으신 분이라 주위의 도움으로 무사하셨다. 1980년 5공화국이 출범하면서 평범하게 지내시던 아버님께선 정년을 1년 남긴 채 공직생활을 타의에 의해 그만두셨고, 그 후 1년 뒤 늦하지 않게 뇌졸중이 찾아와 나머지 생애를 오른쪽 팔다리가 불편하신 채 보내시게 된다.

몸이 불편하신 아버님께선 말년을 오직 몸 낫겠다는 일념으로 보내셨다. 한번 죽은 뇌신경이 돌아올 리 만무하건만 아버님은 늘 완쾌를 기대하셨다. 아버님은 팔다리가 불편하신 것 외엔 다른 후유증은 전혀 없었다. 말씀도 또렷하셨으며 눈도 안경 쓰지 않고 신문을 보실 정도였으며 의식도 맑으셨다. 그렇지만 늘 아버님께서는 내가 환자다라고 주장하셨다. 내가 보기엔 전혀 환자가 아닌데. 오른손 오른 다리만 움직이기 조금 불편하실 뿐인데…. 그러나 당신께서 스스로 환자라고 하시는 이상 당신의 삶은 환자의 삶이 될 수밖에 없었다. 아버지, 그 병은 낫지 않습니다. 이만하기 다행이니, 이제 이런 불편함은 잊으시고 새로운 생활을 시작해 보세요 하는 자식들의 말에도 다 낫고 나면 하시겠다는 일념뿐이셨다.

아버님은 내가 어릴 때부터 묵언과 인욕행의 대가이셨다. 초등학교 시절 일요일 집에 계실 때면 두 손을 잡으시고 하루 종일 말 없이 앉아 계시던 기억이 난다. 아버지, 무슨 생각하셔요? 하고 여쭈면 아무 생각 안한다 하시며 그냥 웃으시곤 했는데 지금 보면 아마 과거생에서 좌선하시던 버릇이 남았던 게 아닌가 싶다.

풍이 오고 나서 아무것도 안하시는 아버님께 나는 잔소리를 잘 드리는 편이었는데, 아무리 심한 말씀을 드려도 아버님은 아무 말씀도 안하시고 눈만 꿈벅이실 뿐이었다. 그 모습을 보시고 어머니께서 당신은 전생에 소였소? 왜 아무 말도 안하고 눈만 껌뻑거리오? 하고 놀리시곤 했는데 그러면 그때서야 멋적은 웃음을 싱긋 지으실 뿐이었다.

행원의 노래 197

건강하시던 아버님께서 갑자기 나빠지신 것은 생신을 며칠 남겨 두지 않은 1997년 11월 초순. 변비가 생긴 것이 장을 막아 장폐색을 일으켜 위험한 고비를 넘기시더니 장이 풀린 후에도 시름시름 앓기 시작하셨다. 내가 보기에도 이 세상 인연이 다해 가는 것 같았다.

본래 아버님은 종교를 갖지는 않으셨으나 늘 어머니께 내가 절 하나 지어주마라고 호언장담하셨다. 하지만 아버님께 경전을 읽어 드리거나 염불을 같이 권할라치면 아예 거부하시거나 마지 못해 하시게 되더라도 별로 탐탁찮은 눈치셨다. 이러던 아버님께서 입원하신 이후에는 부처님 말씀을 들려 드리겠다 하면 그래 해 봐라 하시며 흔쾌히 허락하시는 것이었다.

아버님은 통증에 잠 못 이루시는 밤에도 관세음보살 정근을 하거나 금강경 독송할 때면 코를 골고 한 밤을 푹 주무셨다. 이를 보고 주위분들은 아버님께서 막내아들이 하는 염불 소리가 듣기 싫어 눈 감고 계시는 거라고 하셨지만, 나는 아버님이 옛날과는 판이하게 다른 것을 여실히 느꼈다.

해를 넘기며 아버님은 급격히 나빠지셨다. 나는 아버님의 마지막 두 달 모습을 잊기 어렵다. 이제는 말이 나오지 않으시며, 고통에 잠 못 드시는 날이 더 많아졌다. 가끔 헛것이 보이시는지 허공을 향해 손을 젓기도 하셨고, 때로는 아부지, 나 데리고 가이소. 오메, 이리 오이소 하는 알 수 없는 말씀을 하시기도 했다.

나는 아버님이 도저히 올봄을 넘기기 어려울 것이라 생각했다. 어떻게든 아버님이 올봄은 넘기셔서, 이 때까지 못하셨던 부처님 공양 제대로 하시고 고향 친지들에게 작별 인사라도 하신 후 떠나시게 하고 싶었다. 청불주세라, 선지식이나 우리 주위의 가까운 이들이 어려울 때는 이 세상에 더 오래 머무르시기를 간절히 청하라고 부처님은 가르쳐 주셨다. 열반에 늘지 말기를 인연 깊은 중생들이 주위에서 지극한 마음으로 간절히 청하면 그 분은 열반을 늦추시고 이 땅에 더 오래 계셔 주신다고 하셨다.

하지만 내 주위엔 그러는 분이 별로 없었다. 아버님은 생사가 내일 모레라 말씀도 못하시고 힘들어 하시는데, 법문 하나 해주실 스님 한 분 안 계시고, 뵙는 분들은 그저 오래 사실 거라는 말씀만 드릴 뿐 꺼져 가는 삶을 감추기에 바빴다. 그리고 고통에 못 이겨 몸부림치시면 옆에서 안타까워하시기만 할 뿐 기도나 독경하시는 분은 없었다. 심지어 내가 옆에서 기도를 올리려 하면 못하게 말리시는 분도 계셨다. 나는 아버님께 금강경 소식은 알려 드린 뒤 보내 드리고 싶었다. 하지만 행여나 금강경을 다 알려 드리면 그 즉시 떠나실까 봐 여리실견분(如理實見分)에서 더 나가지 않았는데, 그것도 지금 생각하면 마음이 아프다.

금강경을 한 번도 들어 보지 않으셨던 아버님이지만, 아버님, 이제 가서 할아버지 만나시면 금강경은 들려 드리셔야지요 하고 말씀드렸더니 아버님께선 그래야지 하시며 고개를 끄떡이셨다. 아버님, 여래를 형상으로 볼 수 있습니까, 없습니까? 하고 물었을 땐 한 번도 금강경을 들어 보시지 못하셨을 아버님께서 어떻게 아셨는지, 그리고 다른 때는 목소리가 나오지 않아 겨우 몇 마디 하시던 분이 이 때만은 병실이 떠나가도록 큰 소리로 못 보지!라며 확신에 찬 듯 외치셔서 나를 놀라게 했다.

평소 건강하실 때 여생을 정리하시고 부처님 말씀 잘 들으셔서 앞날을 준비하십시오 하고 그렇게 말씀드렸건만, 아버님께서는 죽음은 전혀 남의 일로만 여기셨다. 그렇지만 결국 그렇게 더 사시고 싶어하셨던 그 뜻을 이루지 못하시고 잠깐 자식들이 옆에 없는 사이 주무시듯 가셨으니 이 한을 어이하랴! 평소 부모님이 세상을 떠나실 때면 금강경 독경 소리 들으시며 가시게 하고 싶었는데 임종도 못해 드렸으니 이 불효를 어찌할 것인가….

내가 가장 마음 아파하는 것은, 어찌 그리 아버님께선 허망하게 가셨는가 하는 것이다. 아무것도 아닌 팔다리 불편함에 지혜를 잃어버리시고 17년을 허송 세월, 육신의 불편함에 모든 것을 잃으셨다.

아버님이 떠나시기 두어 달 전, 어머님과는 그런 대화를 나누셨다. 벌써 이 때는 아버님 말씀을 거의 알아듣기 어려웠고 드문드문 어렵게 알아들을 수 있는 말씀 속엔 인생에 대한 후회가 짙게 배여 있었다.

지금 생각하니 인생을 참 헛살았어!

이 말씀이 내가 되물어 확인했었던 말이다. 이렇게 말씀하셨습니까? 하고 여쭈니 아버님께선 한숨과 함께 고개를 끄덕이셨다.

어머니는 넋두리를 늘어 놓으셨다. 그렇게 자식 걱정에 평생을 사시고, 이제는 겨우 한숨 돌리며 살려 했는데 무슨 그런 고약한 병이 왔느냐, 우리가 아버지 병만 안 걸리셨다면 뭐가 부러울 것이 있겠는가. 생각하고 생각하면 그 병이 야속하다….

하지만 나는 이렇게 말씀드리고 싶었다. 지금에사 생각하면 얼마나 어리석으셨던가. 내 있는 자리가 그대로 금방석 옥걸상인 줄 모르시고, 그렇게 병의 노예가 되어 허송세월하셨는가. 병이 비록 있더라도 말하고 움직일 수 있는 지금이 가장 좋은 때니, 그 시절이 호시절인 줄 알고 감사하며 살았으면 지금 그런 후회가 오겠는가.

그런 병이 없는 분도 그 연세엔 종교를 찾는데도, 부처님과는 무슨 원수가 지셨는지 그렇게도 부처님을 외면하시더니만 결국엔 어찌 그토록 자식들에게 아픔만 남겨 두시고 허망하게 가셨는지, 지금도 애석함을 금할 수 없다. 죽음을 뛰어넘는 것이 종교밖에 무엇이 있단 말인가.

그러나 결국 모든 것은 내 탓이라 생각한다. 내가 좀더 공부를 일찍 시작했고, 내가 좀더 공부를 열심히 하여 법력을 길렀다면 아버님을 그렇게 허망하게 보내지는 않았을 것이다. 그 생각이 들면 아버님께 한없이 죄송스럽다.

아버님의 자식 사랑은 극진하셨다. 다만 가슴에 품고 계실 뿐 평소엔 말씀이 거의 없으셨으니, 어쩌다 한 번씩 입을 여실 때면 가정적, 경제적으로 순탄치 않은 형님 걱정을 늘 하셨다.

떠나시고 난 뒤 한 번도 꿈에 찾아오지 않으신 아버님께서 49재도 끝난 6월 어느 날, 새벽 꿈에 나에게 오신다. 중년의 모습으로 어디 누군가에게 쫓기시는 듯한 표정으로 얼굴과 다리에 흙을 약간 묻히신 채 나에게 오시니, 오신 곳은 옛날 부산에 같이 정답게 살던 그때의 옛 집. 나는 북받쳐 오르는 서러움에 울음을 터뜨리며 아버님 품에 안겼다. 아버님도 안타까운 표정으로 우리 형제 모두를 안아 주시며 등을 쓰다듬어 주셨다. 아버님, 왜 그 동안 한 번도 안 찾아오셨습니까? 원망과 함께 울음 속에서 여쭤 본 질문에 너거 보고 싶어서 이렇게 안 왔나! 하시며 다시 우리 등을 어루만지시던 아버님. 눈물이 범벅이 된 채 아버님 가지 마십시오 하며 애원하는 사이 어느새 밖의 창문은 밝아 왔고, 그러자 아버님께선 침통하고 아쉬운 표정을 지으시며 애야, 나 이제 가야겠다, 다시는 못 온다 하시며 슬픈 표정으로 우리를 한 번 보시더니 훌쩍 창문 밖 눈부신 햇빛 속으로 사라지신다.

놀라 깨어 보니 이제 막 깬 새벽과 함께 눈부시게 창 밖에서 쏟아져 들어오는 초여름 그 햇빛. 정녕 아버님은 햇빛 속으로 영영 사라지셨음인가. 눈부신 햇빛과 함께 다음 생을 받으셨는지, 그 후로는 꿈에 전혀 오시지 않는다. 부디 튼튼한 몸 받아 다시 오셨기 발원드리옵니다….

아버님은 가시면서 그냥 가신 것은 아니었다. 우리 자식들에게 큰 은혜를 베풀며 가시었다. 우선 큰 형님 내외분의 극진한 시중 속에 가시니 형님 형수님을 효자 효부로 만드셨고, 아버님 가신 후 어머님께 못다 한 효도를 우리들이 하게끔 만들며 자식들 갈등을 모두 잠재워 주셨다.

그리고 나에게 무엇보다 극진한 은혜를 베푸셨으니, 아버님은 돌아가시면서 내게 큰 가르침을 주신 청화 큰스님을 만나게 하신다. 사실 아버님이 돌아가시지 않았다면 나는 큰스님을 지금껏 만나지 못했을 것이니, 아버님이 내게 베푸신 은혜가 어찌 크고도 크지 않을 것인가.

또한 아버님은 당신 스스로 큰 가르침을 주며 떠나가셨다. 먼저 어머님에 대한 원이다. 어머님은 현재 건강이 그리 좋으신 편이 아니다. 무척 강건한 분이셨음에도, 이런 말을 하면 불효이겠지만 내가 옆에서 보기에 이 세상 인연이 그렇게 많이 남은 것 같지는 않다. 부모님이 오래 사시길 바라는 것은 이 세상 모든 자식들의 소원이겠지만, 생자필멸이라, 자연의 법칙이 그러한 것을 어이하겠는가….

하지만 나는 어머님을 허망하게 보내 드리지는 않을 것이다. 남은 기간 동안 기어코 큰 정진 큰 법문 공양드려, 필히 어머님을 성불시켜 드리고 보낼 것이다. 이 세상이 본래 아득한 옛날부터 상락아정의 열반에 이미 들어 있음을, 가고 오는 것 같지만 실지론 오고 감도 없는 그 자리임을 분명히 알게 해 드려, 가고 옴이 없는 그 자리로 환하게 보내 드릴 것이다. 또한 형님들 형수님들을 설득시켜, 어머님은 자식들의 낭랑한 금강경 독경과 염불 소리 속에 미소 지으며 가시게 해 드릴 것이다. 그것만이 외로이 가신 아버님께 대한 불효를 용서받는 길이라 생각한다.

그리고 나는 일찍 떠나진 않을 것이다. 아버지의 죽음이 얼마나 자식들에게 큰 충격인가 하는 것은 생생히 깨달았다. 아이들이 충분히 성장하여 스스로 불생불멸의 세계를 알게 한 후 나는 떠날 것이다.

또한 아이들에게 아버님처럼 슬픔을 남기고 가지는 않을 것이다. 건강하고 힘 있고 의식 맑을 때 부처님 말씀 더 많이 듣고 더 많이 용맹정진하여 반드시 갈 날을 알고 모든 준비 끝마친 후, 잘 있으라는 인사와 함께 웃으며 떠날 것이다. 부처님은 진실만 말씀하시는 분이라 말씀에 일체 거짓이 없으시니, 내 지금부터 공부 정진 열심히 하면 반드시 그런 날이 올 것을 믿어 의심치 않는다.

친척 아저씨의 부음

아버님을 고향에 보내 드리고 온 지 두 달이 채 지나지 않은 5월 어느 금요일, 밤 늦게 고향으로부터 친척 아저씨가 갑자기 돌아가셨다는 부음을 받았다. 그 아저씨는 이제 63세밖에 안 된 분으로 이번 아버님 상에도 많은 일을 도와 주셨고 평소에 건강하신 편이었으므로 부음은 놀라운 일이 아닐 수 없었다. 아침에 열이 나고 기침이 심해 병원에 갔다 오셨는데 오후부터 의식을 잃더니 그 길로 돌아가셨다는 것. 좀더 자세히 자초지종을 들어 보니 아마도 패혈성 쇼크로 돌아가신 것 같았다.

다음 날 형님들과 함께 첫차 편으로 고향에 도착하니, 하늘은 흐려 비는 뿌리는데 녹음기에서 울려 나오는 금강경 독경 소리와 함께 집 안이 온통 울음 바다였다.

아주머니는 우리를 보자마자 조카! 하시면서 울음을 터뜨리시는데 어찌나 서럽게 우시는지 우리들의 위로가 아무 소용이 없었다. 다른 분들도 위로할 엄두를 내지 못하고 그냥 우시는 걸 보고만 있을 뿐. 그렇게 우시는 것을 그대로 보기만 하고 조문을 드렸다. 한동안 우시던 아주머니는 시간이 꽤 흐른 후에야 울음을 거두시고 문상객을 접대하기 시작했는데 간간이 흐느끼시는 것마저 그만두지는 않았다.

얼마 후 형님들과 내가 아버님 산소에 가서 인사를 드리고 오는데 다시 집 안에서 통곡하는 소리가 갑자기 들렸다. 이번에는 누가 이렇게 크게 우시나 하고 부엌에 가 봤더니 멀쩡히 며느리들과 점심 준비하시던 아주머니가 갑자기 설움이 북받치셨는지 그냥 그 자리서 주저앉으며 울음을 터뜨리신 것이었다. 이번에도 다들 아무 위로도 못 드리고 그냥 구경만 할 뿐, 거의 30분이 지나도 울음이 줄어들 줄 몰랐다.

마음이 아팠다. 아주머니는 시집 올 때부터 해마다 초파일이거나 집안 대소 경사에 절에 시주드리러 가기는 했지만 공부를 하거나 기도를 열심히 하신 분은 아니었다. 또한 시골 분들이 대개 그렇듯 절도 멀리 있어 부처님 생각은 늘 마음에 있으나 자주 찾아갈 형편도 아니었다. 그러니 이런 일이 닥쳐도 독경해 주실 스님 한 분 초청할 인연 만들지 못하셨으니, 망자를 위해 염불을 어떻게 하는지, 기도를 어떻게 하는지 알지도 못하셨고 다만 슬픔에 우시기만 할 뿐이었다. 녹음기에서 염불 독경 소리야 울려 퍼지지만 한 나절 머무는 동안 스님은 뵙지 못했고 실지 물어 봐도 아무도 오지 않으셨다는데 이런 슬픔을 달래 주실 분은 부처님밖에 없는데 아무도 부처님 법을 말해 주실 분이 없다니….

우리는 안타까움으로 아주머니께 갔다. 그리고 이제 그만 울음을 거두시라며 나름대로 알고 있는 부처님 말씀을 얘기해 드렸다. 내가 그 날 아주머니께 전해 드린 얘기는 대개 이러하다.

우리가 태어나면 기뻐하고 죽음을 맞게 되면 슬퍼하는데 생사가 본래 없다. 흔히 생만 공하다고 하는데 생이 공하다면 사 또한 공한 것이다. 그러니 슬퍼할 필요가 없다. 다만 우리가 무지해서 평소 평생 이렇게 그냥 사는 줄로만 알아 잘못된 생각으로만 살고 준비를 못한 탓에 이런 큰 슬픔이 이는 것이다.

또한 만나고 헤어지는 것은 우리가 그 동안 수없이 많이 되풀이한 일이다. 지금도 우리는 만나고 헤어지지 않느냐. 우리가 어두워서 그렇지 아득한 과거로부터 만나고 헤어진 일을 생각하면 그 수를 헤아릴 수가 없다. 다만 우리가 어둡고 미련해서 만나도 만난 것을 모르고 헤어져도 헤어진 것을 모르고 있을 뿐이다.

아마 아주머니도 전생에 아저씨와 수없이 만나고 헤어졌을 것이다. 금생에만 부부로 만난 것이 아니라 과거생에도 부부로 만나고 이렇게 홀연히 헤어진 것도 한두 번이 아닐 것이다. 그런데 뭘 그리 슬퍼하는가.

우리는 자꾸 요 모습 그대로, 요 역할 그대로, 즉 내 남편을 내가 아내로서 저승에서 만나길 원하는데, 본래 남편 아내가 없는 것이다. 금생에 같이 지내기 위해 잠시 맡았던 역할일 뿐 내 남편 내 자식이란 게 본래 없다. 그러므로 자꾸 그런 것에 집착하는 마음 보여선 안 된다.

그리고 진정으로 아저씨를 사랑했다면 그 분을 위한 행동을 해 드려야 한다. 여기서 이렇게 우는 것은 아무런 도움이 되지 않는다. 오히려 저승 가는 데 방해만 된다. 그러니 울음을 그치시고 도움이 될 일을 해 드리자. 돌아가신 분들에겐 기도가 매우 중요하다고 한다. 우리 다 같이 아저씨 위패 앞에 가서 기도드리자. 슬픔을 벗어나는 길은 부처님밖에 없다.

대강 이렇게 말씀드렸는데, 신통하게도 아주머니는 울음을 그치시고 나와 같이 위패 앞으로 가셨다. 거기서 형님과 나는 정녕 일심으로 돌아가신 아저씨를 위해 기도드렸다. 형님은 츰부다라니를 일심으로 외우셨으며, 나는 불법 못 만나고 홀연히 가신 아저씨가 너무 가여워 간절한 발원을 드렸다.

아저씨 영가시여, 무슨 급한 일이 있어 이렇게 황망히 가셨습니까. 이야기라도 하셔서 좀 준비라도 하게 하고 가시지, 이렇게 갑자기 가시니 남은 이들의 슬픔이 얼마나 크겠습니까.

지난 번 아버님 상을 당했을 때, 건강 관리 잘하셔서 허무하게 가시지는 말라고 말씀드렸는데, 이게 대체 무슨 일입니까. 그리고 불법 만나고 부처님 공부할 것을 그렇게 말씀드렸는데도 어찌 아무런 준비 없이 이렇게 되셨습니까.

아저씨 영가시여, 지금 제 말이 들립니까. 들리시면 아소서, 본래 생사가 없다는 것을! 삶이 공하듯 죽음 또한 공한 것이니, 이 도리 분명히 알아 속지 마소서!

그리하여 모든 착 여의시고 극락정토에 왕생하소서!

극락정토에 가시거든 너무 오래 머무르지 마시고, 다시 사바세계에 내려오셔서 이번에는 부처님 시봉 잘하고 모든 이의 좋은 벗이 되소서. 나무 아미타불….

이런 발원과 함께 무상게와 법성게를 공양드렸다. 그런 후 같이 관세음보살 염불을 불렀다. 형님과 내가 소리 높여 부르는 관세음보살 소리에 아주머니는 물론 불교를 전혀 모르던 친척 동생들까지 어느새 입에서 관세음보살을 부르게 되었다. 갑자기 초상집 안은 관세음보살을 부르는 소리로 가득 차게 되었고 문상 오신 어른들도 펼쳐지는 장엄한 소리에 한 마디 잡담도 없으신 채 우리들이 염하는 관세음보살님을 같이 듣고 계셨다.

30여 분 정도의 염불을 끝내니 아주머니의 얼굴에 울음은 간 곳 없고 약간의 미소까지 지으시며 조카, 고맙네, 이제 좀 슬픔이 가시네 하며 내 손을 잡으셨다.

그렇다. 우리가 삶과 죽음의 갈림길에 섰을 때, 슬픔을 이기고 밝음을 얻는 길은 부처님밖에 없다. 부처님 법문만이 산 자와 망자의 슬픔을 거

뒤 주시고 생사 없는 길을 우리에게 열어 보일 수 있는 것이다.

기도를 끝내고 밖으로 나와 보니 문상 오신 분들이 다 바깥에 나와 계셨는데, 아마 우리의 염불 소리에 그러셨던 것 같다. 돌아오는 길에도 아주머니께 부처님을 찾으라고 간곡히 부탁드리고 서울로 향했다.

그러나 어찌 이별의 아픔이 몇 마디 가르침, 몇 번의 염불로 사라질 수 있겠는가. 오로지 아저씨께서 몸을 버리시면서까지 보여 주신 지극한 무상(無常)의 법문을, 아주머니께서는 슬픔으로만 받아들이지 말고 깊이 간직하시길 바랄 뿐이다.

청화(淸華) 큰스님

　나의 공부에 큰 영향을 주신 또 한 분의 선지식은 바로 청화 큰스님이다. 큰스님을 만나지 못했더라면 내 공부가 아직도 미혹에 깊이 빠져 있었을 것이다(이 말이 지금은 미혹에서 벗어났다는 말은 아닙니다! 저는 아직도 미혹 중생입니다!).
　큰스님을 생각하면, 한 번도 직접 만나 뵙지 못하고 다만 책으로, 테이프로 뵈었을 뿐이지만 가슴 저미도록 사모하는 마음과 눈물이 나도록 사무친 그리움이 인다. 그토록 온화하시고 자비로우시며 밝으시고 겸허하신 분을 나는 지금까지 뵌 적이 없다. 큰스님 법음을 들을 때면 온몸이 떨리는 법열을 지금도 느낀다.
　이런 큰스님을 아버님이 돌아가시지 않았으면 만나 뵙지 못했을 터이니, 지금은 가고 없으신 아버님의 끝없는 사랑을 내 어찌 깊이 느끼지 않을 수 있겠는가!
　큰스님을 나는 아버님 돌아가실 때까지 알지 못했다. 다만 큰스님의 명성이 자자하다는 이야기를 두어 달 전 한 번 얼핏 들었는데, 그때 큰스님 이름을 처음 들었으며 별 관심을 기울이지 않았다.
　아버님이 돌아가셨을 때 기도해 주시러 와 주셨던 분이 가평 반야사의 혜산스님이시다. 스님은 여러 스님들과 교분을 많이 맺으신 둘째 형님과의 인연으로 빈소를 찾아오셨는데, 차도 없이 먼 길을 잘 알지도 못한 우리를 위해 기꺼이 달려와 주셨다. 지금도 스님께 깊은 고마움을 느낀다. 나중에 들은 스님 말씀에 의하면 평소엔 빈소에 직접 가시는 일은 적은데 이번에는 왠지 그렇게 와 주시고 싶었다는 것.

스님을 처음 뵈온 인상은 범상하지 않았는데, 염불 소리 또한 예사롭지 않았다. 힘이 있고 맑아 슬픔에 잠겼을 상주들을 능히 위로해 주고도 남을 것 같았다. 형님 말로는 청화 큰스님 상좌이시며 개인적으로도 큰스님과 큰 인연이 있으신 분이니, 큰스님은 혜산스님이 속가에 계실 때 스님을 가르치시던 학교 선생님이었으며, 출가해서도 법을 가르쳐 주신 스승이셨던 것이다.

그렇게 해서 나는 큰스님을 만나게 된다. 혜산스님께서 큰스님 법문집 두 권(원통불법의 요체, 정통선의 향훈)을 주신 것. 이 두 권의 책은 나에게 너무도 큰 가르침을 주게 된다.

큰스님께서 주신 가장 크신 가르침은 깨달음에도 단계가 있다는 것. 이 가르침은 나를 충격으로 몰아넣었다. 흔히 견성하면 바로 부처라고 말하지만 당장 아함경 등에서 보이는 부처님의 모습과 우리 주위의 깨치신 분들의 모습에는 너무 큰 차이가 있어 의심을 금치 못했던 터이라, 이 말씀은 마른 땅에 빗물 적시듯 내 가슴에 젖어들기 충분했다.

일찍이 보조스님만 하더라도 깨쳤다는 이야기가 세 번이나 나오며, 근세 큰스님 일대기를 보아도 크게 깨쳤다는 이야기만 용성스님은 세 번, 만공스님은 두 번 나온다. 부처님은 단 한 번 깨치시고 부처님이 되셨는데 어찌 우리 스님들은 이렇듯 여러 번 깨쳤다는 것일까. 그리고 정말 깨치면 다 부처라면 어째서 석가모니 부처님과 우리 조사 스님들은 그렇게 다를까. 깨침에 차이가 있는지 모르지만 행동과 법력에는 너무도 큰 차이가 있었던 것이다. 그런데도 큰스님들은 깨치면 다 부처라고 그렇게 확신적으로 말씀하시는 것일까. 정말 그 분들은 부처가 된 것일까, 내가 보기엔 전혀 그렇지 않은데… 하는 것이 그 동안 견성에 관한 나의 의문점이었다.

하지만 생존하시는 큰스님들께서 워낙 단호하게 깨침을 얘기하시니 그런 경지에 이르지 못한 나는 그저 고개만 갸우뚱할 수밖에…. 그런데 큰스님께서는 그런 나의 의문을 확연히 풀어 주셨던 것이다.

해탈엔 지해(知解)해탈과 선정(禪定)해탈이 있는데 이를 잘 구별해야 한다는 것이 큰스님의 지론이었다. 예를 들면 일본 임제종의 중흥조인 백은(白隱: 1685~1786) 선사 같은 분은 스스로 대오(大悟)만 18번이고 소오(小悟)는 부지기수라고 말씀하셨다는 것. 큰스님이 말씀하시는 깨침의 단계에 대해 잠깐 여기 옮겨 본다.

깨달음은 크게 해오(解悟)와 증오(證悟)로 나뉘는데, 해오(解悟)는 그냥 이치로 알아서 물리를 아, 그렇구나 하고 의심 없이 아는 것을 이르는 것으로 4단계가 있다.

해오는 사가행(四加行), 즉 사선근(四善根)을 이름이니 난법(煖法), 정법(頂法), 인법(忍法), 세제일법(世第一法)의 네 가지이다.

난법은 수행이 어느 정도 익게 되면 깨달음의 첫 단계로 불성의 훈기가 어느 정도 따뜻하게 우리에게 다가온다는 뜻이다. 이는 또 명득정(明得定)이라고 하니, 이는 수행에 의해 마음이 정화되고 맑아지면 분별시비도 어느 정도 없어지고 몸도 가슴도 시원해지며 마음에 밝은 기운이 스며드는 일을 가리킴이다. 혼침도 안 오고 분별망상도 줄어들며, 별로 피로를 느끼지도 않는다. 우리가 염불을 하든 화두를 들든 애써

하다 보면 문득 이런 때가 온다는 것이다.

정법은 난법의 밝고 따스한 기운이 더 증가되는 것이니 처음에는 밝은 기운이 조금 왔다가 사라지고 하지만 정법이 되면 그 기운이 점차로 증가되어 시원하고 밝은 마음이 사라지지 않는다. 우리가 별로 망동만 하지 않으면 계속되나 만약 파계를 하고 창피한 이상한 일들을 하면 간 곳 없이 사라지는 단계다. 이는 또 명증정(明增定)이라고도 하는데 밝음이 점차로 증가되니 내 마음이라는 것이 대체로 이런 것이구나 하는 것을 알게 된다.

인법은 욕계의 거짓된 모습을 내가 확실히 믿고 인증하는 단계다. 이 세상이 정말 공하구나, 이 몸도 물질도 모두 공이고 무상하구나 하는 것을 막연하게가 아니라 몸에 가슴에 사무치게 알게 되는 것이다. 이는 인순정(印順定)이라고도 하는데, 이 때는 우리 앞에 법상(法相), 즉 마음 달이 부옇게 비쳐 오게 된다. 공부할 때 나오는 상은 허상과 법상이 있는데, 마음 달은 법상으로 이런 법상이 한 번 나오면 환희심과 행복감이 가슴 가득 충만해지며 몸도 개운하고 시원해지니 웬만한 병은 다 물러가게 된다. 또한 난법 정법의 단계에서는 그렁저렁 생활하면 그냥 후퇴하여 삼악도에 떨어지기도 하지만 인법의 단계에서는 후퇴가 전혀 없지는 않지만 웬만해서는 후퇴하거나 삼악도에 떨어지지는 않게 된다.

세제일법은 인간 범부 세상에서는 제일 높은 법이라는 뜻이다. 이는 무간정(無間定)이라고도 하는데 번뇌가 낄 틈이 없다는 말이다(또는 견도의 첫 단계와 세제일법과는 찰나의 사이이므로 간격이 없다는 뜻도 된다).

이 단계에선 이 세상의 실상을 확고히 보고 믿기 때문에 고민이 별로 없고 동요도 없으며 웬만한 경계에서 상처를 입지도 않는다. 그러나 여기도 아직 범부의 지위라, 아직 성자의 지위는 아니다. 그런데도 이 정도만 되어도 성자의 한계를 잘 모르는 분들은 아, 이것이 도통이구나 하고 공부가 다 끝난 것으로 착각히는데, 석존 이후로 이런 과오를 범한 분이 한두 분이 아니라고 한다(성철 큰스님께서도 일체의 번뇌가 멸하지 않으면 증오견성하지 않은 것이라 하여 해오를 섣부르게 견성으로 착각하는 것을 극도로 경계하셨다).

이렇게 사가행위를 지나면 비로소 해오의 단계를 지나 증오의 단계로 나아간다.

증오는 크게 견도(見道), 수도(修道), 무학도(無學道)로 나뉘지는데 견도의 단계를 견성이라 하며 이는 보살 십지로 보면 초지인 환희지에 해당하는 단계요, 수도는 보살 이지부터 십지까지를 이름이며 무학도는 묘각이니 완전한 깨달음을 이름이다.

이런 깨달음의 경지를 근기가 수승하고 전생에 선근을 많이 심으신 분들은 범부에서 그냥 뛰어넘을 수가 있으나 보통은 다 이와 같은 과정을 거치는 것이라고 스님은 말씀하신다. 그리고 이런 깨달음의 단계만 알면 혼자서도 능히 삿된 길로 가지 않고 공부할 수 있다는 말씀도 덧붙이셨다.

또한 번뇌엔 10가지 근본번뇌[十煩惱]가 있는데, 그중 처음 다섯 가지[貪, 瞋, 癡, 慢, 疑]를 끊기 어렵다 하여 오둔사(五鈍使)라 하고 나머지 다섯 가지[身見, 邊見, 邪見, 見取見, 戒禁取見]를 오리사(五利使)라 하니, 오리사는 끊기가 쉽다는 것이다. 즉 견성오도를 하면 오리사는 금방 끊겨도 오둔사는 다 못 끊어 버린다는 것이니, 견성오도시 오리사의 번뇌는 우리 본성을 보는 견성의 순간 사라지나 오둔사는 그렇지 못하고 끝까지 남아 수행에 수행을 거듭해야 둔하게 끊어지는 그런 번뇌라는 것이다.

큰스님 말씀을 듣고 보니 깨달음에 관해 가졌던 그 동안의 의문이 일
거에 가셔 버렸다. 그렇구나, 그래서 견성하셨다는 스님들도 그렇게 천차
만별의 모습을 보이셨구나. 그리고 원융무애한 모습을 보이지 못하셨던
것도 다 그런 이유에서구나… 나는 확연히 알 수 있었다.

내가 행원을 알게 되고 수행하는 도중 나도 모르게 마음 한 가운데
부옇게 밝아 오던 그 것, 그것이 바로 해오의 깨달음에 이르는 한 과정
이었구나. 나에게 증오의 확철한 깨달음은 아니어도 해오의 첫 단계는
오고 있었구나. 그래서 마음이 한없이 맑아지기 시작하며 여명의 빛처럼
그렇게 한 구석이 밝아지고 있었구나….

나는 큰스님 말씀에 분명히 느낄 수 있었다. 이런 해오의 밝은 해가
우리에게 다가오고 있는데도 나는 못 깨달았다, 대오를 못했다 하고 괴
로워하는 것은 얼마나 부질없는 짓인가. 우리에게 다가오시던 부처님께
서 얼마나 실망 많이 하셨을까. 또 이런 해오를 해오로 알지 못하고 마
치 증오견성을 한 것으로 오해한다면 부처님 역시 얼마나 기막혀 하실
까. 그러니 깨쳤다 못 깨쳤다 하는 것 모두 부질없는 한 생각일지니! 우
리가 본래 부처이므로 응당 깨치게 되어 있고, 우리에게 필요한 것은 본
래 부처를 덮고 있는 어둠을 몰아내어 본 모습 확인하는 것뿐. 우리에게
필요한 것은 깨쳤다 못 깨쳤다 하는 논란이 아니라 오로지 우리 본래
자성으로 돌아가기 위해 부지런히 정진하고 또 정진하는 것뿐, 그 어느
것도 이보다 더 중요할 일일 수는 없다.

내가 알게 된 또 하나의 가르침은 염불과 염불선에 관한 것. 그리고
간화선과의 관계였다.

큰스님 가르침에 의하면 염불은 크게 세 가지 뜻으로 풀이된다. 첫째

가 갈앙심(渴仰心)이요 둘째가 불이심(不二心)이며 세 번째가 불리심(不離心)이다.

부처님을 생각하는 것은 그리움으로 시작된다. 부처님에 대한 아득한 그리움. 부처님 보고 싶고 부처님 만나고 싶은 그 애절한 마음, 그것이 바로 우리가 부처님을 생각[念佛]하게 되는 가장 첫 걸음인 것이다.

그리움이 마음을 맑게 한다는 것은 나만의 생각이 아니었다. 큰스님이 인용하시는 법화경의 한 구절, 심회연모(心懷戀慕) 갈앙어불(渴仰於佛)하면 즉종선근(卽種善根)이라는 말, 즉 마음에 사모하는 마음을 품고 부처님을 그리워하면 모든 선근을 심는 것이 된다는 말씀 역시 그리움의 중요성을 강조하는 것이다. 이 갈앙심이 얼마나 중요한가를 설명하시기 위해 큰스님께서는 과거 저사(底沙, Tisya) 부처님 회상에서 공부하시던 석가모니 부처님 얘기를 들려 주신다.

저사 부처님 회상에서 미륵과 석가 두 분이 수행하고 있었는데, 저사 부처님이 보시니 근기는 미륵이 더 뛰어나나 장차 제도될 중생이 있는 국토는 석가 쪽이 훨씬 더 뛰어나므로, 저사 부처님께서는 기왕이면 석가를 먼저 성불시켜 이미 제도될 인연이 성숙해져 있는 석가 쪽 나라의 중생들을 빨리 제도해야겠다는 생각을 하신다. 그런데 저사 부처님께서 보시니 아직도 석가는 미륵보다 여러 겁을 더 닦아야 되는지라, 석가를 빨리 성불시키기 위해 저사 부처님은 한 가지 방편을 생각하게 된다.

어느 날 저사 부처님은 석가에게 산에 같이 갈 것을 말씀하시고는 신통을 발휘해 먼저 훌쩍 산에 올라가신 후, 힘겹게 올라오고 있는 석가 앞에 화광삼매(火光三昧 : 스스로 가슴에서 불을 내어 몸을 태우는 삼매의 한 종류로 수행의 극치에 이른 분들만 가능하다고 함)의 모습을 보여 주신다. 저사 부처님이 화광삼매에 드신 모습이 너무나 장엄하고 찬란하여 석가는 황홀한 동경과 사무치는 마음으로 그 자리에서 떠나지 못하고 발을 옮기다가 멈춘 채, 한 발을 든 채로 일곱 주야(晝夜)를 밤낮으로 사무치게 찬탄하게 된다. 그런데 이렇게 사무치게 찬탄한 공덕으로 석가는 미륵보다 9겁을 초월해 성불하게 되셨다는 것이다. 이렇듯 사무치는 마음은 공부에 있어 수겁을 초월할 만큼 중요한 것이다.

나옹스님께서, 동생이 큰 도인임을 믿고 공부하지 않는 누님을 위해 지었다는 시구에서도 이런 갈앙심을 볼 수 있다.

아미타 부처님이 어디메에 계시는고
가슴 깊이 새겨 두고 간절하게 잊지 마라
생각하고 생각하여 무념처에 이른다면
여섯 문이 언제든지 금색광명 냄을 보리

阿彌陀佛在何方 着得心頭切莫忘
念到念窮無念處 六門常放紫金光

염불의 두 번째 뜻은 부처님과 내가 둘이 아니라는 것. 염불이라 할 때 염(念)이란, 사람마다 마음에 나타나는 생각을 말하고, 불(佛)은 사람마다 갖추고 있는 깨달은 근본성품을 말한다고 큰스님은 말씀하신다. 그러므로 염불은 본시부터 우리 중생이 갖추고 있는 우리 성품의 참 모습, 즉 본래 깨달은 성품[本覺]을 스스로 알게 만드는 것이니 부처와 내가 서로 다르지 않고[不二] 본래 하나였음을 깨닫게 하는 행위인 것이다.

세 번째 뜻은 염불은 부처님을 떠나지 않는 것이니, 찰나에도 부처님을 떠나지 않는 생활이 바로 염불이라는 것이다.

우리가 부르는 일체 부처님의 명호는 이 세상에 계시는 일체의 부처님을 우리 앞으로 나오게 한다. 중생염불 불환억(衆生念佛佛還憶)이라는 말도 있듯이, 우리가 부처님을 생각하고 부처님을 떠나지 않으면 우리 눈앞에 부처님의 오묘한 진리의 세계가 펼쳐지게 된다. 우리의 정성이 지극하지 못하고 믿음이 지극하지 못해 관음이 나오지 못하고 문수가 나오지 않는 것이지 문수나 관음보살이 우리 앞에 일부러 나타나지 않는 것은 아니다.

큰스님께서는 부처님의 이름도 그냥 지어진 것이 아니라고 말씀하신다. 김 아무개 박 아무개 같은 우리 중생들 이름은 아무렇게나 지은 이름이지만, 부처님 이름은 부처님께서 친히 부처님의 무량공덕을 담아 만드신 진리의 이름이므로 부처님 이름만 불러도 우리의 업장이 녹는다는 것이다. 그러므로 부처님 이름을 부르면 부를수록 우리 마음에 부처님 종자가 더 심어지고 업장의 종자는 점점 더 감소하게 되며, 부처님 이름을 부르면 부를수록 부처님께서는 우리 곁에 오셔서 우리를 굽어 보고 계시며 우리의 좋은 벗이 되어 주신다[觀音勢至 己爲勝友]는 것이다.

큰스님께서는 이와 더불어, 이런 염불을 할 때 그저 이름만 부르는 것이 아니라 우리 마음을 천지 우주로 해방시켜 그 가운데 가득 차 있는 그 무엇, 그 찬란한 광명, 이것을 생각하며 사무치게 부르는 염불, 쉽게 말하면 '내 몸의 본질도 역시 부처고, 산이나 강이나 천지 우주가 모두가 다 부처님 아님이 없다. 부처님뿐이구나' 하면서 하는 염불을 하게 되면 이것이 바로 염불선이라고 말씀하신다(염불선에는 이런 방법 말고도 염불에 시심마(是心麽) 화두를 붙여 하는 방법이 있는데, 염불하면서 염불하는 자기 이 누구인가? 하고 참구하는 것이다).

염불선에 대한 이러한 큰스님 말씀은 그 동안 가졌던 참선수행에 관한 의문을 대부분 해소시켰다. 즉 참선방법으로는 화두를 드는 공안선

(公案禪), 화두 없이 자기 마음을 비춰 보는 묵조선(默照禪), 그리고 염불선이 있는데 이것들은 모두 훌륭한 참선방법으로 어느 것이 더 낫고 덜한 것이 없다는 것. 다만 사람에 따라 다른데, 이를 테면 공안선은 지적(知的)이고 참구적인 분들에게 적합하고, 묵조선은 의지가 강한 분들에게 적합한 반면, 이런 인간 심리(지·정·의) 모두를 조화롭게 구하는 선법이 염불선으로 어느 것이든 자신에게 맞는 것을 택하여 본래면목의 자리, 진여불성의 자리를 놓치지 않는 것이 참다운 공부요 참다운 선이라는 것이다.

또 참선, 진언 등 어느 것으로나 열심히 공부하신 분들은 나름대로 득력(得力)을 하게 되므로 자기 공부법만이 제일 좋다고 하기 쉬우나 그것만이 제일인 것은 아니라는 말씀도 하신다.

이런 염불과 염불선의 가르침은 참으로 큰 환희심을 나에게 가져다 주었다. 내가 하는 공부가 틀리지 않았구나! 화두를 들지 않아도 잘못한 것은 아니구나! 그리고 우연이긴 하지만 부처님에게 돌아가고자 했던 내 마음, 부처님을 그리워하였던 그 마음, 그리고 부처님을 떠나지 않는 공부를 하겠다는 내 결심은 가르쳐 주는 스승이 없었음에도 불구하고 놀랍도록 염불과 일치하고 있었던 것이다. 맑고 밝았던 본래의 내 마음으로 돌아가고자 했던 나의 몸부림은 바로 염불이었다.

그리고 행원 역시 이 염불의 소식을 놀랍도록 핵심을 전하고 있었으니, 청전법륜과 청불주세가 바로 그것이다. 청전법륜은 염불의 불이불(不二佛) 소식이요 청불주세는 염불의 불리불(不離佛) 소식이 아니런가. 나는 그 동안 틀린 공부를 하고 있었던 것이 아니었다. 이러한 사실은 환희심과 함께 신심을 더욱더 북돋워 주었다.

큰스님께서 주신 또 하나의 감명은 그 너그러움과 겸허함이다. 나는 그렇게 너그러우신 분을 뵙지 못하였다. 내가 평소에 안타깝게 생각하던 일 중의 하나가 우리 불교인들이 타종교에 대해 의외로 비판적이고 너그럽지 못한 일인데, 큰스님께서는 나의 그러한 생각이 틀리지 않았음을 증명해 주신 것이다.

큰스님께서는 기독교를 믿든 이슬람교를 믿든, 아니면 아무것도 믿지 않든 우리가 진리의 본성으로 들어가면 바로 참선이요 누구나 성불한다는 것이다. 기독교인이 오 주여! 하고 외칠 때 진리의 참된 본성을 생각하고 부르는 그 마음이 지극하다면 우리가 부처님을 찾는 것과 조금도 다르지 않다는 것이다. 그런데 그런 진리의 본성에 부합되기가 가장 쉬운 것이 부처님 가르침이고 이 세상 가르침 중에 부처님 말씀처럼 원융무애하며 완전한 가르침이 없기 때문에 불교를 알라 하는 것이지, 만약 다른 종교가 불교처럼 그렇게 완전하고 무애원융하다면 굳이 불교만 찾아야 성불하는 것은 아니라는 것이다. 하지만 실상 불교만한 가르침은 스님께서는 못 만나 봤다고 하신다.

큰스님께서는 또한 한없이 겸허하셨다. 40년이 넘게 장좌불와하셨고, 누구보다도 사무치게 공부를 하셨음에도 불구하고 스님께서는 스스로 공부가 덜 되었다고 평가하신다. 육조스님이 열반하신 그 나이가 되었음에도 스님과 당신을 비교하시면 한없는 부끄러움을 느끼신다고 고백하신 스님! 장좌불와 몇십 년한 것이 대단한 것이 못 된다는 스님의 말씀은 우리를 부끄럽게 만든다.

법문 곳곳에 피어나는 큰스님의 겸허함! 그리고 당신의 한계를 꾸밈없이 인정하시는 그 솔직함! 대각(大覺)을 이룬 적이 없으니 오도송이란 천부당 만부당하다며 오도송을 들려 달라는 기자의 말을 뿌리치시고, 그저 한 일 없이 이 산 저 산 다니며 참선만 했을 뿐 내세울 것이라고는 정말 아무것도 없다는 청화 큰스님. 화광삼매를 비롯한 여러 신통을 내가 못하기 때문에 단언할 수는 없으나 부처님 말씀은 추호도 거짓이 없을 것이라는 큰스님의 솔직한 말씀은 다른 선사분들과 다른, 많은 것을 느끼게 했다.

보조와 태고 두 분 스님 중 어느 분이 조계종 종조인가를 묻는 질문에도 공부에 도움이 되지 않는 이런 문제는 시비를 가릴 생각이 없으시다면서 어느 분이 도가 더 높은가를 우리 후세인이 어떻게 알겠는가라고 반문하신다. 중국에서 법을 받았느니 안 받았느니 하는 것은 스님과는 아무런 상관이 없다시며, 우리가 알고 있는 역사적으로 이름 있는 도인들은 모두 스님께 선지식으로 가르침을 주신다며, 오직 석가모니 부처님 한 분만이 우리의 명명백백한 교주로 하고 그 외에는 우리의 소중한 선지식으로 존경하고 배울 것만 배우면 된다는 큰스님 말씀은 내가 평소에 바로 듣고 싶어하던 내용이었다.

조계종 종조가 태고스님인가 보조스님인가 하는 것은 내겐 정말 우스운 일이었다. 우리 모두가 부처님 자식인데, 보조스님이나 태고스님뿐 아니라 원효스님이나 의상스님 등 과거 일체 조사 스님들과 우리 모두가 부처님에게서 나왔는데 왜 그렇게 분별을 하는지, 그것이 우리 공부에 정말 그렇게 중요한 문제인지 짐작이 안 갔는데 큰스님은 명백히 당신의 견해를 보여 주신 것이다. 마치 언젠가는 내가 스님의 글을 보게 될 것이라는 걸 아신 양, 처음부터 끝까지 내가 그렇게 듣고 싶어하던 말씀만 골라서 하신 듯한 큰스님의 말씀에 나는 스님이 사무치도록 그리웠다.

그리고 뵙게 된 큰스님의 얼굴…. 아마 부처님이 저런 얼굴이 아닐까

할 정도로 온화하고 인자하신 모습. 그리고 한없는 법열과 자비를 머금으시고 나오는 스님의 음성…. 나는 스님의 낱낱의 행 속에서 보현행을 보았다. 세 살짜리 아이에게도 합장을 하시고 말을 높이는 스님, 아무리 모난 말을 하고 못난 모습을 보여도 자비의 웃음으로 환히 받아들이는 스님, 한 마디도 중생의 마음을 상하는 말을 못하시는 스님, 그렇게 뛰어난 수행을 하시고도 언제나 자신의 부족함을 얘기하시는 스님, 다생겁래에 몇만 생을 다시 태어난다고 해도 한사코 사바세계에 태어나 고통받는 중생들을 기어코 제도하시겠다는 큰 원을 세우신 스님, 그리고 언제나 부처님을 떠나지 않는 크고 큰 청화 큰스님! 아아, 나는 그 이후 정녕 큰스님을 사랑(?)하게 되었다. 큰스님은 나를 아시지 못하지만 스님은 나의 영원한 님으로 내 마음에 남아 계실 것이다.

행원의 현대적 의미

　수희공덕의 의문이 풀리면서, 그리고 청화 큰스님의 가르침을 접한 뒤, 나머지 행원의 깊은 뜻들이 훌훌 내 가슴에 들려 오기 시작한다. 그리고 이름은 왜 행원인지, 행원이 무엇인지, 행원은 어째서 뛰어난지, 왜 화엄경에서는 보현보살의 원행을 그렇게 강조하고 왜 행원품을 입법계품 맨 마지막에 나오게 했는지도 어렴풋이 알아지게 된다.

　보현보살은 문수보살과 함께 석가모니 부처님을 모시는 협시보살이다. 문수보살은 사자, 보현보살은 코끼리를 좌대로 한다.

　보현은 그의 체성이 두루하지 않는 곳이 없으므로 '보(普)'라고 하며, 그가 갖춘 항하사 공덕은 말도 생각도 미칠 수 없지만 일체처 일체사에서 완전무결한 덕성을 실현하므로 이를 '현(賢)'이라 한다(보현행원품 강의 17쪽). 좀더 쉽게 말하자면 보현의 보(普)는 모든 곳에 덕성이 널리 미치고 있다는 뜻이고, 현(賢)은 그 덕성의 실천이 실로 기묘하고 훌륭하다는 뜻이다. 문수가 부처님 공덕의 지혜를 상징한다면, 보현은 모든 것을 두루 알아 여래처에 통하고 중생에게 해탈의 길을 열어 보이고, 부처님의 가르침을 해설하는 데 능한 부처님의 理, 定, 行의 덕성을 갖춘 보살이다. 또한 보현은 편길(偏吉)이라고도 하는데 보편의 법문이라는 의미를 지니고 있다.

행원은 왜 중요한가? 여러 이유가 있겠지만 나는 대략 다섯 가지로 말하고 싶다.

첫째, 행원은 언제 어느 곳에서나 할 수 있는 수행법이다.

불교에서는 수행법이 매우 많다. 그 중에 대표적인 것이 참선, 진언, 염불, 독경일 것이다. 그런데 이런 것들은 대부분 자신을 이끌어 줄 스승이 필요하고 특별한 시간, 특별한 장소가 필요하다. 그러나 행원은 시간과 장소에 관계 없이 언제나 할 수 있는 수행법이다.

행원 열 가지는 언제나 가능하다. 아침에 일어나서 식사를 할 때도 부처님, 식사 잘하겠습니다 하고 원을 발하며 먹을 수도 있고, 일터에 나가서도 열심히 일을 공양드리며 만나는 모든 이들에게 칭찬과 감사와 공경을 드리고 그들을 모두 부처님처럼 모시고 섬기며, 그래도 시간이 나면 짬짬이 부처님을 생각하고 늘 보리심을 잊지 않으면 되니 수행처 수행 시간이 따로 없다. 하루하루 마음이 일고 발 닿는 곳 모두가 수행 아님이 없는 것이다.

둘째, 행원의 공덕은 한량이 없으며 또한 행원은 하는 것만큼 즉각적으로 공덕을 가져온다. 한 번 하면 한 번 하는 것만큼, 열 번 하면 열 번 하는 것만큼의 공덕이 즉시 생겨나는 것이다. 그 공덕은 어둠의 소멸이요 밝음의 창조이다. 내 자신이 스스로 기쁨과 환희 속에 잠기고 부정적이던 나의 생각이 긍정적으로 바뀌어 가며 또 내 주위의 분들이 나로 인해 기쁨을 얻고 나로 인해 부처님 품에 들게 된다. 내가 바뀌고 다른 이도 바뀌며 더불어 이 사회도 바뀌는 그런 신기한(?) 일들이 내 원행이 크면 클수록 더 크게 더 빨리 나타나게 되는 것이다.

우리는 주위에 열등감이나 우울 등 어두운 생각 속에 사는 사람들을 가끔 본다. 그런데 그들은 어둠을 몰아내기 위한 행을 하지 않는다. 남을 칭찬하고 존중하며 모두를 섬기고 따르는 행위는 바로 이런 어둠을 몰아내는 해결책임에도 불구하고 그까짓 칭찬하는 게 뭐가 중요해 하며 뭐 대단한 비법이 없는가 하고 보약을 먹는다든지 하는 엉뚱한 방법만 찾고 있다.

행원의 공덕을 보현보살은 다음과 같이 말씀하신다.

첫째, 오무간업이 소멸되며, 둘째, 모든 병이 없어지고, 셋째, 고뇌가 없어지며, 넷째, 악업이 소멸되고, 다섯째, 일체 악귀가 달아나거나 오히려 발심하여 우리를 수호하며, 여섯째, 세상살이에 일체의 장애가 없어진다.

보현보살의 분명한 말씀처럼 행원은 우리 일상생활에서 모든 괴로움과 악업을 능히 소멸시키고 심신의 병 또한 없애 주며 세상살이의 모든 장애를 없애 주는 힘을 가지고 있다.

그러므로 번뇌 많고 병고 많은 사람, 살아가는 데 웬 업장이 그리도 많은지 고생이 떠나지 않는 분들은 모름지기 행원을 한 번 실천해 볼 일이다. 행원의 실천은 하는 즉시 이런 온갖 장애를 없애 주며, 마음속 깊숙이 자리잡은 온갖 병든 생각—우울, 열등감, 실망—이 행원의 밝은 등불이 나타남과 동시에 모두 물러가고, 가슴엔 밝은 광명이 몰려오게 된다.

이처럼 행원은 온갖 장애를 소멸시키고 고난을 없애 우리의 삶을 마치 하늘의 달이 구름 밖으로 나온 듯 일체를 비추고 일체의 걸림이 없게 하며, 주위 모든 분들이 칭찬하고 찬탄하고 공양드리는 그런 이가 되게 한다.

셋째, 행원은 스승 없이도 수행할 수 있는 장점이 있다.

다른 대부분의 수행법은 선지식을 만나지 못하면 여간 어려운 것이 아니나 이 행원만큼은 그렇지 않으니, 스승 없이도 열 가지 행원은 얼마든지 할 수 있으며 또 스승 없이도 내 수행이 제대로 이루어지고 있나를 어느 때나 점검할 수 있다. 내 주위에 나로 인해 이익을 얻는 이가 많아지고 나를 좋아하는 분들이 많아질수록 내 행원은 바로 가고 있는 것이며 나로 인해 괴로워하고 나를 싫어하고 비난하는 분들이 많아질수록 내가 행원을 잘못하고 있는 것이니, 나를 둘러보고 주위를 살펴보면 언제 어느 때나 나의 수행을 점검할 수 있으니 스승이 없어도 능히 나의 수행을 점검하고 이끌어 갈 수 있다.

넷째, 행원은 우리 모두를 성불로 이끄는 수행법이다.

일반적인 수행법은 우선 본인의 발전에는 기여하지만 타인에게는 별 영향을 끼치지 못한다(물론 공부하는 모습을 보이는 그 자체가 감동을 주기는 하나 그 행동 자체가 우리에게 직접 이득을 주는 것은 아니다). 내가 몇십 년을 좌선하든 그것은 어디까지나 내 수행이지, 나의 수행 그 자체가 남의 고뇌를 없애 주고 환희심을 가져다 주는 것은 아니다. 하지만 행원은 그 하나하나가 하는 사람뿐만 아니라 그 주위의 행원을 하지 않는 사람조차도 같은 수행의 효과를 가져온다. 행원을 하면 나만 기쁨이 오고 나만 밝아지는 것이 아니라 행원을 전혀 하지 않는 주위 사람까지 같이 밝아지고 기쁨이 온다.

내가 칭찬하고 공경하면 행원을 받는 사람들 역시 똑같이 대립과 갈등이 없어지고 무한한 환희심이 생겨나게 되는 것이다. 이와 같이 행원은 비록 나 혼자 할지라도 그 행원은 우리 주위의 모든 이들에게 똑같은 성숙을 가져와 사회가 밝아지고 온 국토가 밝아지게 한다. 이를 행원에서는 다음과 같이 말한다.

선남자야, 만약 보살이 이 크나큰 원을 따라 거기에 들어가면 일체

중생을 성숙시키고 위없는 깨달음을 이룰 수 있으며 보현보살의 한량없는 모든 행원의 바다를 이룰 수 있다

若諸菩薩 於此大願 隨順趣入 則能成熟一切衆生 則能隨順阿耨多羅三藐三菩提 則能成滿普賢菩薩 諸行願海

이처럼 행원은 낱낱의 행원을 하는 우리 개인만 성장시키는 것이 아니고 일체의 부처님을 나오게 하고 일체 중생을 성숙시키어 성불하게 하는 그런 뛰어난 가르침인 것이다.

끝으로 보현행원은 모든 수행법을 하나로 통일시키니, 바로 법공양에 나오는 여설수행공양이 그것이다.

본래 불교는 대립을 지양하고 하나되는 가르침이지만 수행법의 차이로 분열상을 보인 것이 사실이다. 참선을 제일로 치는 분, 염불이 제일이라는 분, 또 같은 참선이라도 간화니 묵조니 하며 얼마나 많은 분란이 있었던가. 하지만 이 여설수행공양은 이런 분란을 모두 종식시켜 이 훌륭한 수행법들을 하나로 묶어 오로지 부처님에게로 돌아가게 한다. 부처님이 원하시는 수행, 부처님이 가르쳐 주신 수행, 내 자성 부처가 권하는 대로 수행하면 되는 것이니, 나이가 들면서 수행의 인연도 바뀌는 분들을 우리는 그 동안 많이 보아 왔다. 젊을 때 화두 하나로 용맹정진하시던 분들이 나이 들어서는 염불선으로 귀의하신 분들의 이야기도 많다.

그러므로 묵조니 염불이니 진언이니 하고 따지는 것은 모두 부질없는 일. 오로지 자성부처의 소리에 따라 부처님 말씀대로 수행하면 될 뿐이다. 거기에다 불리보리심공양에 이르면 더 할 말이 없게 되니, 화두를 들고 묵조를 관하고 염불하는 것이 바로 보리심을 떠나지 않기 위함이기 때문이다. 이와 같이 일체의 수행은 보현의 넓은 바다로 귀결됨을 알아

야 한다.

그리고 행원은 참 쉽고 구체적이다. 팔정도(八正道)만 하더라도 무엇이 바른 길인지 말은 이해가 가나 실천하려면 떠오르지 않는다. 대승의 대표적 수행법인 육바라밀만 하더라도 실천하려고 하면 분명한 가르침이 그렇게 와 닿지 않는다. 인욕바라밀을 행하라 하면 내 마음엔 참아야 하는데 하는 그림자가 남는다. 지혜바라밀도 하긴 해야겠는데 무엇이 지혜로운 일인지 감이 잘 안 온다. 나머지도 마찬가지. 이런 바라밀 수행뿐만 아니라 다른 수행도 크게 다르지 않다. 버리라고 할 때 잘 버려지지도 않지만 무엇을 버려야 하는지도 잘 모른다. 하심하라 해도 하심에 대한 상이 떠나지 않는다.

하지만 행원은 그렇지 않다. 공경하며 칭찬하고 공양하고 섬기는 것이 바로 정견(正見) 정명(正命)의 팔정도요, 바라밀도 행하려 할 것이 아니라 공양드릴 생각을 하면 무언지 몰라도 행의 구체적인 모습이 떠오른다. 하심하려고 구태여 따로 애쓰지 않아도, 상 없애려 굳이 애쓰지 않아도 섬기고 칭찬하는 행원을 하는 가운데 하심은 저절로 생겨나고 상 또한 사라진다. 이처럼 행은 구체적이고 행하기도 쉽다.

이와 같이 행원은 쉽고 구체적이다. 그리고 일체 장애를 없애고 우리 모두를 성불의 세계로 이끈다. 또한 눈 밝은 스승이 비록 옆에 안 계신다 해도 언제 어느 때나 수행할 수 있으니 바쁘고 선지식 만나기 어려운 현대인들에게 더욱 적합한 수행이 될 것이다.

행원의 의미, 그 하나 : 행(行)이란 무엇인가?

　행원의 독특한 점 하나가 바로 이 행원이라는 용어다. 행원엔 행만 있는 것도 아니요 원만 있는 것도 아닌, 행과 원이 동시에 구족되기를 강조하고 있다.
　이 세상에서 행은 중요하다. 행이 세상을 바꾼다. 행, 즉 실천이 없으면 아무리 뛰어난 이론도 그저 이론일 뿐이다. 우리에게 아무런 도움을 주지 못하는 것이다. 부뚜막의 소금도 집어 넣어야 짜다는 우리 속담도 있듯이, 아무리 이론이나 말이 그럴 듯해도 행동에 옮기지 않으면 아무 소용이 없다.
　정신과에서 정신질환의 주요 치료 방법의 하나로 '행동요법'이란 것이 있다. 그림을 그리게 한다든가 연극을 하게 한다든가, 또는 장난감을 조립한다든지 하는 행위로 마음의 여러 가지 병든 상황이 호전되게 하는 치료법이다. 또 스트레스를 받거나 우울할 때 등산을 하거나 운동을 하고 나면 몸이 가뿐해지고 마음도 더불어 한결 가벼워진다. 이렇듯 행은 세상을 바꾸고 어둠을 몰아낸다.
　보현행원에서의 행은 이런 일반적 의미 외에 두 가지가 더 있다. 하나는 깨달은 이의 구체적 자기 표현으로서의 행이요 또 하나는 깨달음으로 이끌어 주는 길라잡이로서의 행이다.

깨달음은 어떻게 나타나는가. 행으로 나타난다. 무애원만한 행이 동반되지 않는 깨달음은 깨달음이 아니다.

우리는 흔히 보현의 열 가지 행이 별 대단한 것이 아닌 줄로 알기 쉽지만, 보현의 열 가지 행은 단순한 행이 아니다. 그것은 바로 깨달은 자가 깨달은 연후에 중생들에게 보이는 모습이다.

일체를 공경하고 섬기며, 중생들에게 잘한다 하시며 칭찬하는 행동. 누구에게나 공양을 하고 기쁨을 주며 모든 이들의 상처를 감싸안고 덮어 주는 행위는 아무나 할 수 있는 행이 아니다. 오직 깨달은 이, 이 세상이 본래 하나의 생명이었으며 중생의 차별은 오직 욕심과 어리석음 때문에 있게 된, 그리하여 스스로의 존엄을 깨닫지 못하고 남을 시기하고 괴롭히며 자기도 괴로움을 당하는 이 사바세계의 일체 중생들이 가엾고 안타까워 나오는 행위이다. 그러므로 보현행은 뛰어난 것이다. 각자(覺者)의 본래 모습이 바로 보현행이다.

기독교의 성경을 보면 메시아가 사람들의 배척을 적지 않게 받는 모습이 나온다. 그 이유 중의 하나가, 메시아가 가르침이나 행이 훌륭해서 사람들을 이끌기보다 오히려 권위—신의 말씀을 전한다는—나 신으로 받은 위엄으로 사람들을 이끌려 하기 때문이다. 이는 당시 사회의 분위기나 수준으로 보아 어느 정도 어쩔 수 없는 일이긴 하나 이후의 서양 사회에, 나아가 전 세계적으로도 이런 식으로 나아간 것은 문제가 많다. 이런 이유 때문에 타종교, 타민족 간에 불화와 대립이 끊임이 없었던 것.

불교의 깨달음도 마찬가지. 아무리 내 깨달음이 옳고 뛰어나다 하더라도, 화두타파 등을 하여 내가 궁극의 깨달음을 얻었다 하더라도 행동이 못 따라 준다면 아무 소용이 없다. 깨달음과 중생은 아무 연관이 없는 것이다. 그 동안 수없이 많은 깨친 이들이 나왔지만, 역사적으로 누구도 부정 못할 깨친 분은 바로 부처님일 것이다. 이 부처님의 일생이 어떠했는가를 보면 깨친 자의 행이 어떠해야 하는가를 알 수 있다. 실지 부처님의 일생은 깨친 자의 삶이 어떠해야 하는가를 웅변으로 보여 준다.

부처님 당시에 니다이라고 하는 똥치기가 있었다. 그는 부처님이 오신다는 소식을 듣고 한 옆으로 피하려다 똥통을 넘어뜨려 온몸이 똥으로 덮히게 된다. 당황하여 어쩔 줄 몰라 하는 니다이에게 부처님은 다가오셔서 손을 내민다. 일어나라 니다이여, 내 손을 잡으라! 부처님은 똥 묻은 니다이의 손을 손수 잡아 일으켜 주신다.

부처님이 처음 깨달으신 후, 그 깨달음을 다섯 비구에게 이야기했으나 다들 처음엔 깨닫지 못한다. 그러다 그 중 교진여라고 하는 비구가 맨 처음 깨닫는다. 그 모습을 보신 부처님은 기뻐서 외치신다. 교진여가 깨달았다, 교진여는 깨달았다!

관무량수경에서는 고통 속에 부처님을 애타게 찾는 위제희 부인 앞에, 신통력으로 멀리서 그 몸을 나투어 주신다. 위제희 부인은 그의 아들 아사세가 제바닷다의 꼬임에 빠져 부왕이며 그의 남편인 빈비사라왕을 깊은 감옥에 가둬 놓고 굶겨 죽이려 하자 꿀에 밀가루와 우유를 반죽하여 몸에 발라 왕에 드리곤 했으나 그 사실이 발각되어 역시 골방에 갇히는 신세가 된다. 위제희 부인은 슬픔과 시름에 잠긴 채 부처님을 애타게 찾는다. 영취산에서 이 소리를 들으신 부처님은 애틋한 하소연을 듣고 목련과 아난을 먼저 보낸 후 홀연히 몸을 감추시고 위제희 부인 앞에 나타나신다.

부처님은 이렇게 자비로우시다. 낮은 자를 경멸하지도 않으셨고 나보다 못한 자를 낮춰 보시지도 않으셨다. 넘어진 똥치기의 손을 잡아 일으켜 주시고, 어렵사리 깨친 제자를 보시고는 기뻐 같이 소리 치신다. 일체를 깨닫고 일체를 이룬 부처의 몸으로 안주하거나 유유자적함 없이 모든 중생의 고통을 아픔으로 체험하시고 중생을 위해 아니 가시는 곳 아니 나타나시는 때가 없다.

깨달은 이는 이렇게 오신다. 중생을 지극히 사랑하시고 중생의 모든 허물을 덮어 주시며, 섬기고 따라 줌으로써 보리의 싹이 움트게 하신다.

길라잡이의 행은 무엇인가? 그것은 바로 행이 깨달음을 이끌어 낸다는 뜻이다. 즉 행으로 깨달을 수 있다는 말이다.

깨달음은 어떻게 오는가? 숱한 행과 함께 온다. 참선이나 다른 수행도 이런 깨달음을 오게 하는 행의 하나이다. 섬기고 공양하는 보현의 열 가지 행은 그 모든 행의 진수로서, 비록 지금 당장은 깨치지 못한다 하더라도 그런 행을 하는 이들을 마침내 깨달음의 세계로 이끌어 준다는 말이다. 우리가 비록 미혹하지만 보현의 원행을 일념으로 따라 하다 보면 어느새 우리 모두 깨달음으로 한 발짝 성큼 다가서 있게 되는 것이다.

무술이나 무용 등의 대가는 그 깊이가 깊어질수록 동작이 점점 유연해진다. 그런데 유연한 동작을 흉내내다 보면 자기도 모르게 대가의 경지와 비슷하게 가게 된다.

보현행원도 마찬가지다. 행원은 대각을 이룬 부처님에게서 나오는 일체 중생의 덕성을 키워 주는 원만무애의 행이지만, 그래서 보통 사람으로는 하기 쉬운 일이 아니지만 이런 행원을 함으로써 당장 부처님의 무량공덕이 우리 주위에 오게 한다. 그러므로 보현보살은 여래의 공덕문으로 들어오기 위해서는 바로 이 열 가지 행원을 닦으라고 하시는 것이다.

이렇듯 행원은 깨달음의 구체적 표현이며 미망의 중생을 깨달음으로 이끌어 주는 실질적 수행방편이다.

행원의 의미, 그 둘 : 원(願)이란 무엇인가?

원은 참 중요하다. 원과 비슷한 개념으로 욕심이 있다. 욕심이 언제나 나쁜 것인가 하면 반드시 그렇지는 않다. 욕심은 인간을 지탱해 주는 큰 의지처요 버팀목이다. 욕심이 있으니까 사람은 현재의 어려움도 견딜 수 있고 욕심이 있으므로 인간은 현재보다 나은 곳으로 향상된다. 욕심이 없는 사람은 있는 사람보다 인내력, 추진력 등이 현저히 떨어진다.

이 세상의 진보도 그러하다. 텔레비전, 냉장고, 자동차 등을 보더라도 모두 어제보다 나은 오늘을 만들기 위해 사람들은 노력한다. 그 결과 어제보다 나은 제품이 만들어지지 않는가.

그러면 욕심이 과연 전부일까. 욕심만 있으면 인간은 향상되며 아무 문제도 없는 것일까. 그렇지 않다. '황금이 수미산만큼 있어도 한 사람의 욕망을 채우기에는 오히려 부족하다'는 부처님 말씀도 있듯, 욕망은 끝없는 갈애(渴愛)를 낳는다. 욕심만 가지고는 아무리 돈을 많이 벌고 지위가 높아지며 이름을 날리더라도 무언가 허전한 마음을 지울 수가 없다.

또한 욕망은 번뇌가 끊이지 않는다. 욕심을 가지고 일을 해 나갈 때는 마음이 편치 못하다. 웬 시기하는 이와 방해하는 이들이 주위에 그렇게 많은지, 한시도 우리를 편히 쉬게 하지 않는다. 그리하여 종교마다 욕심을 버리라고 가르치지만 욕심을 떠나 살 수 없는 것이 또한 인간이라

고뇌와 괴로움이 그치지를 않는다.

그러나 원은 그렇지 않다. 욕심을 원으로 바꾸면 그때부터 이런 문제가 전혀 생기지 않으니, 욕심을 원으로 바꾸는 순간 우리의 삶은 중생의 삶에서 보살의 삶으로 바뀌게 되니, 정녕 보살은 원으로써 중생의 잠에서 깨어나게 되는 것이다.

원은 무엇인가? 원은 내가 없는 것이요 욕심은 내가 있는 것이며, 원은 내가 하는 것이 아니고 부처님이 하는 것이다. 또한 원은 부처님과의 약속이다. 흔히 무엇을 이루어 주십시오 하는 것을 원이라고 생각하기 쉬우나 원은 부처님께 무엇을 이루어 달라고 하는 것이 아니라 내가 부처님께 이러이러한 것을 반드시 하겠습니다 하고 맹세하는 것이다. 바꿔 말하면 부처님과의 약속이 원이다.

예를 들어 사홍서원을 보면 중생을 구제해 주십시오라고 하지 않는다. 맹세코 부처님, 중생들을 제가 다 구하겠습니다 하고 말한다. 중생을 맹세코 제도할 것을 부처님께 내가 약속을 하는 것이다. 번뇌도 마찬가지. 부처님, 제 번뇌를 다 끊어 주십시오가 아니라 맹세코 부처님, 제 번뇌를 다 끊겠습니다 하고 부처님께 약속을 드린다.

이렇게 원을 세우면 똑같은 일인데도 하는 일마다 기쁨이요 보람이 가득하다. 그리고 곳곳에 숨어 계시던 여러 부처님 보살들이 잘한다, 잘한다 하시며 끝없는 격려를 해주시고 칭찬하시며 도와 주시니, 비록 어려운 일이라 하더라도 쉽게 술술 풀리어 신바람이 절로 나게 된다.

원은 또한 즐겁다. 서원안락행(誓願安樂行)이란 말도 있듯이 원이 있는 사람은 아무리 힘들고 고달프더라도 편안하고 즐겁기 그지없다. 내가 하루 종일 나 한 몸 위해 일하면 힘들기 그지없으나 내가 일한 몫으로 우리 아이들이 학교도 가고 공부도 잘할 걸 생각하면 하나도 일이 고달프지 않다. 참으로 원은 중생의 깊은 잠을 깨우며 고달픈 중생의 삶에서 환희로운 보살의 삶으로 바뀌게 하는 것이다.

그렇다면 원을 어떻게 만들 것인가. 우리에게 없는 원을 어떻게 활활 불태울 것인가. 욕망 중생에겐 참 어려운 일이다. 그러나 원은 다음과 같은 방법으로 세워진다.

첫째, 내가 있는 곳에 부처님을 갖다 놓는 것. 내가 하면 욕심이요 부처님이 하면 원이니, 내가 있던 자리에 부처님을 갖다 놓으면 하늘보다 높은 욕심이 그 즉시 하늘보다 높은 원으로 변한다.

둘째, 일마다 원을 갖다 붙이는 것.

지난 번 프랑스에서 월드컵이 열렸을 때 우리는 16강 진입을 염원했다. 그런 염원을 반영한 행사가 많이 열렸는데 그 중에 '월드컵 16강 기원 정동진 기차여행'이란 것도 있었다. 도대체 정동진에 기차 타고 가는 것하고 우리 나라가 16강에 진입하는 것하고 무슨 상관이 있을까. 하지만 이름을 그렇게 붙이고 보니 그도 그럴 듯한 것이, 정동진까지 기차가 가는 동안 우리 모두가 월드컵 16강에 들기를 마음속으로 기원하는 것이다. 우리가 기차 타는 것하고 월드컵 16강은 일고의 연관성도 없지만, 이름을 그렇게 붙이고 한 마음으로 염원하니 아무 상관 없는 기차 타는 행위가 월드컵을 잘 치르는 행위와 통하게 된다.

이와 같이 아무 연관도 없고 아무것도 아닌 행위이지만 우리가 거기에 간절한 우리의 소망을 불어넣으면 그 무관한 일체의 행위가 바로 원으로 타오르게 된다. 아무것도 아닌 일이지만 거기에 우리의 원을 세우면 그 일이 곧 나의 원으로 바뀐다.

셋째는 원 자체를 행하는 것. 즉 원을 발하고 원을 공양드리는 것이다.

우리 범부중생이 원이 어딨는가. 있다면 모두 욕심 아닌가. 참으로 부처님 뵙기 민망한 일이다. 그러므로 무엇보다 부처님, 제가 반드시 원을 세우겠습니다라고 부처님게 맹세하는 일이 시급하다.

요즘 중·고 학생들의 봉사정신이 부족하다고 한다. 그래서 교육 당국이 고안한 것으로 봉사활동이 있다. 양로원, 보육원, 또는 공공기관에 가서 봉사활동을 시킴으로써 봉사정신을 일깨우겠다는 것이다. 그런데 처음엔 가고 싶지 않으나 오직 점수 딸 목적으로 이런 곳에 갔던 학생들이, 실지로 봉사활동을 해 보며 봉사활동의 중요성을 많이 깨닫는다고 한다.

행원도 이와 같은 것이다. 행은 원을 불러일으킨다. 먼저 무엇을 바쳐야 할지 모르는 그 원부터 공양드려 보라. 부처님, 제가 지금은 비록 보잘것 없지만 반드시 큰 원을 세워 부처님께 공양드리겠습니다 하고 원을 공양드리다 보면 언제부터인지 원이 구체적 모습을 띠며 우리 앞에 나타나게 된다. 이처럼 행은 원을 불러일으키고 원은 행을 배가시키니 경은 보현'원행품'이 아니고 '행원품'으로 이름지어진 것이다.

보현행원은 이런 원과 행이 따로 있는 것이 아니라 동시에 갖출 것을 가르치니, 행 곳곳마다 원 또한 끝이 없고 원 하나하나마다 행 또한 끝이 없다. 이런 이유로 단순한 '보현행'이 아니라 그 이름이 '행원'인 것이다. 보현보살이 가는 곳마다 원과 행이 끝이 없는 것이다.

원은 크게 세 가지 의미가 있다.

첫째, 원은 행을 올바른 방향으로 이끌어 주고 행의 추진력, 힘을 배가시킨다.

원이 없는 수행은 위험하다. 아무리 뛰어난 수행을 하더라도 원이 없으면 자칫하면 법집과 아집에 빠지기 쉽다. 참선하시는 분들이 상기(上

氣)나 무기(無記) 등 소위 선병(禪病)에 빠지는 이유가 여러 가지가 있겠으나 이런 원이 부족한 것도 하나의 원인이다. 그러므로 참선의 요체를 적은 좌선의(坐禪儀)에서는 그 첫번째 마음가짐으로 맹세코 중생을 제도하라는 서원을 든다.

내가 사홍서원을 처음 접했을 때 왜 서원의 첫 순서가 번뇌를 끊는다거나 불도를 이루는 것이 아니고 중생을 다 건지는 것인지 잘 이해가 가지 않았다. 그러나 지금 생각하면 당연한 것이, 나머지 세 가지 서원은 첫번째 서원, 즉 중생을 맹세코 모두 구하겠다는 큰 원이 없으면 나오기 어려운 원이요, 설사 나오더라도 그 순수성과 연속성을 기대하기 어렵기 때문이다.

이렇게 원과 행이 하나가 될 때는 폭발적 힘을 갖게 된다. 이런 연유로 행원품에선 행원이 '동시에 이루어질 것'을 강조하고 있다.

행에는 원이 반드시 따라야 한다. 불우이웃돕기 성금함에 한 닢 돈을 넣을 때도 '이 정성이 보잘것 없지만 반드시 어려운 이에게 도움이 되어지이다' 하고 원을 발하며, 경을 하나 읽을 때에도 '이 경 읽는 소리가 시방법계에 두루 울려 퍼져 모든 중생들의 보리심을 일깨워지이다' 하고 원을 발하며 한 자 한 자 간절히 읽어야 한다. 이와 같이 행 하나하나에 원이 끊임 없이 이어지는 것이 보현의 원행이다.

원은 또 불가능한 일을 가능하게 한다. 간절한 원을 발하게 되면 언젠가는 그 원이 이루어지게 되고 그 이루어지는 시기도 앞당겨지게 된다. 그러므로 광덕 큰스님께선 참된 소망은 반드시 이루어진다고 말씀하시는 것이다.

원은 또한 감당 못 할 일들을 이겨 낼 수 있는 능력을 길러 준다. 사람에겐 누구나 이상(理想)이란 것이 있다. 그런데 이 이상은 이루기가 여간 어렵지 않다. 우리는 남을 위해 사는 것이 옳은 일인지는 누구나 안다. 그러나 그렇게 사는 것은 쉬운 일이 아니다. 남을 위해 사는 것 자체가 무한한 복 짓는 일인데, 그 일 자체가 과거에 심어 놓은 선근 없으면 쉽지가 않다. 만약 준비 안 된 이가 이상만 좇아 그런 일을 하다가는 지레 지쳐 쓰러진다. 몸도 마음도 너무 망가져 아니함만 못한 결과를 가져오는 것이다.

남을 도와 주는 것도 마찬가지다. 남을 진정으로 도와 주려면 원을 세우고 준비해야 한다. 그때에야 비로소 제대로 남에게 도움을 줄 수 있다. 만약 그렇지 않고 당장의 감정으로 섣불리 나서게 되면 제대로 도움을 줄 수도 없을 뿐 아니라 오히려 해가 되기도 한다.

원은 이처럼 감당키 어려운 일들을 감당할 수 있는 능력을 갖게 한다. 지금은 비록 미약해서 되지 않는 일도 원을 세우고 노력하면 언젠가는 이루어지게 되니, 원을 세우는 것은 이처럼 대단히 중요한 일이다.

행원을 보면 처음엔 '행원'으로 설해지고 한 번도 '원'에 관한 말은 나오지 않으나, 공덕을 설하는 총결분에 보면 보현의 대원이라는 말이 나온다. 즉 행이 빠진 것이다. 그리고 그 후에도 계속 보현의 원이라고 나오는데, 그것은 처음엔 행이 중요하나 행이 깊어질수록 더 깊어지는 원의 중요성을 말하기 위함이다.

선남자야, 이것이 원만한 보살의 열 가지 큰 원이니 모든 보살은 이런 큰 원으로 따르고 들어갈지니···.

善男子 是爲菩薩摩訶薩 十種大願具足圓滿 若諸菩薩 於此大願 隨順趣入···.

다시 어떤 사람이 깊은 믿음으로 이 큰 원을 지니고 읽으면….
惑復有人 以深信心 於此大願 受持讀誦….

그만큼 원이 중요한 것이다. 흔히 보현보살은 행을 대표하는 보살이며 원은 지장보살로 알고 있으나 행원품을 보면 그렇지 않음을 알 수 있다. 여러 차례에 걸쳐 보현보살을 원왕(願王)으로 부르는 것을 볼 수 있다.

행은 원이 동반될 때만 의미를 갖는다. 그러므로 행에 원이 빠질 수가 없으니 보현보살을 단순히 행의 보살로만 말하는 것은 잘못된 시각이다. 보현의 원도 지장 못지 않게 큰 것이니, 원과 행이 같이 갈 때 그 행이 진실되고 온전한 실천력, 추진력을 갖기 때문이다. 따라서 행원은 원과 행이 언제나 동시에 같이 있을 것을 강조한다. 원이 없는 행은 채 자라지 못한 어린 아이와 같은 것이어서 미약하기 짝이 없다. 반드시 행 하나마다 원이 따라야 한다.

이렇게 행 하나하나에 간절한 원이 따를 때 이 세상 어떠한 행도 보현행 아닌 것이 없다. 비록 보현행은 열 가지로 대표되지만 간절한 원이 동반될 때 우리의 모든 행은 보현행으로 변한다. 행 하나하나에 간절한 원이 따르는 것—그것이 바로 보현행원이다.

행원수행의 자세

이런 행원을 할 때 기본 마음가짐으로 경에서는 세 가지를 갖추라고 한결같이 말한다.

첫째, 행원에 끝이 있으면 안 된다[無有窮盡]. 그것은 중생이 끝이 없기 때문이다.

중생이 끝이 있으면 행원도 끝이 있으나, 중생의 수가 끝이 없고 중생의 번뇌가 끝이 없으므로 행원도 끝이 있을 수가 없는 것이다.

둘째, 행원을 하는 데 있어 피곤하거나 싫어하는 생각이 있으면 안 된다[無有疲厭].

지난 고교 시절, 교무실에 학불염(學不厭)이라는 글귀가 적힌 액자가 있었다. 나는 그 글을 읽고 참 이상하다고 생각했다. 공부하는 데 싫어하는 생각을 내지 말라니, 공부는 싫거나 좋거나 하는 것이지 싫어하지 않는 것이 무슨 공부의 기본 자세라고 그런 글귀가 다 있나 하는 것이 그 당시의 내 생각이었는데…. 뒷날 의대에 들어가 의학공부를 해 보니 과연 공부에 염증을 내지 않는 것이 얼마나 중요한가를 알게 된다.

행원도 마찬가지다. 행원을 하다가 피곤하거나 싫증을 내게 되어서야 행원이 제대로 지속될 수가 없다. 하루 종일 행원을 하더라도 조금도 했다는 생각, 피곤하다는 생각이 떠오르지 않아야 진실된 행원이 이루어졌다고 할 것이다.

 셋째, 행원은 한 번 하고 쉬고 생각날 때 다시 하는 그런 것이 아니라 한시도 끊이지 않고 쉬지 않으며 순간순간 이어지는 그런 행원이어야 한다고 가르친다[念念相續 無有間斷].

 모든 일은 그 효과가 극대화되기 위해서는 연속성이 있어야 한다. 누구나 한두 번은 잘할 수 있고 누구나 한두 번은 작심할 수 있다. 그러나 꾸준하기가 힘든 것이다. 그러므로 좋은 결과가 나오기 힘들다. 모든 일은 끊임 없이 꾸준히 지속될 때 비로소 그 결과가 열매를 맺는 것이다.

 영화가 움직이게 보이는 것도 사진이 끊이지 않고 돌아가기 때문이며 방울방울 내리는 빗방울이 마침내 바위를 뚫는 것도 역시 끊이지 않고 내리기 때문이다. 우리의 행원 역시 끊이지 않고 이어져 연속성을 가질 때 비로소 큰 힘이 나오게 된다.

입법계품과 보현행원

　보현행원품은 왜 화엄경 맨 끝에 나오며, 다른 화엄경 번역본에서는 입법계품으로 명명된 부분이 왜 40화엄경에서는 그 이름이 <입부사의 해탈경계 보현행원품(入不思議 解脫境界 普賢行願品)>으로 입법계품 전체가 <보현행원품>으로 이름지어진 것일까(화엄경은 크게 세 종류가 있고 60화엄, 80화엄, 그리고 40화엄 순으로 번역되니, 나중에 나오는 화엄일수록 전 편에 없던 부분이 보충된다. 그런데 보현행원품은 다른 두 화엄에는 나오지 않고 40화엄에만 나온다).

　화엄경에서 제2부에 해당되는 입법계품은 전반부와 달리 시간이 상당히 경과한 뒤의 일을 적고 있다. 입법계품은 <차제입법계(次第入法界)>라고도 번역되듯, 법계를 점차적으로 입증해 나가는 것을 말한다. 다시 말하면 이 세상은 보현의 원행으로 나타나게 되는 법계라는 것이다. 그러므로 입법계품은 그 전체가 보현의 원행으로 이루어지는 불가사의한 해탈의 세계이다. 보현의 낱낱의 행원, 칭찬하고 공경하고 법문을 청하고 중생을 섬기는 일체의 보현행에 따라 그 불가사의한 해탈법계가 우리 앞에 나타는 것이다. 보현행원은 그만큼 중요한 것이다. 장엄하기 그지없는 일체의 화엄법계가 다름이 아닌 보현의 행원에서 나온다는 말이니, 그만큼 행원은 뛰어난 창조성을 가지고 있다.

화엄경을 처음 봤을 때 좀 의아했던 일이 화엄경에는 보현보살이 너무 하다 싶을 정도로 많이 등장하는 것이었다. 화엄경에는 수도 없는 보살이 나오는데 항상 그 중 맨 으뜸에 서는 것이 보현보살이며 심지어 부처님의 화엄도량에 시방세계에서 구름처럼 몰려드는 보살들과 그 권속들이 모두 보현보살의 행과 원에서 나왔다는 이야기도 여러 번 나온다.

이런 글들이 모두 의문을 불러일으켰으나 이것은 그만큼 보현의 행원은 단순한 행원이 아님을 뜻한다. 보현의 행원에서 일체 보살이 나오고 일체 법계가 이루어지므로 입법계품은 그렇게 이름지어졌으며 열 가지 구체적 행원을 적은 행원품은 맨 끝에서 다시 한 번 그 중요성을 우리에게 마지막으로 알려 주는 것이라 하겠다.

화엄이란 화려하고 장엄하다는 뜻인데, 이런 화엄의 법계가 전개되는 것은 전적으로 행원 때문이다. 섬기고 공양하고 칭찬하고 공경하는 보현의 행원으로 인해 예토(穢土)가 정토(淨土)로 바뀌며, 보잘것 없는 이 세계가 장엄하고 화려한 화엄의 세계로 변하는 것이다. 이렇게 보잘것 없는 세계를 화엄국토로 바꾸어 나가는 것이 보현의 열 가지 원행이다. 따라서 화엄은 그냥 화엄이 된 것이 아니다. 부처님이 성도하신 2부에서 입법계품이 시작되는 것은 단순한 깨달음만으로 이 세계가 화엄국토로 변하는 것은 아님을 말하고 있다. 화엄은 보현행원의 결과인 것이다.

청전법륜(請轉法輪) : 연화보좌에 오르시는 부처님들

청전법륜이란 만나는 이마다 모두에게 법문 들려 주기를 청하는 것이니, 법문은 내가 간절히 듣기를 원할 때 내 귀에 들려 오는 것이며 법문의 수레바퀴도 굴러가기 시작하기 때문이다. 사실 우리는 법문 속에 살면서 눈이 있어도 보지 못하고 귀가 있어도 듣지 못하는 일이 많다. 관심이 없으면 가져도 가진 줄 모르고 있어도 있는 줄 모르는 법이다.

중생은 대단한 존재라 '내가 아니다'라고 하면 부처님이 오셔도 어쩔 수가 없다. 보조스님께서도 수심결에서 '따르지 않으면 나도 어쩔 수 없구나' 하고 탄식하신다.

그런데 행원품에서의 청전법륜은 선지식에 대해서만 하는 것이 아니고 일체 중생에 대해 법문을 청하는 것이다. 왜냐하면 이 세상 모든 중생은 불성을 가진 존재라 누구나 나름대로의 깨달음을 가지고 있기 때문이다. 행원품에서는 이렇게 말한다.

> 선남자여, 시방삼세 일체의 부처님 국토에 말할 수 없이 많은 일체의 부처님들이 깨달음을 이루고 계신다[一切諸佛 成等正覺].

일체제불 성등정각! 이 세상에는 수많은 부처님이 계시고, 그 부처님 낱낱마다 이미 모두 정각을 이루고 계신다는 것이 바로 청전법륜의 소식이요 화엄경의 소식이다. 그리하여 찰찰진진(刹刹塵塵) 두두물물(頭頭物物)이 세상 어느 한 물건이든 법을 설하지 않는 것이 없다.

선지식만 깨닫는 것이 아니라 범부도 깨닫는다. 일체 중생이 모두 깨닫는다. 그러므로 백 명이 모이면 백 개의 각기 다른 법문이 나오고, 천 명이 모이면 천 개의 가기 다른 법문이 나오는 것이다. 30년 선방에서 공부하신 분의 깨달음이 30년 시장에서 좌판하신 분보다 반드시 낫다고 어떻게 말할 수 있는가. 진리본성에 대한 깨달음이야 공부하신 분이 낫겠지만 물건 팔기야 그 장사하신 분이 훨씬 나을 것이다. 그러므로 배부를 때에는 몰라도 배고픔 해결하는 데는 장사하시는 분 말씀이 훨씬 더 효과 있을 것이다. 깊은 산 속 청정도량이 법신의 한 표현이라면 시끌벅적한 저 저잣거리도 무량한 청정법신의 한 표현이다.

부처님 법을 만나면 누구나 가슴에 깊은 환희를 느끼게 된다. 그것은 부처님 말씀이 워낙 뛰어나기도 하지만 우리 모두가 불성을 가지고 있기 때문이기도 하다. 우리가 본래 부처가 아니라면 부처님 말씀을 듣는다 하더라도 하등 감동이 일 까닭이 없다. 우리가 본래 부처이기 때문에 그런 것이다.

이는 기독교적으로도 크게 다르지 않는데, 우리가 주님의 자손이기 때문(그것도 얼마나 뼈대 있는 집안인데!)에 주님의 말씀을 잘 알아듣는 것이다.

나도 부처님 법을 만나 환희심이 일 때 나만 그런 줄로 착각한 적이 많았다. 아, 이 가르침을 다른 이들에게 알려 주어야지 하고 스스로 다짐도 해 봤다. 그러나 내가 공부하는 만큼 다른 분들도 다 공부하고, 내가 아는 것은 다른 분들도 다 안다는 것을 알고 나서는 부끄러움을 많이 느낀다. 다른 분들의 언행을 볼 때, 불교를 모르는 분들의 언행조차도 오히려 나에게 더 큰 가르침을 주는 경우가 더 많다. 일체 중생이 모두 불성을 가지고 있고 이미 나름대로의 정각을 이루고 있기 때문이다.

그런데 왜 그 분들의 법문이 내 가슴에 들려 오지 않을까. 그것은 우리가 법문을 청하지 않기 때문이요 법좌를 만들어 드리지 않기 때문이요 분별상을 내기 때문이다. 재가 무슨 법문을 해? 하는 나의 아상, 그리고 저 친구는 못 깨달았어 하는 중생상으로 인해 우리 부처님들이 말씀을 못 꺼내시는 것이다. 우리가 노래방에 가서 수줍어하는 이의 노래 한 번 듣기도 여러 번 청할 때 가능한데 법문 듣는 일에서랴!

모든 중생은 나름대로 모두 깨닫고 있다. 그러므로 중생상에 이끌려 법문을 청해서는 안 된다. 만나는 일체 중생에게 법문을 청해야 한다. 일체 중생은 그 자리에서 모두 잘났으며, 일체 중생은 이미 나름대로 성불해 있는 것이다. 일체 중생이 성불의 소식을 전하고 있건만 중생상 수자상에 내 눈이 어두워 내 마음을 닫고 있기 때문에 성불의 소식이 내 귀에 들리지 않는 것이다.

청전법륜은 이런 마음의 문을 여는 행위이다. 그리고 일체 중생을 중생에서 선지식의 자리로 올려 드리고 미천하고 보잘것 없다고 스스로를 비하하는 중생들을 본래 부처님임을 알게 해 드리는 행위이다. 그리하여 본래 부처님인 중생들을 부처님 연화보좌에 앉혀 드리는 일이며, 간절한 청법 속에 중생들은 미혹을 벗어나 부처님 연화보좌에 오르시게 된다.

우리 주위의 일체 만물에게 지극한 마음으로 법문 들려 주시기를 청할 때, 내 마음에도 법문의 소식이 들려 오며 법문은 설해지기 시작하며 주위의 일체 만물이 그 자리에서 부처님으로 바뀌게 된다. 그리하여 섬진강 물고기는 왜 그리 힘차게 자맥질을 하며 남대천 연어는 왜 그리 한사코 되돌아오는지, 그리고 한라산 철쭉은 봄마다 왜 그리 붉게 타는지 그 소식이 우리에게 들려 오며 산하대지가 법을 설하고 산하대지가 법을 듣는 찰찰진진(刹刹塵塵) 구설구청(具說具聽)의 세계가 열리게 된다.

청불주세(請佛住世) : 부처님 불러 모셔 오기

  청불주세는 이 세상에 부처님이 오래오래 머무르시길 간청하는 것이니, 우리 중생들이 부처님이 오래 계시기를 간청할 때 부처님도 이 땅에 더 머물게 된다.
  집에 오랜만에 손님이 오셨다 하자. 한동안 즐겁게 머무르시던 분이 어느덧 시간이 되어 떠나려 할 때 어떻게 하면 더 오래 머물게 할 수 있을 것인가. 그것은 우리가 간곡히 더 계시기를 청할 때 가능하다. 우리가 더 오래 머무르시기를 간곡히 청할 때 오신 손님도 발걸음을 멈추고 좀더 오래 계시게 된다.
  부처님도 이와 같다. 우리 주위에 부처님은 얼마나 많은가. 부모님 부처님, 아내 부처님, 아이 부처님, 그리고 나와 좋은 인연 맺은 이 땅의 수많은 부처님들이 내 주위에 더 오래 머무르시고 더 오래 계셔서 좋은 법문 더 들려 주시고 더 많은 지혜와 기쁨 주시며 더 많은 좋은 인연 맺기를 내가 간곡히 바랄 때, 마치 집에 오신 손님이 그러하셨던 것처럼 이 세상 모든 부처님들도 더 오래 우리 곁에 머무르게 되니, 부모님은 오래 사시고 집안에 아무 일 없고 아이들은 모두 건강하게 무럭무럭 자라는 것이다.
  나 아닌 다른 이에 대한 이런 청불주세는 필경 자성불(自性佛)의 머무름으로 귀결된다. 부처님이 이 땅에 오래 계시기를 청하는 이런 원행 바람은 마침내 부처님을 우리 마음으로 오시게 한다. 석가모니 부처님도 오시고 미륵 부처님도 오신다. 비로자나불도 오시고 노사나불도 오신다. 일체의 부처님이 내 마음에 오셔서 나를 떠나지 않고 내 안에 머무르시니 아침마다 부처님과 함께 일어나며 밤마다 부처님 품속에서 잠을 자게 된다.

부처님이 언제 우리에게 오시는가. 우리가 부처님을 부를 때 오시며 청할 때 오시며 보리심을 발할 때 오시며 부처님이 좋아하시는 일을 할 때 오신다. 그런데 왜 지금 우리 주위에는 부처님이 없으신가. 그것은 모두 나 때문! 내가 부르지 않았고 청하지 않았으며 보리심을 발하지 않았기 때문이다. 부처님이 안 오신 게 아니라 내가 못 오시게 한 것이다.

우리가 남을 초대할 때는 음식도 준비하고 집도 깨끗이 치운다. 그런데 집도 지저분한 채로 그대로 놔 두고 접대할 음식도 장만치 않으면 손님이 오시겠는가. 아마 오셨다가도 되돌아가실 것이다. 부처님도 그러하시다.

부처님이 오실 집이 욕망과 번뇌로 활활 타고 있고, 어둠과 절망으로 한 치 앞이 안 보일 정도로 깜깜하며, 시기와 질투, 미움과 원망으로 온 집안이 시끄럽지 않은 날이 없는데 어찌 부처님이 오실 수가 있는가! 내 마음의 집을 이렇게 만들어 놓고 어찌 부처님이 오시지 않는다고 한탄할 수 있겠는가!

따라서 우리가 지금 해야 할 일은 부처님이 안 오신다고 한탄하고 원망하고 좌절할 것이 아니라 우리의 집을 부처님이 오시게끔 바꾸는 일이다. 우리가 들끓는 끝없는 욕망과 번뇌의 불을 끄고 어둠 가득한 방 안을 창문 활짝 열어 온 방에 햇빛 가득하게 하고, 모든 이를 용서하고 칭찬하여 우리 마음의 집을 아무 일 없는 무위의 집[無爲舍]으로 바꿀 때, 자비로운 웃음 온 누리 가득 채우시며 부처님은 한량없는 공덕으로 우리에게 오신다.

또한 부처님은 혼자 오시지 않는다. 수많은 보살의 원행과 함께 오신다. 그리하여 헤아릴 수 없이 많은 보살의 원과 행이 이 세상 가득 덮을 때 비로소 부처님은 수많은 보살의 시봉 속에 우리에게 오시니, 미륵불이 오셔서 우리 중생의 수명이 팔만 세가 되는 것이 아니라 우리 중생의 수명이 팔만 세가 될 때 미륵 부처님이 오시는 것이다.

상수불학(常隨佛學) : 부처님께 돌아가기

　상수불학은 부처님을 본받아 따라 배우는 것이니, 부처님의 일체의 모습을 우리가 따라 배우는 것이다. 그 중에서 행원은 발심과 그 용맹정진을 따라 배우기를 말한다.
　생각해 보면 부처님 은혜가 얼마나 무량한가. 온갖 영화를 누리고 계셨으면서도 고해 중생을 기어코 구하시겠다는 일념으로 모든 것 버리시고 홀연히 출가하시고, 그 어려운 고행을 우리들을 위하여 다 참으셔서 마침내 무상정등각을 이루셨는데, 우리가 부처님의 반의 반만이라도 해야 하지 않을까. 게으름이 나고 마음이 나태해질 때마다 그런 부처님을 생각하여 용기를 내어 정진을 하여야 한다.
　부처님은 이끌어 주시는 분이 없어서 설산에서 갖은 고생을 다 하셨지만 다행히도 우리는 부처님이 밝혀 놓으신 길이 있으므로 부처님을 따라가기만 하면 된다.
　상수불학의 또 하나의 의미는 '부처님께로 돌아가는 것'이니, 우리가 부처님을 따라 배우는 이유는 종국엔 부처님께로 돌아가기 위함이다. 그 너그러움, 그 원만함, 그리고 광명 끝없는 부처님의 한량없는 공덕을 배우고 돌아가는 것이니, 상수불학은 바로 이 소식이다. 우리가 참선을 하든 염불을 하든 무슨 수행을 하든 마지막엔 부처님께로 돌아가야 한다.

행원 역시 부처님을 떠나지 않고 부처님께 돌아가는 수행법이다.

모든 행에 있어 그렇지만 여기서도 명심하여야 하는 것이 원력이다. 우리가 공부할 때는 원력을 잊지 않아야 한다. 우리가 무엇을 위해 부처님 법을 배우고 닦아 나가는가. 내 자랑하기 위해서? 아니면 내 복 짓기 위해서? 모두 아닐 것이다. 오로지 중생의 행복을 위해서 부처님 법을 배우고 또 익혀 나가야 한다.

이것은 다른 일상사에 있어서도 마찬가지. 아무리 내 사업이 잘 되고 재산이 많다 하더라도 원이 없으면 오직 내 자식 잘 먹이고 내 한 몸 가꾸기 위한 것밖에 안 된다. 또 아무리 좋은 학교를 나오고 유학을 갔다 오고 박사가 되고 실력이 뛰어나더라도 원이 없으면 내 자랑거리 기른 것밖엔 안 된다. 내 재산 내 지식이 내 자랑하라고 온 것은 아니다. 오직 중생의 번뇌를 없애고 중생의 보리심을 기르는 데 쓰여져야 하는데, 그렇지 않으면 중생에게 전혀 도움이 되지 않을 뿐 아니라 오히려 부처님 같은 중생들에게 위화감과 열등감을 불러일으켜 우리를 어둡게 만드니 이 얼마나 무서운 일인가.

어려웠던 1950년대, 숱한 꿈을 갖고 유학 떠났던 이 땅의 여러 선배들이 그 고생 겪어 가며 공부했던 것은 일신의 영화를 위해서가 아니고 어떡하든 더 많은 학문을 배워 가난한 조국의 발전에 이바지하기 위해서였듯, 과거 그렇게 많은 스님들이 죽음을 무릅쓰고 멀리 인도까지 가서 경전을 가져온 것 역시 불법 못 만나는 중생들을 위해서였듯 우리가 배우는 불법도 모두 그러해야 할 것이다.

이 세상의 수많은 사람들 중에 과연 불법 만난 복 가진 이들이 얼마나 될까. 나는 다행히 부처님 법문 만나게 되었지만 불법 못 만나 사생의 바다에 헤매는 그 많은 이들은 어떻게 할 것인가. 그런 못 배우고 못 만난 가엾은 이들을 위해 내가 기필코 깨치고 더 많은 법문 더 많은 방편을 배워 그들에게 부처님 법을 전하고[傳法] 나눠 드리겠다는 간절한 생각이 없다면 상수불학을 제대로 아는 것이 아니라 하겠다.

항순중생(恒順衆生) : 꽃피워지는 중생의 불성(佛性)

   항순중생, 또는 수순(隨順)중생이란 중생을 따라 순응한다, 즉 중생의 뜻을 따르고 그를 섬기는 것이다. 그런데 이 따르고 순응하는 것은 다른 무엇보다 우리 가슴속에 숨어 있던 불성을 길러 주는 것이다. 수희공덕이 우리의 보리심을 북돋워 주는 행원이라면 수순중생은 우리의 불성을 찾아내고 길러 주어 마침내 환히 밝히고 꽃피우는 행원이다. 중생의 뜻을 따르고 섬기는 것은 자기도 모르는 곳에 숨어 있던 모든 능력을 활활 꽃피게 한다.

   중생의 불성은 바람 앞의 불꽃과 같다. 너무나 여리고 약해 보살펴 주고 붇돋워 주지 않으면 세파의 거친 바람에 곧 꺼지고 말 그런 약하디 약한 불꽃이다.

   중생도 그와 같다. 모두 겁 많고 외로운 존재다. 모두 행복하고 싶어하지만 자신도 모르게 지은 수많은 업으로 조그만 소리에도 움츠리는 가슴 토끼처럼 놀라 불안해하고 우왕좌왕하며, 조금만 비바람이 불어도 넘어지고 무너지는 가엾고 외로운 존재들이다. 행복을 원하지만 행복은 잠깐이고, 사생(死生)과 괴로움의 바다를 끝없이 윤회해야 할 고달프고 서러운 존재들이다.

   이런 가엾고 서러운 이들을 섬기고 공양하고 모시지 못하면 그들이 본래 가지고 있는 불성이 자랄 수 없다. 가난하고 외롭고 상처받은 이들에겐 백약이 무효요 만 가지 치료법이 소용이 없다. 상처가 나을 때까지 오로지 따르고 섬겨 드려야 하며 좋은 벗이 되어 그들에게 희망을 주고 용기를 주어 보리심을 잃지 않게 해야 한다.

아이가 어릴 때 부모는 갖은 정성 다해 아이들을 따르고 섬긴다. 젖은 기저귀도 갈아 주고 배고파 울 때는 젖병도 물린다. 아이는 이런 부모님의 정성어린 보살핌 속에 똥오줌 마음껏 싸고 우유도 마음껏 먹고, 자고 싶을 때 자고 울고 싶을 때 울면서 무럭무럭 자란다. 유치원에 갈 때면 옷도 입히고 가방도 챙겨 준다. 초등학교 입학할 때면 온 집안은 잔치가 벌어진다. 알림장도 챙기고 몰라서 고민하는 아이 옆에서 밤 늦도록 같이 숙제도 하고 준비물도 챙기다 보면, 어느덧 아이는 나보다 훌쩍 커 버려 어느새 무거운 짐을 들어 주는 의젓한 인생의 동반자로 우리에게 다가온다.

만약 아이가 운다고 아기를 나무라고 아이가 내 마음 같지 않다고 원망한다면 어찌 아이가 건강히 자라 우리의 좋은 친구가 되어 줄 수 있었겠는가. 바로 어리고 미숙한 아이들을 시절 인연 올 때까지 따르고 섬긴 결과이다. 이처럼 중생도 모든 불보살들이 시절 인연 올 때까지 지극한 정성으로 따르고 섬길 때 비로소 그가 가진 모든 불성이 활짝 꽃피게 된다.

유마경 불도품(佛道品)에는 보살이 구체적으로 어떻게 중생을 따르고 섬기어 일체 중생의 불성을 꽃피우는지 게송으로 알려 준다. 그 게송을 보면 보살은 갖은 모습으로 중생을 따르고 섬기어 그 불성을 꽃피운다.

마군의 일인 줄 알면서도 그 행동을 따라해 주고, 이미 나고 죽음을 여의었으나 중생을 위해 몸을 받아 중생들 앞에 나아가 그들과 고락을 같이 한다. 그리하여 같이 늙어 가고 병들어 죽게 되지만 이런 것이 모두 허망한 한 나절 꿈인 줄 알아 생로병사에 괴로워하는 마음이 전혀 없다. 오로지 고락과 쾌락이 영원한 줄 아는 중생들을 깨우치기 위함이라.

시방세계 일체 부처님을 끊임 없이 공양하나 부처님과 내가 둘이라는 생각은 전혀 없다. 공양하는 우리나 공양받는 부처님이나 서로 다른 이다, 별개의 존재다 하는 분별하는 생각이 전혀 없다. 공양드리는 내가 바로 공양받는 부처님과 근본에 있어 조금도 다르지 않음을 분명히 알고 공양드리고 공양을 받는 것이다.

경전, 주문, 여러 재주 모두 익혀 알음알이 다툼이 있는 곳에 나아가 많은 사람들의 의혹을 풀어 주고 나쁜 소견을 깨우쳐 준다. 중생들이 원하면 집집마다 방문하여 일체 중생이 성불하였으며 부처님과 내가 둘이 아님을 깨우쳐 준다.

질병이 돌 때면 여러 가지 약초로 태어나 중생들이 먹고 보면 병도 낫고 독도 풀리며, 큰 굶주림 말세에는 쌀이 되고 밥이 되어 굶은 이를 배불린 후 좋은 법문을 일러 주어 보리심 내게 한다.

전쟁이 일어나면 뛰어난 장군이 되어 그들을 항복받아 평화롭게 지내게 하며 과보에 고통받는 지옥 중생들을 위해 지옥에 나타나 그 고통을 건져 준다.

서로 잡아먹는 살생의 괴로움이 끝이 없는 축생계에도 곳곳마다 나아가 무상의 법을 설해 주며 색욕에 물든 이들 앞엔 내 스스로 기녀가 되어 그들을 모셔다가 색욕의 무상함을 깨우치게 해준다.

내가 제일이다 하고 교만한 이들 앞엔 더 큰 이로 나타나 그 교만한 아만심을 꺾어 주고 두려움에 어쩔 줄 모르는 이에겐 무외법을 일러 주어 두려움을 없애고 보리심을 내게 한다.

남의 시중을 받고 싶어하는 이에겐 심부름을 잘하여 그의 뜻을 맞추고 구하는 그 모든 것을 따라 주어 마침내 보리심을 내게 하여 불법으로 인도한다.

이것이 유마힐이 말하는 보살이 중생을 수순하는 방법이다. 부처님께서도 일체 중생을 수순하라고 가르치시되, 유마힐처럼 일체 중생의 상을 떠나서 수순하라고 말씀하신다. 어떤 모습 어떤 종류의 중생일도 모든 상을 떠나 따르고 섬기기를 부모님 모시듯 하고 스승님 모시듯 하여 마침내는 부처님과도 조금도 차이가 없이 하라고 하신다.

그것은 이 세상 중생은 잘난 이는 잘난 대로, 못난 이는 못난 대로 모두 가엾기 때문이다. 그리고 어리고 미혹할수록 성숙을 향해 가야 할 길이 더 멀고 험하며, 더 많은 사랑과 보살핌이 필요하므로 더 잘 따르고 섬겨야 한다. 그리하여 병이 있는 자에겐 좋은 의사가 되어 주고 길 잃은 자에겐 바른 길을 보여 주며 밤중에는 광명이 되어 주고 가난한 이에겐 보배를 얻게 한다.

아이가 병에 걸리면 부모의 마음은 애가 탄다. 아이를 업고 한밤중이라도 병원에 가서 아이의 병을 낫게 해주고 싶은 것이 부모의 마음이다. 행여나 아이가 늦게 집에 오면 부모는 잠을 자지 못한다. 아이가 들어올 때까지 집 앞에 나가 등불을 들고 기다린다. 날이 춥거나 덥다는 것은 별 장애가 되지 못한다. 이것이 부모의 마음이고 생사의 바다에서 헤매는 중생을 보는 보살의 마음이다.

또한 행원품에서는 중생을 섬기는 것은 바로 부처님을 섬기는 것이라고 말한다. 중생을 섬기면 곧 모든 부처님을 섬기고 공양드리는 것이며 중생을 환희케 하면 부처님을 환희케 하는 것이니, 그것은 모든 부처님은 중생으로 인하여 대비심을 일으키고 이 대비심은 다시 보리심을 일으켜 마침내는 정각을 이루게 하기 때문이다.

못 먹이고 못 배우는 아이들을 둔 부모의 마음은 늘 안쓰럽기만 하다. 어떡하든 저 아이들을 배불리 먹이고 공부시키겠다는 부모님의 간절한 소망은 그들로 하여금 불 같은 노력을 하게 만들어 마침내 뜻을 이룬다.

생사의 바다에서 허덕이는 가엾은 중생들을 보는 보살은 늘 그 마음이 안쓰럽다. 어떻게 해야 저 중생들을 생사의 바다에서 구할 수 있는지 보살은 늘 그 생각을 잊지 않는다. 마침내 보살은 그 방법을 발견해 내니, 그것이 바로 깨달음이다. 깨달음을 안고 보살은 중생을 위해 생사의 바다에 뛰어드니 보리(菩提)는 속어중생(屬於衆生)이라, 애당초 깨달음은 보살의 것이 아니었기 때문이다.

중생을 따르고 섬길 때 중요한 마음가짐이 또 하나 있다. 그것은 가장 낮은 곳에서 중생을 섬기는 것이다.

가장 낮은 곳에 물이 고이고 모든 생명이 싹튼다. 높기만 한 곳은 춥고 눈보라만 몰아칠 뿐 그 아무것도 살 수가 없다. 중생도 이와 같다. 가장 낮은 곳에서 그들을 섬기고 따를 때 보리의 싹이 트고 일체 중생이 그 본모습을 드러내어 활활 꽃피우게 된다. 이런 관점에서 보면 섬기지 않을 중생이 없고 공양드리지 않을 중생이 없다. 청산첩첩미타굴(靑山疊疊彌陀窟)이요 창해망망적멸궁(滄海茫茫寂滅宮)이라, 가는 곳마다 부처님 아니 계신 곳 없고 적멸궁 아닌 곳이 없다. 일체 중생이 섬기고 공양하지 않을 분이 없는 것이다.

보개회향(普皆廻向) : 깨달음을 중생 속으로

　보개회향은 지금까지의 모든 공덕을 하나도 남김이 없이 모두 되돌려 드리고 나눠 드리는 것이니 우리가 회향을 잘하면 살아가는 데 다툼이 없게 된다. 실상 사람들 사이가 나빠지는 원인도 우리 삶이 나눠 갖지 못하는 데서 기인하는 것이 많다. 어쩌면 인류역사 자체가 평등의 추구인지도 모른다. 하다 못해 도둑 싸움도 훔친 물건을 고루 나누지 못해 일어난다.
　나만 잘 살고 나만 행복하고 내 자랑만 하려 들기 때문에 사람 사이에 대립과 갈등이 끊이지 않는 것이다. 남도 잘 살게 해주고 남의 자랑도 들어 주고 하면 그런 다툼이 일어나지 않건만 사람들이 자신만 모든 영광을 차지하려 들기에 서로의 갈등이 끝없이 반복된다. 그러므로 이렇게 자신의 공덕을 남에게 돌리는 일는 대단히 중요하니, 우승을 하거나 상을 탄 이들이 소감을 말할 때 이 영광을… 하며 남에게 돌리는 모습은 참 아름답다.
　회향은 이렇듯 지금까지 지어 온 모든 공덕을 남에게 나누고 되돌려 주는 것인데, 공덕은 왜 나누고 되돌려 줘야 하는 것일까. 내가 다 가져도 될 터인데 말이다.
　그것은 이 세상 공덕은 유한하고 한계가 있기 때문. 한 마디로 무대는 좁고 사람은 많다. 그런 까닭으로 한 사람, 한 단체가 공덕을 석권하면 그만큼 다른 이의 공덕은 줄어든다. 내가 먹는 빵만큼 남이 못 먹게 된다. 거기에서 모든 열등감과 질투, 갈등과 미움이 싹트고 심화되는 것이다. 그러므로 유위법의 세계에서는 공덕은 나눠 갖지 않으면 안 된다. 내가 누리는 행복만큼 다른 이의 행복은 줄어들고 내 자랑이 느는 만큼 다른 이의 자랑거리는 줄어들므로, 행복하더라도 적당히 행복하여 남은 행복은 다른 이도 갖게 해 드려야 하며 나만 잘날 것이 아니라 남도 잘나게 해 드려야 한다. 그것이 이 세상이 서로 조화롭게 사는 지혜이다.

그런데 부처님 공덕은 그게 아니다. 이른바 무량공덕(無量功德)이라! 부처님 공덕은 나눠 준다고 주는 그런 것이 아니다. 마치 마르지 않는 샘과 같이 퍼내고 퍼내어도 조금도 줄지 않고 퍼낼수록 오히려 더 넘쳐흐르는 그런 공덕이니, 부처님 공덕은 끝이 없고 되돌려 드릴 공덕 또한 한량이 없다. 그러므로 부처님 공덕은 없어지거나 줄어들지 않을까 걱정할 필요 없이 일체 중생에게 나눠 줄 일이다.

그런데 행원에서의 회향 도구는 무엇일까. 무엇으로 회향하는가. 행원에서의 회향 도구는 바로 보현행 그 자체이니, 보현의 행원으로 회향하는 것이다(행원 대신 회향이라는 말을 열 가지 행원 뒤에 붙여 보면 이해하기 쉽다. 즉 예경제불로 회향하는 것이며 칭찬여래로 회향하는 것이며 수순중생으로 회향한다). 우리는 공경하고 섬기는 일체의 행원으로 깨달음에 이르고 다시 그 행원으로 깨달음을 중생에게 되돌려 주는 것이다. 그리하여 원컨대 일체 중생으로 하여금[願令衆生] 언제나 안락하게 하고[常得安樂] 병이 없게 하며[無諸病苦] 악업은 이루어지지 않고 선업만 이루어지게 하는 것이니, 무엇으로 악업의 문을 닫고[關閉一切惡趣門] 하늘과 땅의 모든 중생들에게 선업의 바른 길을 열어 주는 것인가[開示人天涅槃

正路]. 바로 나의 지극한 원력과 행으로 막아 내고 보여 주는 것이다.

사랑받지 못하고 자란 자식의 마음은 세상에 대한 원망으로 얼어붙는다. 그 원망은 결국 그를 죄업의 길로 이끌어 영어의 몸이 된다. 아무도 만나고 싶지 않고 세상에 대한 저주로 망가져 가는 그를 구할 수 있는 것은 무엇인가. 바로 어머니의 눈물이다. 어머니의 가슴 깊은 곳에서 나오는 회한과 연민의 눈물이 얼어붙은 자식의 마음을 눈녹듯 녹이고 세상에 대한 저주의 사슬에서 구원의 길로 나오게 한다.

이와 같이 제 아무리 나쁜 악업을 짓고 고통받는 중생들도 보현의 깊은 믿음에서 나오는 지극한 정성의 원과 행으로 어둠의 굴레에서 벗어나게 된다. 모든 중생의 뜻을 따르고 섬기며, 낱낱의 행마다 칭찬하고 같이 기뻐하며, 잘못을 뉘우치고 용서를 바라며, 일체 중생을 정각을 이루신 부처님으로 공경하고 공양하는 그 원행이, 헤아릴 수 없이 아득한 옛날부터 지어 온 모든 대립과 갈등, 그리고 그로 말미암아 서로에게 주고 받았던 모든 악업을 막아 내고 마침내는 무상정등각에 이르게 하니, 우리는 정녕 행원으로 깨달음에 이르고 다시 행원으로 중생들에게 그 깨달음을 되돌려 주는 것이다.

행원과 깨달음 : 보현행원으로 보리 이루리

이로써 행원의 뜻을 대강 살펴보았다.
그런데 불교공부도 많이 하시고 수행도 깊으신 분들 중에도 행원을 오해하는 것 중 하나가 행원은 깨달음과는 전혀 관계가 없는 줄 아시는 일이다. 아마 그런 이유로 행원이 그 동안 깨달음을 얻는 수행방편으로는 알려지지 않고 다만 실천불교의 덕목으로만 알려진 듯한데, 내가 알기로는 행원은 깨달음과 전혀 무관한 수행법이 아니라는 것. 다시 말해 행원은 우리가 가진 행복의 문을 열어 주고 일체 대립과 갈등을 없애어 우리를 하나되게 함과 동시에, 행원 자체가 바로 우리를 위없는 깨달음으로 이끌어 준다는 것이다.
상식적으로 생각해 봐도 부처님을 따르고 섬기며 공양하고 부처님께로 돌아가고, 부처님이 가르쳐 주시는 대로 수행하고 보리심을 떠나지 않는다면 어찌 깨달음이 오지 않을 것인가!
그러면 과연 행원으로 정녕 깨달음에 이를 수 있을 것인가. 아무리 행원이 뛰어나더라도 행원 그 자체로 보리를 얻는 데 화두나 다른 수행보다 못하지는 않는 것인가. 이것에 대해서 중송분에는 확실한 말이 나와 있다.

과거 현재 미래 일체 여래의
가장 뛰어난 보리도인 모든 행원을
내 모두 공양하고 원만히 닦아
보현행원으로 보리 이루리

三世一切諸如來 最勝菩提諸行願
我皆供養圓滿修 以普賢行悟菩提

행원을 공양하고 닦아 보현행원으로 보리 이룬다…. 이렇게 여기에 분명히 나와 있듯 행원으로 반드시 깨달음을 얻을 수 있다는 것이 부처님 말씀이다. 부처님은 거짓말을 하시는 분이 아니다. 어찌 부처님 말씀에 조금도 거짓이 있을 수 있는가. 그러니 부처님 말씀을 추호도 의심 없이 믿을지어다! 그리하여 행원의 원력을 세워 무유간단 염념상속으로 정진해 나간다면 필히 보리의 소식은 우리 앞에 나타날 것이니, 보현행자들이여! 의심 말고 중생계 다하고 허공계 다하도록 행원을 닦아 나갈지어다….

다시 한 번 강조할 것은, 보현행원은 실천이요 이론이 아니라는 사실. 행원이 뭐 어떻고 이러니저러니 하기 앞서 당장 지금 이 순간부터 행원을 실천해 볼 일이다.

내 주위 분들이 바로 부처님이며 부처님이 내 앞에 계시는 것이며, 나이가 적거나 많거나 나보다 지위가 높거나 말거나 지극한 공경심과 함께 그 분들의 모든 것을 긍정하고 칭찬하고 격려하며 섬겨 볼 일이다. 부처님 공덕이 한량없듯 중생의 공덕도 한량없으니 물 한 잔을 나에게 갖다 주어도 감사하다는 말을 변재천녀보다 더 큰 소리로 올리며 일체 중생의 공덕을 찬양하고 감사하는 것이다.

　이제까지 행원을 이야기했지만 사실 나는 아직도 행원의 깊은 뜻을 잘 모른다. 행여나 행원의 깊은 뜻을 잘못 이해하였을지도 모르며 더구나 제대로 된 행원의 실천은 아직 멀었음을 잘 안다. 나의 행원은 이제 겨우 시작인 셈이다. 지난날 행원을 널리 알리고자 함에도 내가 실패하였던 것도 나의 행원에 대한 이해가 부족하였고 내 행원의 정성이 지극하지 못했던 까닭이다.
　그러나 나는 안다. 보현행원의 원력을 가지고 행 하나하나에 원력을 떠나지 않고 쉬지 않고 노력한다면 언젠가는 그 깊은 뜻을 모두 알 수 있는 날이 반드시 온다는 것을…. 그리하여 우리의 원력이 온 세상을 덮을 때 잠자는 이 땅의 모든 중생들의 가슴에도 보현의 원력이 불붙듯 일어나 마침내 이 땅에 우리 모두 보현행원의 노래가 울려 퍼질 것을…. 쉬지 않으면 마침내 이루어질 것을….

제4장
세상은 큰 화폭

삶과 죽음

우리가 살아갈 때 어떤 일의 이치를 아는 것은 매우 중요하다. 어떤 현상이나 기술이 있을 때 어떻게 그런 현상과 기술이 전개될 수 있는지를 설명하는 것이 이론이다. 이론이 없으면 크게 두 가지 면에서 어려움에 부닥치는데, 그 현상을 이용한다거나 특정 기술의 발전이 더 이상 오기 어렵다는 것이 그 하나요, 다른 곳에 응용하거나 타인에게 전승이 어렵다는 것이 그 두 번째의 어려움이다.

어떤 홈런 타자가 있다. 그런데 이 선수는 홈런을 그렇게 잘 치지만 자기가 어떻게 해서 그렇게 홈런을 잘 치는지 모른다. 이런 경우 과연 더 이상의 발전이 있을 수 있을까. 아마 그렇지 않을 것이다. 어떻게 해서 홈런을 칠 만한 스윙이 이뤄지는지를 모르므로 더 이상의 기술이 더해지기가 힘들다. 만약 이 선수가 도중에 슬럼프에라도 빠지게 되면 슬럼프에서 벗어나기가 쉽지 않다. 어디가 어떻게 나빠서 그런지 알 수가 없기 때문이다. 나중에 은퇴하게 됐을 때 지도자가 되기도 힘들다. 다른 사람에게 그 기술을 전해 준다는 것은 더욱 힘들기 때문이다. 그러므로 제 아무리 뛰어난 야구 선수라도 지도자가 되기 위해서는 유학을 떠나 이론적 뒷받침을 보충하기 마련이다.

옛날 텔레비전 같은 가전제품을 만들 때 도면이나 부품을 외국에서

다 가져와 그대로 만든 경우가 많았다. 그 결과 우리 제품의 경쟁성이 수십 년 뒤지게 되지 않았는가. 원리를 모르고 만들기만 했으니 원본보다 더 좋은 물건을 만들 수가 없었던 것이다. 그런 어리석음을 알고 더 나은 두뇌인력을 기른 결과 오늘날에는 반도체같이 세계적인 제품도 비로소 만들 수 있게 되었다.

요즘 자동차 홍수 시대가 되었는데, 주행 도중 차가 고장 나 견인차를 기다리고 있는 이들을 드물지 않게 볼 수 있다. 원리를 모르면 고장이 나는 줄도 모르니 그런 낭패를 당하는 것이요 고장이 나더라도 고칠 수가 없는 것이다.

세상 모든 일이 이와 같다. 따라서 아무리 외관상 그럴 듯하게 보이더라도 이론이 뒷받침해 주지 못하면 무언가 허전하고 언젠가는 문제가 생기게 된다. 하다 못해 쿠데타를 일으키더라도 학자를 동원하여 쿠데타의 정당성을 체계화시키는 것도 혁명도 이론적 뒷받침이 없으면 정통성을 유지하기 어렵기 때문이다.

또한 행복해도 우리가 왜 행복해야 하는지, 불행해도 왜 우리가 불행을 맞아야 하는지를 모르면 행복을 오래 지속시키기도 어렵고 불행을 몰아 내기도 쉽지 않다. 그래서 반드시 그 이치를 알아야 하는 것이다.

그런데 이런 이론의 가장 기본이 되는 것은 무엇일까. 바로 삶과 죽음의 문제이다. 세상의 어떤 사람도 궁극적으로 이런 문제에 부닥치지 않는 사람이 없다. 빈부귀천 남녀노소를 막론하고 종국에는 누구나 겪게 되는 어려움이 바로 이 삶과 죽음의 문제다. 이 문제를 해결하지 못하면 아무리 성공적으로 인생을 살았다 하더라도 마침내는 번뇌와 고뇌를 떠날 수가 없으니, 세상의 모든 일은 궁극적으로 모두 삶과 죽음의 문제에서 파생되기 때문이다.

이런 삶과 죽음의 문제를 해결하려고 나온 것이 종교이니, 그러므로 죽음의 현상에서 종교만이 헤아릴 수 없는 절망과 슬픔을 해결해 주는 것이다. 제 아무리 뛰어난 철학도 죽음 앞에선 해결책이 못 된다.

이런 연유로 세상 그 어떤 종교도 사이비만 아니면 그 나름대로 모두 가치가 있는 것이다. 비록 원시인, 미개인의 종교라 하더라도 경멸하거나 무시해서는 안 되는 것도 이런 이유에서이다. 세상의 고등종교가 뛰어나긴 하지만 그 수준의 사람들에겐 어쩌면 그런 식의 종교가 가장 적합할지도 모른다.

이런 삶과 죽음의 가장 원인적 이론으로 불교는 '마음'을 들고 기독교는 '창조주'를 든다. 불교에서는 삶과 죽음으로 빚어지는 생의 모든 모습이 모두 '마음'에서 빚어진 것으로 말하고 기독교는 '창조주의 은총'으로 설명하는 것이다. 그러므로 불교에서는 '마음' 하나만 알면 모든 것이 해결되고 대자유인이 되므로 한사코 마음 공부를 해야 하며 마음을 깨쳐야 한다고 말하는 것이고, 기독교에서는 '창조주를 통하지 않으면' 그 어떤 구원도 오지 않는다는 것이다. 즉 마음과 창조주가 모두 제일의 의제요, 그 해결 없이는 어떤 해결도 완전한 것이 되지 못한다는 것이다. 불교와 기독교는 여기에서 갈라진다.

그런데 창조주를 인격화시키지 않고 우주의 어떤 창조적 기운, 가장 근본적으로 존재하는 그 무한한 가능성으로 생각한다면 불교와 별 차이가 없게 된다. 불교에서는 특정된 누가(창조주) 특정된 누구(피조물)를 창조한 것이 아니라 우리는 본래부터 있었고 우리 모두의 창조물이요 동시에 우리 모두의 피조물로 본다. 그러므로 진리는 둘이 아니요, 마음과 창조주는 서로 다른 문화권의 서로 다른 표현으로 생각하면 이 또한 그렇게 틀린 생각은 아니지 않을까 한다.

선업(善業)과 도업(道業)

우리가 흔히 갖게 되는 의문 중의 하나가, 착하게 살면 그만이지 과연 종교가 필요한가 하는 것이다. 종교를 모르고 살면서도 훌륭한 삶을 보내시는 분을 우리는 주위에서 많이 본다. 남들에게 별로 못할 짓 하지 않거나 오히려 도움이 되고 스스로도 욕심부리지 않고 자제할 줄 알며, 매사에 너그럽고 행복하게 사는 분들을 볼 때, 과연 종교가 꼭 필요한 것인가 하는 의문을 갖게 된다. 그런 삶은 선업의 삶이요 종교적인 삶은 도업의 삶이라 할 수도 있을 텐데 이에 대한 불교의 생각은 어떨까.
현대불교 제171호 12쪽에는 선업과 도업에 관한 청화 큰스님의 다음과 같은 법문 내용이 실려 있다.

부처님의 가르침은 이른바 무위법(無爲法)입니다. 무위법은 인연 사이의 모양이 아닌 그 모양을 지양한 생명 자체의 가르침입니다. 가령 우리가 어느 누구에게 물질이라든가 여러 가지 것을 보시도 하고 봉사 활동을 한다고 합시다. 하지만 유위법 범위 내에서는 나라는 관념을 떠날 수가 없고 내가 물질을 많이 보시한다 적게 보시한다는 그러한 상을 떠날 수가 없습니다.
해탈이라는 불교의 궁극적인 도리, 동시에 우리 인간의 본래적인 도리에 대해서는 상당히 미흡합니다. 상(相)을 떠나는 행위 이것은 그 생각으로나 행위로나 참다운 자유를 보장하는 것입니다. 아무리 많은 재물을 보시한다 하더라도 상을 떠나서 행해야 그것이 도업이 됩니다.

우리 불자들은 도업과 세간에서 착한 일을 쌓는 선업에 대한 개념을 알아야 합니다. 중생이 하는 것은 아무리 좋아도 선업입니다. 욕계, 천상, 무색계와 같은 곳으로 가는 것은 선업으로 가능합니다. 그러나 선업만으로는 우리의 번뇌를 모조리 소멸시켜서 영생해탈로 나아가게 할 수는 없습니다. 욕계를 초월하고 색계를 초월하고, 또 무색계를 초월하고 천상도 초월해서 정말로 대자유인, 참다운 자기인 대아, 진아(眞我)의 존재까지 올라가기 위해서는 도업을 쌓아야 합니다. 부처님의 가르침은 참다운 해탈을 이루는 데 있습니다.

큰스님의 말씀을 요약하면 선업으로 선과(善果)는 받을 수 있으나 그뿐, 참다운 해탈은 이룰 수 없다는 것이 되겠다. 즉 선은 작은 복[有漏福]을 지을 수는 있으나 다함 없는 복[無漏福], 번뇌, 고난 등 일체로부터 영원히 자유로운 대자유인이 되지는 못한다는 말씀이다.

왜 그러한가. 선업은 다만 겉으로 나타나는 현상이요, 우주의 궁극적 실상에서 나오는 것이 아니기 때문이다. 궁극적 실상에서 나오지 못한 것은 모두 영원하지 못하고 불완전한 속성을 갖고 있다.

선(善)의 속성을 알지 못하는 한 우리가 아무리 선하다 하더라도 언제나 선할 수는 없다. 가령 우리가 하루에 백 가지의 일에 부딪힌다고 하자. 과연 우리가 백 가지 모두 바른 판단을 내릴 수 있을까. 아마 아닐 것이다. 결국 우리가 선하다고 할 때는 상대적으로 선하게 지내는 일이 많다는 것이지 모두를 올바른 방향으로 처리하는 것은 아니다.

또한 마음이란 덧없고 영원할 수 없다. 예를 들어 우리가 어제는 선했다 하더라도 오늘도 그럴까. 또 내일은 어떨까. 누구도 자신 있게 대답하지는 못할 것이다.

　더욱 중요한 것은 착하다는 것만으론 이 세상을 살아가기에 한계가 있다는 사실. 이 세상을 착하게 살 수는 있으나 착하게 산다고 이 세상 여러 문제가 해결되는 것은 아니다. 내 한 몸 착할 수는 있지만 남의 아픔을 막아 주고 번뇌를 막아 주며 재앙을 막을 힘이 없고, 설사 조금은 그렇게 한다 하더라도 이 세상을 아름답게 꾸미기에는 분명히 한계가 있다.

　이런 불완전한 선업의 정체를 알고 근원적인 해결책을 찾아 나가는 것이 도업의 삶이다. 현상이 아닌 근원적인 삶을 사는 것이 종교요 도업이다. 우리가 지금 누리는 이 즐거움이 영원할 수 있다면, 그리고 영원히 착한 일만 할 수 있다면 도업은 필요하지 않을지 모른다. 그러나 현실은 그렇지 않다. 그러기 때문에 우리는 종교와 도업을 필요로 하게 된다.

　종교 중에도 선업을 위주로 가르치는 종교와 도업 위주로 가르치는 종교로 나눌 수 있는데, 고급 종교일수록 도업을 강조하는 경향이 강하다. 기독교에서 '주님을 통하지 않고는 구원은 없다'고 할 때는 바로 이 도업의 중요성을 강조한 것이다. 기독교에서 주님은 이 세상 그 자체이기 때문이다.

　선업과 도업의 차이는 여러 가지가 있겠지만, 쉽게 말하면 첫째, 도업엔 번뇌가 없고 둘째, 도업을 닦으면 업장이 없어지거나 있더라도 피할 수 있게 되는데, 이는 남의 업장도 마찬가지다. 왜냐하면 도업은 모든 진리의 궁극적인 모습과 원리를 알게 하므로 모든 장애를 없앨 수 있는 힘을 갖게 하기 때문이다.

　우리는 주위에 참 착하게 살면서도 요절하거나 급사하는 경우를 종종 본다. 좋은 일도 많이 하는데 교통사고를 당하거나 중병으로 또는 심장

마비로 요절하는 것이다. 이는 선업만으로 부귀영화를 누릴 수는 있으나 생사에서 자유로울 수는 없음을 뜻하니, 생사에서 자유롭기 위해서는 반드시 도업을 닦아야 한다.

그렇다면 도업은 무엇인가. 그것은 이 우주의 궁극적인 진리를 찾고 거기에 순응하는, 또는 그것을 추구하며 그 속에서 사는 삶을 말하는 것이니, 다시 말하면 '깨달음을 찾으려 하고 깨달음을 얻어 깨달음 속에서 사는 삶'이다. 도업은 본질의 삶이요 유위법이 아닌 무위법, 유루법이 아닌 무루법의 삶이다.

그런데 여기서 하나 주의할 것이 있다. 그것은 도업의 삶만이 전부가 아니라는 것. 그리고 도업은 선업의 삶을 훌륭히 꽃피우고 완벽을 기해주기 위한 것이지 그 자체가 목적은 아니라는 것이다. 이 세상에 성공한 이보다 성공하지 못한 이가 더 많고 깨달은 이보다 못 깨달은 이가 더 많은 것은, 하나의 뛰어난 성공이 오기 위해서는 숱한 시행착오가 필요하며 깨달은 이가 해야 할 일보다 그렇지 못한 이들이 해야 할 일들이 훨씬 더 많음을 뜻한다. 그러므로 도업의 삶을 살기 위해 선업의 삶을 등한시하거나 그르쳐서는 안 됨을 반드시 명심해야 한다.

깨달음이란?

깨달음은 우리 불교인들에게는 대단히 중요한 문제이다. 본래 중생계가 생겨나게 된 근본 원인이 중생의 어리석음[無明]에 있다고 보는 만큼, 제일 근본 원인인 이 어리석음을 벗어나기 위해 깨달음은 무엇보다 불교수행의 처음이요 끝일 만큼 중요한 문제이다. 그러므로 수행인들 사이에서는 견성(見性)을 첫번째 가치로 놓아, 견성하면 비록 나이가 어리고 법랍(法臘)이 일천하다 하더라도 가장 존경하고 가장 높이 모신다.

깨달음은 어떤 것일까. 과연 아득히 멀기만 한 것일까. 조금이라도 수행을 해 본 이들은 이런 생각을 한 번쯤 해 보았으리라. 그런데 나는 깨달음이란 곳곳에 있으며, 우리는 이미 깨달음을 이루었다고 생각한다. 다만 한 가지 분명히 할 것은, 불교에서 말하는 근본 원인인 가장 큰 깨달음[阿耨多羅三藐三菩提]을 이루지는 못했더라도 자그마한 깨달음은 수없이 우리를 찾아왔으며 우리는 또 이런 종류의 깨달음은 이루어 왔고 앞으로도 이루어 갈 것이라는 말이다.

우리 불교계의 큰 병폐 가운데 하나가 이 깨달음 병(?)에 있는 것 같다. 오늘날 불교계를 실천의 불교에서 멀어지게 하는 근본 원인이 아이러니하게도 이 깨닫고자 하는 것인데, 깨달음 자체는 무명을 물리치고 우리를 해탈케 하여 궁극적으로 우리가 추구해야 할 대상이나, 문제는 대부분의 수행자가 구하는 깨달음이 '가장 큰' 깨달음이요 '가장 빨리' 깨닫고자 하는 데 있다. 그래서 큰 깨달음이 아니면 깨달음으로 치지도 않는다.

그리고 오로지 '빨리' 깨닫고자 한다. 그래서 염불수행 등은 바로 깨닫는 지름길을 놔 두고 삼아승지를 돌아가는 길이니 수행자가 할 일이 아니고 오로지 화두선만 해야 한다고 하고 주장하기도 하며, 심지어는 화두 아니고는 결단코 견성하지 못한다는 극단적(?)인 말씀을 하시기도 한다. 그러나 이런 생각들이 바로 우리의 깨달음을 막고 우리의 밝은 본래 자성을 보지 못하게 하는 것이라고 감히 나는 말하고 싶다.

설사 화두선이 억만아승지 겁을 가로질러 깨달음에 이르게 한다고 해도, 어찌 그것만이 최선이라 할 수 있을까. 서울에 갈 때 어찌 빨리 가야만 하고 어찌 금강산을 빨리빨리 올라가야만 할 것인가. 물론 빨리 가서 할 일도 많겠지만, 아주 급한 일 아니라면 좀 늦은들 어떤가. 그리고 세상 일이라는 게 그렇게 급한 일이 과연 얼마나 되는가. 그런데도 이 빨리빨리 병에서 벗어나지 못하고 있는 것이 IMF를 맞이한 오늘날의 우리나라 전체의 모습이고 깨달음을 찾기 위해 용맹정진하는 수행자들의 모습도 여기에서 크게 다르지 않다면 너무 지나친 말일까.

우리는 어제도 깨달았고 오늘도 깨달았으며 내일도 깨달을 것이다. 왜냐하면 깨달음은 과거 완료형이 아니라 현재 진행형이기 때문이다. 깨달음은 빛 바랜 사진 속의 먼 옛날 일이 아니고, 현재 살아 힘차게 움직이는 생생한 현실인 것이다.

그리고 이 깨달음은 나만 깨달은 것도 아니요 일체 중생이 다 깨닫고 있는 것이다. 그런데 자꾸 큰 깨달음만 찾기 때문에 우리 주위의 작은 깨달음도 놓치는 어리석음을 그 동안 범하지 않았나 생각한다. 이는 마치 큰 행복만 찾기 때문에 작은 행복을 느낄 줄 모르는 우리들의 삶과 비슷하다. 우리가 조금만 돌이켜 생각해 보면 우리가 얼마나 큰 은혜, 큰 행복 속에 살고 있는가! 하지만 그런 사실을 모른 채 매일 어둠 속에 지내기 십상이다. 마침내 좋은 세월이 모두 지나간 뒤에야 비로소 깨닫고 그때가 정말 좋았지 하고 후회하는 모습을 우리는 자주 접하는데, 이는 대단히 어리석은 일이 아닐 수 없다.

부처님의 모든 말씀이 이를 알린다. 중생은 이미 깨달음을 이루었다는 것, 그리고 이 세계는 이미 성불되어 있는데 단지 중생이 어리석어 못 보고 있어 이 세상의 갈등이 끊임 없다고 하는 것이 대승경전의 곳곳에서 설해지는 소식이다.

비유를 들어 보자. 우리는 유치원에서 여러 가지를 배운다. 그리고 초등학교에서 또 배우고 중학교, 고등학교에서 다시 배운다. 그런데 가만히 보면 그 배우는 내용이라는 것이 유치원에서 배웠던 것이 대부분이다. 다만 그 내용의 범위와 깊이가 나이에 따라 깊어지는 것뿐, 근본이치는 다 유치원 때 이미 배웠던 것이다.

몰랐던 것을 새로 배우는 것과 이미 안 것을 더 깊이 아는 것은 그 공부의 효과가 다르다. 전자는 끝없는 갈증에 허덕이게 만드나 후자는 그렇지 않다. 여유롭게 더 많은 지식을 쌓아 가게 되는 것이다. 그런데도 우리는 자꾸 새 것, 몰랐던 것만 배우느라고 애쓴다.

깨달음도 이와 같지 않을까 한다. 깨달음을 알려 주는 일체의 설법이 아득한 옛날부터 우리는 이미 다 알고 있었던 것이며, 무명의 세월을 돌고 돌다 보니 어느새 잊어버리고 있었던 것. 그러므로 하나도 새 것은 없다. 그리하여 일체 중생이 이미 깨달음에 들어 있어 더할 것도 덜할 것도 없지만, 다만 아직 인연이 성숙되지 않아 덜 깨닫고 더 깨닫는 것처럼 보일 뿐이다.

법계연기론(法界緣起論)에서 보는 바와 같이 작은 깨달음 속에도 일체 법계의 소식이 다 들어 있지만 단지 작기 때문에 그 소식을 전하는 데 한계가 있을 뿐이요 근본 자리에서는 큰 깨달음과 조금도 차이가 없다. 그러므로 작은 깨달음의 소식은 작은 대로 우리가 알아듣되, 큰 깨달음에 대한 정진만 멈추지 않으면 될 것이다. 마치 엄청난 큰 행복이 찾아오지 않아도 나날의 조그만 행복에 고마움 느끼고 감사하며 하루하루를 정성되고 보람 있게 사는 것이 중요하듯이.

깨닫겠다는 생각도 어찌 보면 욕심이다. 깨닫지 못해 괴롭다는 생각도 어떻게 보면 정말 큰 어리석음이다. 깨달아야겠다, 깨닫지 못해 일이 안 풀린다 하는 생각으로 깨달음을 향해 봤자 깨달음이 올 턱이 없다. 그것은 이런 생각생각이 자꾸 어둠을 만들고 우리의 본래 무한한 자유를 구박하여 깨달음의 밝은 빛을 가로막고 방해하기 때문이다.

정녕 문제가 되는 것은 우리가 못 깨치고 덜 깨쳤다는 것이 아니라 이미 우리에게 온 깨달음조차 모르고 있다는 사실. 들어온 돼지 잡으려다 집 돼지 놓친다는 말도 있듯, 자꾸 더 깨쳐야겠다는 그 마음이 이미 알고 있는 깨달음도 쓰지 못하게 한다.

그러므로 깨달았다고 우쭐할 필요도 없고, 깨달음을 이루지 못했다고 좌절할 필요도 없다. 우리는 오직 우리에게 오는 깨달음을, 작은 것이든 큰 것이든 더 깊게, 더 넓게 나눠 가지면 된다. 보리심을 내어 끝없는 보리를 구하되 내게 오는 일체의 소식을 크다 작다 생각 없이 그저 하나도 그냥 보냄 없이 모두 주위 중생들에게 나눠 드릴지니….

또한 우리가 남을 가르치고 깨우쳐야겠다는 것도 어불성설, 말도 안 되는 소리다. 모두가 부처요 모두가 뛰어난 분인데 무얼 가르치고 누굴 깨우치는가. 다만 온 정성 다하여 섬기고 모시고 공양드릴 뿐….

그러면 설법은 왜 하는가. 그것은 잠시 길 잃은 부처님들에게 길 안내해 드리는 것과 같다. 임금님이 바깥 나들이를 할 때면 고관대작, 경호 군인들이 앞서거니 뒷서거니 따라가고 길잡이는 앞에서 백성들을 정리하고 길 안내를 한다. 이런 신하들이 길을 안내하는 것은 신하가 잘나서가 아니다. 단지 길을 잘 모르는 임금님이 행차에 불편하시지 않게 섬기고 모시는 행위일 뿐….

설법도 이와 같다. 누가 잘나서 누굴 가르치는 것이 아니라 부처님들이 잠시 졸고 계시므로 깰 시간이 되었다고 알려 드리는 것에 불과하다. 마치 모닝 콜처럼 잠 안 자고 기다리던 사람이 손님 깨워 드리는 것과 같다.

이런 사실을 알고 나면 깨달음 찾는 것 자체가 부질없는 일. 온 세상이 금덩어리요 온 세상이 깨달음 그 자체인데 무엇을 더 구하고 무엇을 더 못 구해 애쓴단 말인가! 오직 우리에게 남은 것은 끝없는 구도와 정진뿐이니, 끝없는 정진으로 내게 온 이 소식을 더 크게 만들어 중생들에게 나눠 줄 일이로다(정진 없이는 내게 온 작은 소식을 더 크게 만들어 더 많은 중생들에게 전할 수 없기 때문)! 우리가 더 열심히 일해 더 많은 물건을 만들수록 더 많은 중생들에게 나눠 드릴 수 있는 것과 똑같은 이치.

그러므로 우리는 더 깨닫겠다, 못 깨달아 큰 일이다 하는 이런 어두운 생각은 훌훌 떨쳐 버리고 오로지 돌아갈 일이다. 우리 본 고향, 생멸 없던 그 곳으로 오늘도 내일도 오로지 돌아갈 일이니, 행자여, 모든 망상 떨쳐 버리고 우리의 본래 고향으로 돌아가자는 의상 대사의 말씀은 바로 이 소식을 노래한 것이라 하겠다.

해오(解悟)와 증오(證悟)

　깨달음에 해오와 증오가 있음을 우리는 알고 있다. 성철 큰스님은 해오보다는 증오를 강조하시는 편이나 청화 큰스님은 증오를 위해서 먼저 해오할 것을 무척 강조하신다. 행원품에서도 해오를 대단히 강조하는 것을 볼 수 있다. 예경제불원에서도 부처님이 온 누리에 계심을 깊은 마음으로 믿고 이해하라[深心信解]고 하며, 칭찬여래원에서는 깊고 깊은 지해[甚心勝解]로, 광수공양원에서는 깊은 믿음에서 나오는 알음알이[起深心 現前知見]로, 항순중생원에서는 너희들은 응당 이렇게 알라[汝於此義應如是解]고 말씀마다 지해(知解)를 강조한다.

　지해는 알음알이요, 알음알이는 불성 진작에 조금도 도움이 안 되는 것으로 불가에서는 말하는데 왜 행원이나 큰스님께서는 이 알음알이를 강조하실까. 그것은 알아야 면장을 한다는 말도 있듯이 아무리 보잘것없는 일이라도 알아야 제대로 할 수 있기 때문이다. 그런데 우리가 세상을 살아가며 모든 일을 다 알거나 경험할 수는 없다. 그러므로 우리는 간접경험을 통해 경험 못한 일들을 미루어 짐작하게 된다. 해오가 간접경험이라면 증오는 직접경험이다. 직접경험을 제대로 하기 위해서도 간접경험은 중요하다.

　수영을 배울 때 이론보다는 먼저 실습을 해야 한다고 주장하는 분들이 많다. 얼핏 보면 그럴 듯하지만, 실지 제대로 수영을 배우기 위해서는 미리 수영의 방법을 알고 있어야 한다. 그렇지 않고 무작정 물속에 뛰어들면 수영을 배우기야 하겠지만 그 동안 무척 고생을 겪어야 한다. 해오는 이처럼 증오를 제대로 하기 위해 대단히 중요한 사항이며, 또한 알음알이를 견성으로 착각할 때가 문제이지 알음알이를 알음알이인 줄 아는 이상 큰 문제가 될 수는 없는 것이다.

다시 비유를 들면, 흔히 개과천선을 얘기하는데, 이 개과천선이란 게 '이렇게 살아선 안 되는구나!' 하고 아는 데서 출발한다. 그러나 이렇게 마음먹는다고 지금까지 살아오던 게 당장 달라지는 건 아니다. 똑같은 대오각성도 하루만 지나도 사라지는 게 있는 반면 웬만해선 사라지지 않는 각성도 있다.

해오의 여러 단계가 바로 이와 같다. 아, 그렇구나! 하는 첫 단계가 바로 난법이며, 이 난법의 단계는 웬만한 각오를 다지지 않으면 금방 사라지는 깨달음이다. 우리는 누가 개과천선한다고 하면 감동하는데 그건 어디까지나 두고 볼 일이다. 지속적이고 연속적이지 않는 개과천선은 어디까지나 쇼(?)에 지나지 않는다. 해오도 그와 같이 증오로 가지 못하는 해오는 아무 쓸모 없음을 알아야 한다.

그러므로 해오도 중요하긴 하지만 우리는 성철 큰스님 말씀대로 기어코 증오를 해야 하는데, 그것은 증오를 해야만 다른 이에게 설득력을 주며 아울러 온갖 장애와 어려움을 막을 힘이 생기기 때문이다.

주머니에 돈이 있는 줄 모르는 사람은 아무것도 살 수 없다. 자기 주머니에 억만금을 넣어 놓고도 쓰지 못하고 하루 종일 배고픔에 헤맨다. 주머니에 돈이 있음을 우연히 알게 되더라도 전체가 얼마나 있는지를 모르면 계획적 효과적으로도 쓰지 못한다. 그러나 돈이 있고 그 전체적

액수도 알면 우리는 알차게 쓸 수 있는 것이니, 아는 것이 해오요 실지로 돈을 쓰며 사는 것이 증오이다.

이는 다시 보물지도에 비유할 수 있다. 예를 들어 어떤 부모님이 자식을 위해 무인도에 있는 보물에 관한 지도를 남기셨다고 하자. 처음엔 이 사실을 믿지 않던 자녀들이 우연한 기회에 지도의 섬이 존재하고 또 보물도 묻혀 있음을 알고 보물 찾기에 나서는데…. 섬이 예상보다 크고 보물도 한량없이 묻혀 있어 그들은 평생을 찾아 써도 다 못 찾을 것을 안다. 하지만 다시 오기로 하고 우선은 찾은 보물을 가져와 자신들의 삶도 풍요롭게 하고 남의 삶도 이익되게 한다….

해오와 증오도 이와 같아 보물지도가 사실인 것을 아는 것은 해오요 실지로 보물을 하나씩 캐어서 다른 이들과 나눠 쓰는 것은 증오이다. 보물을 찾기 위해서는 부모님의 말씀이 맞구나, 지도대로 정말 보물이 존재하는구나 하는 것을 확실히 이해하고 믿는 것이 무엇보다 필요하고 그 믿음 아래 정말 보물이 있음을 내가 직접 캐내어 증명하는 것이 증오일 것이다. 그런데 보물이 한량없듯 증오도 끝이 없다. 어느 한 순간에 끝나는 것이 아니고 평생을 증명해 나가야 할 일이 부처님 가르침이다.

캐낸 보물의 양에 따라 재력도 달라지듯, 증오의 깊이에 따라 법력도 달라진다. 작은 차로도 손님을 모시고 물건을 나를 수는 있으나 안락감이나 승차감, 그리고 나를 수 있는 물건의 수에서 큰 차에 미치지 못하는 것처럼 법력도 차이가 나는 것이다.

그러므로 우리가 앞으로 해야 할 일은 어느 수행법이 낫네 못하네 누구는 견성했네 못했네 시비하기 앞서 일체 개공과 연기법을 비롯한 부처님 말씀이 옳다는 것, 상락아정(常樂我淨)의 소식과 수많은 부처님이 우리 앞에 분명히 계신다는 사실을 다른 분들에게 증명해 보이는 일이다. 현대인들은 증명을 해 보이지 않으면 믿음을 내지 않으니, 우리는 반드시 그 분들에게 증명해 보여야 한다. 그래서 부처님이 어딨느냐는 분들에게 부처님을 보여 드리고, 삶의 고통에 허덕이는 이들에게 본래 우리가 연화보좌에 앉아 있음을 똑똑히 보여 드려야 한다.

그러기 위해서는 앞서도 말했듯 오로지 정진만이 있을 뿐이다. 정진하고 또 정진하여 우리가 직접 보물을 캐 보임으로써 이 세상에 일체의 부처님들이 이미 정각을 이루고 계시며 이 세상은 본래가 화엄국토임을 증명해 드려야 할 것이니, 허공계가 다하고 중생계가 다해도 나의 이 정진은 끝이 없을지어라….

일체 중생 성불의 소식

　법계연기론은 화엄의 중요한 사상이다. 법계연기는 온 법계가 서로 인연이 되어 생겨난다는 것으로, 화엄에서는 우주의 일진법계(一眞法界)를 크게 네 가지로 다시 나누니, 사법계(事法界), 이법계(理法界), 이사무애법계(理事無碍法界), 사사무애법계(事事無碍法界)가 그것이다.
　사법계란 현재 생겨나고 변천하며 없어지는 모든 현상계를 말하는데, 이런 것들이 서로가 인(因)이 되고 연(緣)이 되어 생기고 사라진다는 말이다.
　이법계란 우주만물의 근본이치이니 이런 현상계들이 우리가 보기에는 생기기도 하고 사라지기도 하지만 근본적으로는 그렇지 않다는 것이다.
　이사무애법계란 이런 현상과 근본이치가 서로 차별이 없다는 것이며, 사사무애법계란 차별되어 나타는 현상계의 온갖 사물도 사실은 서로에게 차별이 없다는 것. 그래서 모래 한 알 풀 한 포기에도 이 세상의 모든 진리가 그대로 들어 있다는 사상이다.
　이런 화엄의 연기론에 따르면 이 세상은 온갖 차별이 난무하고 하나도 서로 조화되는 것은 없는 것 같은데도 사실은 그대로가 법계의 진실한 표현이란 것이다. 모난 돌 둥근 돌이 모두 그대로가 진여의 표현이며 눈앞의 궂은 일 좋은 일, 좋은 사람 궂은 사람이 모두 부처님 법신이 아님이 없고 진신사리가 아님이 없다. 우리 모습 그대로가 진여의 모습 그대로이다. 그렇다면 우리가 늘 접하지 않을 수 없는 싸움, 갈등, 이것은 도대체 무엇인가. 왜 우리의 삶은 이렇게 고달프고 고난도 많은가. 왜 우리의 삶은 모순과 번뇌가 끝이 없는가.

그 답은 이러하다. 첫째는 그런 모습 자체가 벌써 진여의 한 표현이요, 둘째는 내가 못나고 내가 어두워 그런 것.

먼저 이 역시 진여의 모습이라는 말을 살펴보자. 우리가 보기엔 이런 갈등, 번뇌가 쓸모 없는 것처럼 보이지만 이들은 또한 우리 불성(佛性)의 성장에 이바지한다. 슈베르트가 지은 미완성교향곡은 비록 교향곡의 일반 형태인 4악장을 모두 채우지 못했지만 미완성인 그 자체로 이미 완성된 하나의 교향곡이니, 이 세상에 아무리 갈등이 많다 하더라도 이 미완성된 세상의 모습 자체가 벌써 무애자재한 법계의 한 표현이다.

해마다 닥치는 폭풍과 홍수, 이것 또한 대자연의 살아 있는 생생한 모습이니, 단지 인간에게 불편하다 해서 필요 없는 것으로 생각해서는 안 된다.

우리 앞에 닥치는 고난도 그러하다. 비록 고난이 우리의 지난날 잘못된 일에 기인하는 바가 크지만 그런 고난조차 불성의 표현이요 업장의 소멸이며 하나의 완전한 이 세상의 구성원이니, 고난은 우리에게 불굴의 의지와 성장을 가져오는 것. 그런데 이런 고난의 정체를 모르고 그냥 막연히 싫어하고 미워하는 데서 진정 고난은 어둠으로 우리에게 다가오게 된다.

중생의 마음속엔 이미 사랑, 감동, 칭찬, 긍정뿐 아니라 미움, 분노, 원망, 파괴, 일체의 것들이 다 들어 있다. 그러므로 내가 중생의 아름다운 모습을 북돋우고 끌어 내면 중생은 모두 나에게 벗이요 친구로 다가오

나, 내가 만일 중생의 아름답지 못한 모습을 불지르면 중생은 나에게 원
수요 장애로서 나사오게 된다.
 봄이 와 따스한 바람 불고 비가 오면 산천초목이 모두 눈을 뜬다. 산
에는 온갖 아름다운 꽃들이 울긋불긋 피고 들에는 이름 모를 들풀들이
푸르름을 더해 간다. 만약 이 세상이 이미 성불되어 있지 못하다면 아무
리 햇빛 비치고 비가 와도 씨앗은 싹을 틔우지 못한다.

 그런데 문제는 내가 어두워서 이 사실을 보지를 못하는 것. 마치 눈
나쁜 사람이 안경을 잃어버린 것과 같아, 눈앞엔 극락이 따로 없는 온갖
아름다운 세상이 펼쳐지는데도 내가 알지를 못하고 보지를 못하는 것이
다. 그러면서 자꾸 세상이 어둡다, 세상이 안 보인다 하는 것이니, 옆에
있는 눈 밝은 이는 얼마나 우습고 답답하겠는가! 봄이 온 산하대지는 봄
꽃으로 가득 차 있고 들풀은 푸르르기 그지없으며, 봄바람은 곳곳에 따
사롭고 햇빛은 눈부시게 쏟아져 내리며 세상은 날마다 새로워지고 아름
다워가는데 잃어버린 안경 찾을 생각은 안하고 자꾸 세상이 안 보인다
답답하다 하고 있으니, 이게 만물의 영장이 할 노릇은 아닐 터….
 눈만 뜨면 날은 늘 화창한 봄날이요 상락아정의 물결은 온 누리 곳곳
에 넘치고 있다. 그것이 불교에서 말하는 성불의 소식이다. 우리는 이미
깨달음의 물결 속에 들어가 있다. 우리는 이미 깨달음으로 흠뻑 젖어 있
다. 중요한 것은 깨달음을 다시 구할 것이 아니라, 내 몸과 마음에 흠뻑
젖어 오는 이 숱한 깨달음을 꺼내어 모든 중생들과 나눠 쓰는 일이다.
본래 가지고 있는 이 높고 높은 깨달음을, 가지고 있으면서도 없는 줄로
만 알고 갈증에 허덕이는 어린 중생들에게 알려 주고 같이 꺼내 쓰는
일인 것이다.

이런 일체중생 성불의 소식은 우리 가슴에 끓어오르던 일체의 대립, 갈등을 잠재우고 무한한 환희와 희망을 안겨 준다. 아무리 내게 모질게 대하는 분도 이미 성불하신 분이라, 마음속에는 부처님의 온갖 공덕이 넘쳐 있는 것이다. 그러므로 앞으로 나는 저 분에게 모진 마음이 나오게 할 게 아니라 본래 맑은 그 부처님 모습이 나오게끔 하면 되리라.

또한 아무리 어려움이 오더라도 본래 이 세상은 이미 성불되어 있는 것이니, 어려움 역시 진여의 모습이요 나의 벗이라! 어려움에서 가르침을 찾고 어려움이 알려 주는 희망의 세계로 내가 찾아가면 되는 것이니 눈을 뜨고 보면 하나도 어려울 게 없다. 이 세상이 이미 성불되어 있으므로 우리는 더 나은 세계를 가는 것이지, 성불이 되어 있지 않다면 그런 세계 또한 만들 수도 찾을 수도 없으니, 이는 마치 아메리카가 있으니 콜럼부스가 인도를 찾아 대서양을 건넌 것과 같다. 이 세상 모든 유정(有情), 무정(無情)의 창조적 행위는 성불을 확인하는 과정이다.

일체 중생 성불의 소식! 이는 대승경전 곳곳에서 알리는 환희와 희망의 소식이요, 아득한 옛날부터 중생의 가슴을 슬프고 아프게 했던 일체의 어둠을 몰아내는 밝은 등불과 같은 소식이다.

참된 세상의 모습 : 삶은 고(苦)가 아니다

　부처님께서는 세속의 쾌락에 해지는 줄 모르는 중생들을 위해 처음엔 인생은 괴로움[苦]이라고 말씀하신다. 그러나 종국엔 삶이란 결코 괴로움이 아니라고 말씀하시니 어떤 연유에서인가.
　우리가 삶이 괴롭게 느껴지는 것은 삶의 순리대로 살지 못하기 때문이다. 삶이 흘러가는 대로, 그 흐르는 방향과 일치해서 삶을 살아나간다면 삶이 고가 될 리가 없다.
　예컨대 학생의 본분은 공부하는 일인데, 공부를 안하니까 수업 시간이 괴롭고 시험이 괴로운 것이다. 공부 잘한 학생은 공부 시간이 괴로울 리가 없다. 선생님이 묻는 말에 척척 대답 잘하니 칭찬받고, 시험 보기만 하면 좋은 성적 나와 모두 공부 잘한다 하고 부러워하는데 무엇이 괴로울 것인가!
　또한 요트 선수를 보자. 처음부터 멋을 부려 바람 부는 방향과 반대로 돛을 띄우면 그 항해가 즐거울 수가 없다. 바람을 거슬러 올라가야 되니 그 고생이 오죽하겠는가. 하지만 바람과 같은 방향으로 돛을 띄우면 그야말로 순풍에 돛단 배이다. 그리고 이렇게 돛을 띄우다 보면 역풍에 돛 띄우는 방법도 알게 되어 마침내는 반드시 바람 방향과 일치하지 않더라도 배는 자기 마음먹은 대로 움직이게 된다.

삶도 그와 같다. 자꾸 삶이라고 하는 물결과 어울리지 않는 방향으로 살아가게 되니 자꾸 괴로운 일만 생기는 것이다.

그러면 어떤 것이 우주의 근본질서와 어울리는 삶인가. 우주질서의 큰 흐름은 모든 것의 안정(安定)과 창조(創造), 진화(進化) 쪽으로 흐르고, 궁극적으로는 모든 삶의 성장, 성숙으로 종결된다. 이 세상의 모든 것은 생명이 있는 것이나 없는 것이나 본능적으로 모두 안정을 취하려 한다. 그러므로 높은 곳에 있는 물체는 낮은 곳으로 떨어지는 것이요 일체 형상이 있는 것은 마침내 무너지고 없어지려 하는 것이다.

그런데 이런 안정은 투쟁, 다툼, 해악으로는 얻을 수가 없다. 오직 용서, 사랑, 기쁨, 희망으로만 얻을 수 있다. 그런 까닭으로 모든 종교도 이런 사상을 가르치고 우리 마음의 흐름도 이런 쪽으로 향하는 것이다. 지구 곳곳에 인종, 종교 간의 이해 관계로 전쟁이 일어나고 있지만 이런 증오, 투쟁으로는 서로 간에 더 큰 아픔과 원망만 가져올 뿐 결코 평화와 안정은 올 수 없음을 알아야 한다. 우주의 근본원리가 그런 것이다.

선악을 생각할 때도 우리는 이 세상을 위해서는 오직 선만이 필요한 것으로 알기 쉽다. 하지만 이 세상을 살기 위해선, 그리고 발전시키기 위해서는 선만 아니라 악도 필요하다. 다만 이 세상은 그 주류가 선을 향해 흐르는데, 그것은 악은 대체로 파괴, 퇴보를 가져오나 선은 창조, 진화, 발전을 가져오기 때문이다. 이런 일을 수없이 반복, 되풀이하며 우주의 큰 흐름은 선과 진화 쪽으로 향한다.

그리고 앞서 말한 대로 모든 생명을 싹틔우고 모두를 잘 되게 하고 모두를 행복하게 만들어 주는 삶이 우주의 흐름과 상통하는 삶이다. 이런 연유로 우리는 그런 삶을 살아야 한다. 화 잘 내고 툭하면 싸우고 하는 것은 생명을 싹틔우는 삶이 아니다. 장사를 해도 남을 속이고 생명을 죽이는 것은 더더욱 그러하다. 그러므로 이런 삶을 살게 되면 우선 그 자신부터가 마음이 편치 않고 가정에 불화가 그치지 않으며 나도 괴롭고 내 주위도 괴롭다. 그리고 이런 삶이 오래 쌓이게 되면 마침내 질병과 재앙으로 그 종말을 맞게 된다.

한가로이 보이는 바닷가 오징어도 그냥 잡히는 게 아니다. 자기보다 더 나은 다음 단계의 고등 중생에게 영양을 공급함으로써 그 중생의 성장을 돕는 것이다. 거대한 피라미드인 먹이사슬 자체가 그러하다.

모름지기 우리가 성장하고 온갖 생명을 살리는 삶을 살 일이다. 아무리 경제적으로 넉넉지 못하고 겉으로 드러난 삶이 초라해 보일지라도 그것 때문에 우리가 우주의 근본 흐름과 다른 삶을 살아서는 안 된다. 그런 삶은 일시적으로는 행복한 것 같아도 반드시 뒷날 큰 괴로움을 가져오게 한다. 그와 반대로 우주의 근본 흐름과 일치하는 삶은, 당장은 괴롭고 힘든 것처럼 보이지만 뒷날 반드시 큰 기쁨을 가져다 주니 우리 모두가 몸과 마음이 건강하고 자녀가 잘 되는 등 예기치 않았던 선물이 삶에 주어지게 된다.

삶은 결코 고(苦)가 아니다. 다만 우리가 잘못된 삶을 살고 있기 때문에 그렇게 보이는 것뿐이다. 그러므로 우리는 진리의 바른 모습을 통렬히 보아 전도된 삶에서 벗어나야 하겠다.

삶의 목적과 본질

우리는 왜 세상에 왔는가. 우리는 왜 사는가. 이 문제는 동서고금을 막론하고 인간을 사색하게 만들었으며 모든 철학의 근원이 되었다. 어느 신부님이 강론 도중 이 질문을 던졌더니 대부분이 '죽지 못해서'라는 답을 하더라던데(그 신부님은 '영원히 살기 위해' 우리가 이 세상에 나왔다고 말씀하셨다), 우리 주위 사람 대부분도 이 대답에서 크게 벗어나지는 않을 것이다.

옛날 대학 시절 좋아하던 노래로 고래 사냥이 있다. 누구나 다 아시겠지만 그 내용은, 아무리 술 마시고 노래하고 춤을 춰 봐도 허전하기는 여전한데, 그런 허전함은 오직 고래 잡으러 감으로써 해결된다는 것.

우리는 왜 허전한가. 그것은 본질의 삶을 살고 있지 못하기 때문이다. 본질의 삶을 살지 못하고 있으므로 아무리 술 마시고 노래를 불러도 노래 가사처럼 남는 것은 허무밖에 없다. 본질의 삶을 살지 못하면 아무리 돈을 벌고 성공을 하여도 종국엔, 인생의 끝엔 이게 아닌데… 하는 끝없는 후회와 회한이 몰려온다. 왜냐고요? 그런 것은 우리가 끝까지 추구하는 삶은 아니기 때문이지요!

그렇다면 본질의 삶은 무엇인가. 어떤 삶이 이런 허무를 뛰어 넘게 하는가. 그것은 바로 생명을 성숙시키는 삶이요 자신과 타인의 성장을 가져오게 하는 삶이다.

　우리는 이 세상에 왜 왔는가. 작게 말하면 우리 삶을 성숙시키기 위함이요 크게 말하면 이 세상을 성숙시키기 위함이니, 쉽게 말하면 이 세상의 초석을 다지고 꾸미는 데 서까래 하나라도 놓기 위해서이다.

　그러면 어떤 삶이 자신을 성숙시키고 성장하게 할까. 그것은 생명을 북돋우는 행위, 생명을 성숙시키고 꽃피우는 행위다. 이런 행위가 스스로의 성장과 성숙을 가져오게 한다.

　우리가 봉사활동을 하거나 남을 돕게 되면 마음이 무척 기뻐진다. 그것은 그런 행동이 생명을 북돋워 주기 때문이다. 또 보잘것 없는 미물의 죽음에도 마음이 아프고 생명의 탄생을 보면 반가운 것도 우리의 본래 모습이 그런 것인 까닭이다.

　세속적으로 보면 우리는 행복하기 위해서 이 세상에 온 것인지도 모른다. 그런데 이 행복이란 것은 무얼까. 대부분의 사람들은 행복을 '자기가 만족하는 것'이라고 말한다. 내가 어떤 상태에 만족하지 못하면 행복하지 않은 것이요, 만족하면 행복한 것이다. 그러면 진실한 행복, 진실한 만족은 어디서 올까. 물론 여러 곳에서 오겠지만 제일 대표적인 것은 '자신의 성장'에서 온다고 볼 수 있다.

　우리가 어릴 때는 모두 행복하다. 그것은 왜일까. 어릴 때는 우리가 몸과 마음이 끊임 없이 성장하고 있기 때문이다(실지 당장 키부터 자라지 않는가? 그리고 누구나 학교 때 학년이 올라갈 때 뿌듯한 기쁨을 느껴 보았을 것이다. 그리고 우리가 아무리 나이가 들어도 공부를 하거나 새로운 것을 배우면 기쁨이 오는 것도 그런 것이 우리의 성장을 돕기 때문이다). 그러나 어른이 되면 행복한 일보다는 괴롭고 힘든 일이 많은데, 그것은 또 왜일까. 바로 '성장이 멈췄기 때문'이다. 이렇게 몸과 마음의 성장이 멈춘 어른들은 대개 다른 것으로 성장하려 목표를 세우니 돈, 권력, 지식 등이 그것이다.

재산이 많이 모이는 것도 성장이요 지위가 높아지는 것도 성장이며 아는 것이 많아지는 것도 성장이다. 그러나 이런 형상의 성장은 진정한 행복을 가져다 주지는 못하니 그것은 무릇 형상이 있는 것은 영원하지 못하기 때문이다. 그러므로 제 아무리 재산을 많이 모으고 지위가 높아지며 뛰어난 논문을 써 보아도 종국엔 허전한 마음을 지우지 못한다. 궁극적 행복은 '마음의 성장'에 있는 까닭이다.

우리가 흔히 '악'이라고 하는 것은 모두 생명의 성장을 빼앗거나 방해하는 것이다. 불교에서 말하는 십악(十惡)이 왜 악인가 하면, 그 살생이나 미워하는 열 가지 행위는 바로 생명을 자라지 못하게 하기 때문이다. 그 반대의 행 열 가지는 그렇지 않고 끝없는 생명의 꽃을 피우므로 선이라 하는 것이니 본래 선악은 없는 것이다. 아무리 악이라 하더라도 생명을 피우는 과(果)를 가져오면 그 즉시 선이 되는 것이요, 아무리 선이라고 생각되는 일도 생명을 꽃피우지 못하거나 해치면 곧 바로 악이 되는 것이다.

불교에서는 중도(中道)를 무척 중요한 것으로 여긴다. 아니, 중도는 불교의 본질이라고도 할 수 있다. 그런데 양 극단으로 치우치지 않는 이 중도가 왜 그렇게 중요한가. 중도는 바로 우리 삶을 성숙시키는 기본 자세인 까닭이다.

그러면 나의 성장, 성숙이 모든 나의 번뇌를 해결하는가. 결코 그렇지 않다. 또 하나의 우리 삶, 그것은 이 세상의 성숙이니, 그것은 결코 나와 세상은 둘이 아니기 때문. 그러므로 개인의 이익을 위한 삶은 아무리 성장이고 성숙이어도 가치가 없는 것이니, 개인의 이익만 위한 성숙은 이 세상을 밝히는 데 아무런 도움이 되지 않기 때문이다. 불교에서 자신만의 구제를 추구하는 소승을 배격하고 일체 중생의 구제를 주장하는 대승사상이 나오게 된 것도 그런 연유이다.

흔히 보살의 이상적 행동을 상구보리 하화중생으로 표현한다. 그런데 보리를 구하는 행동과 중생을 구하는 행은 별개의 것이 아니니, 내가 보리를 구하는 마음과 행이 곧바로 중생의 이익과 하나이기 때문이다. 사업하시는 분이 사업을 확장시키는 것이 개인의 이익만 위함일 땐 그 사업은 번창하지 못한다. 자신의 사업 번창은 곧 바로 직원들의 번영으로 연결될 때 비로소 개인의 이익 확대가 이루어지고 이 사회에 도움이 되는 것과 같이, 개인의 상구보리가 하화중생과 둘이 아닐 때 개인의 공부도 성숙되고 일체 중생이 성숙되는 것이다. 보리를 구한 마음이 변하여 중생을 성숙시키는 것이 아니라, 내 공부 내 수행이 바로 중생의 성숙과 직결된다.

그러므로 깨달음의 행 하나하나가 바로 중생구제와 연결되어야 한다. 그렇지 못하면 상구보리는 내 개인의 도는 이룰지 몰라도 중생의 성숙, 중생의 이익은 되지 못한다. 그 결과 아무리 개인적으로 성공하고 도를 이루었다 하더라도 번뇌는 끝이 없고 공허한 마음 또한 끝이 없다. 본질적인 삶을 사는 것은 나이, 직업에 관계 없이 언제나 가능하다. 그리고 그렇게 살 때 모든 번뇌는 없어지는 것이니, 삶의 본질엔 본래 번뇌란 없는 까닭이다. 우리는 모름지기 삶의 본성을 제대로 알아 나와 모든 중생의 성숙에 매진해야 하겠다.

수행자의 자세

　수행자가 갖춰야 할 덕목은 여러 가지가 있겠으나 나는 가장 중요한 것으로 먼저 자신의 한계를 아는 것이라고 말하고 싶다. 자신의 한계를 모르면 자신의 공부도 더 이상 진전이 없거나 문제가 생기지만 남에게 끼치는 피해도 말할 수 없이 크기 때문이다. 즉 법집과 아집에 빠지기 쉬운 것이다.
　우리는 주위에서 자신의 경지가 어느 정도 올라 이미 정각을 이룬 듯이 말하고 행동하거나 자기가 공부한 스승이 최고 또는 자기 종교만이 최고라는 주장을 하는 분들을 자주 만날 수 있다.
　정각을 이루었다고 말씀하시는 분을 보면 공부에 대해 나름대로 일가견을 이뤄 얘기하고 길을 가르쳐 주는데, 문제는 자신의 현재 위치를 객관적으로 파악하지 못하고 너무 자신을 확신하는 경향이 있는 것이다. 그러므로 주장이 한 쪽으로 치우치게 되거나 자기만 옳고 다른 이들은 다 틀린 것으로 말하기도 한다. 이것은 대단히 위험한 일이다.
　또 이런 확신은 우리를 혼란에 빠뜨리게 한다. 확신이란 정말 확고히 믿는 것인데, 지나친 확신은 우리같이 잘 모르는 사람을 당황하게 한다. 저 분이 그렇게까지 확신한다면 내가 수긍이 좀 가지 않더라도 믿어야 하지 않겠는가 하고 멀쩡히 잘 가던 사람의 길도 그르치게 할 수가 있다. 또 그냥 단순히 <나는 이렇게 믿는다>고 하면 될 것을 <나는 확신한다> 함으로써 오히려 말씀의 신빙성을 떨어뜨리는 역효과도 가져온다. 더구나 확신해서 나온 오늘의 말이 수행 조금 더 한 내일에 나오는 말과 다르다면 혼란은 더 말할 것이 없다.

자신의 한계를 안다는 것은 나 같은 의사에게도 대단히 중요한 일인데, 의사가 자신의 한계를 모르고 덤비면 환자의 생명이 위태로워진다. 이는 다른 일상사에서도 크게 다르지 않다.

수행자의 두 번째 덕목은 자기 반성이다. 이는 겸허한 자세를 말하니, 수행을 하게 되면 반드시 수행의 공덕이 나타난다(자기 반성과 겸허는 세속에서도 우리가 무슨 일을 할 때에 요구되는 덕목이다). 바꿔 말하면 수행의 공덕이 나타나지 않으면 그 분은 수행을 제대로 한 것이 아니다. 일상에서도 학생들이 공부한다고 하루 네 시간도 안 자고 책상에 앉아 있는 모습을 본다. 그런데 그렇게 앉아 있다고 공부하는 것은 아님을 누구나 다 알 것이다. 공부를 잘했으면 시험도 대부분 잘 보게 되어 있다.

원효스님은 수행자의 변화를 이렇게 노래하신다.

　불도를 닦는 사람 무엇으로 알아 내노／ 얼굴에 빛이 나고 몸에서 향기 나네／ 마디마디 기쁨이요 걸음걸음 꽃피워라／ 자비심을 품었으니 노염 미움 있을소냐／ 청정행을 닦았으니 거짓을 끊었어라

진실로 부처님 법을 제대로 닦는 이들은 이런 모습이 나와야 한다. 얼굴에선 자비의 빛이 나고 부처님 향내가 온몸을 감싸고 돌아야 한다. 말한 마디 한 마디가 모두 중생의 마음을 기쁘게 하고 보리심을 싹틔우는 말이며, 걸음걸음 옮길 때마다 대립, 갈등, 다툼이 사라져 그 분이 가시는 곳마다 연화장 세계가 열려 나가야 한다. 중생의 어린 행동엔 부모님

같은 너그러움으로 이끌어 주고 언행이 일치되어 조금도 거짓됨이 없어야 한다.

부처님 공부를 한다 하면 누구나 이렇게 자신이 변하고 있나를 돌이켜볼 일이다. 부처님 법을 공부한다 하며 남이 조금만 잘못해도 그 잘못을 지적하기 바쁘고 중생의 보리심을 키우기 앞서 꺾어 버리는 말과 행동을 하고, 가는 곳마다 화평을 일궈 내는 대신 내가 옳으니 네가 그르니 하며 분란을 일으키고, 부처님 법을 공부한다면서 얼굴엔 욕심이 흐르고 몸에서는 고기 썩는 냄새가 나서야 아무리 아는 것이 많고 아무리 공부했다고 해도 그것은 제대로 공부한 것이 아니다. 내가 공부하면 남도 공부하고, 내가 깨치면 남도 다 깨침을 알아 일체 중생을 섬기고 공양하게 되어야지 진정한 수행인의 자세라 하겠다.

이같이 수행자가 스스로의 한계, 능력을 모르면 참으로 큰 문제를 일으키니 모름지기 수행자는 스스로를 늘 돌이켜볼 일이다.

재가자와 출가자

 불교를 공부하다 보면 꼭 일어나는 생각 하나가 바로 출가하고픈 유혹 아닌가 한다. 부처님 법은 우리의 본 생명과 직결되는 가르침이라 하다 보면 너무나 재미있고 기뻐서 침식 잊기도 십상이다. 그러다 보면 일상생활이 공부하기엔 제약이 적지 않아 늘 본격적으로 공부 한 번 해봤으면… 하는 바람을 한 번씩 갖기 마련이다.
 그런데 결론부터 말하면 나는 이 세속이 좋다. 나 역시 그런 생각이 들지 않았던 것은 아니나, 여러 모로 나는 이 괴로움 많고 북적대는 사바세계가 좋다.
 우선 나는 출가할 복을 짓지 못했다. 출가란 누대의 선근이 있어야 한다고 말하듯이, 출가란 아무나 하는 것이 아니다. 출가란 정말 복 중의 복을 지은 분들만이 할 수 있는 특권이다.
 국비 유학생이란 것이 있다(지금도 있는지 모르지만). 국비 유학생이 되면 여러 모로 편했다. 그 돈 없던 시절, 먹고 자는 걱정, 그리고 학비 걱정 없이 공부에만 열중할 수 있는 국비 유학생은 모든 유학생의 선망의 대상이었다. 하지만 이 국비 유학생이 되기가 그렇게 쉬운 것은 결코 아니었으니, 공부를 아주 잘한다던가 무슨 좋은 인연이 있어야 되는 것이었다(그런데 공부 잘한다는 것 자체가 보통 복이 아니다. 공부 잘하면 모두들 우러러보지요, 집안 부모님, 심지어 고향 분들까지 신이 나는 것이 아이 공부 잘하는 것이다).

　세 끼 밥 먹기 힘든 세상에서 밥 걱정 없이 한 평생 부처님 공부하는 것도 여간 복 짓지 않으면 어려운 일이다. 처자가 없다는 것도 보통 복으론 안 된다. 부처님께서도 출가하시기 전 라훌라가 태어남에 아, 장애! 하고 탄식하셨듯, 공부에 있어 처자식은 얼마나 애착을 끊기 어렵게 만드는가. 그 처자를 아예 거느리지 않는다는 게 글쎄, 보통 복으로 될 일인가요? 또한 산 좋고 물 좋은 곳만 골라 봄에는 꽃피고 가을엔 단풍 아름다운 곳에서 한 평생 부처님 모시고 한 평생 부처님 공부한다는 것이 어찌 복 없이 될 노릇인가(굳이 출가하지 않아도 부처님 일에 관여하며 끼니 걱정 않는 분도 보통 복 가지고는 안 됩니다!).

　이와 같이 복이 있어야 국비 유학생이 되듯, 누대의 선근, 복 없이는 출가할 꿈도 꾸지(?) 말아야 하는 것이, 한때의 감정을 못 이겨 출가 덜컹했다간 도로 환속하기 십상이다. 복을 지어 놓지 않았으면 감당하기가 힘든 것이 세상 일이며 출세간의 일도 그와 다르지 않다.

　그런데 다행한 일은 깨침에 있어 여건이 세간과 출세간이 크게 다르지 않다는 것. 그러므로 나는 출가의 유혹을, 나라고 어찌 없으리요마는, 그렇게 크게 느끼지는 않는다. 오늘 못하는 일은 내일도 못하듯, 여기서 못 깨치는 이는 거기 가서도 깨치기 힘들다. 한국에서 못 사는 사람 미국 가서도 잘 살기 쉽지 않듯, 요기서 공부 못하는 이는 거기서도 공부 못한다. 여태껏 학교 다닐 때 친구들을 봐도 꼭 공부 못하는 녀석이 공부할 시간이 없다, 공부 방도 없다, 분위기가 안 좋다, 옆에서 안 도와준다, 시끄럽다, 선생님 가르치는 게 시원찮다 등등 불만이 많지 공부 잘하는 사람은 어디서도 잘하고 도무지 그런 불만이 별로 없다. 출세간 공부는 이와 다른지 모르겠으나, 어찌 공부에 있어 세간과 출세간이 다르리오!

 그러므로 이 사바세계에서 공부 못하고 못 깨치는 내가 출가한다고 공부 잘하고 깨칠 까닭이 없다. 물론 분위기 좋은 곳에선 공부가 좀더 잘 되듯 출가인들이 사는 곳에선 공부가 지금보단 잘 될 것임도 사실이나 그것도 잠시뿐, 과외 선생 대어 보고 분위기 바꿔 봐도 공부 제대로 하지 않는 학생에겐 잠깐의 효과뿐 결국엔 큰 소용 없듯, 여기서 못 떨치는 망상이 거기라고 떨쳐지리오! 그러므로 금생에 출가할 복 못 지은 내가 자꾸 복 많은 분 부러워하고만 있을 필요는 없겠지요! 나는 나대로 내 복 지은 이 땅에서 나와 똑같이 출가해서 전문적으로 공부할 복 짓지 못한 우리 벗들과 웃음과 눈물 속에서 이번 생 지내련다. 돈 없고 과외 선생님 없어도 학교 공부만 잘하면 그 어떤 학교도 들어가듯, 정신 바짝 차리고 우리 부처님 스승 삼아 부처님 공부 열심히 하면 어찌 깨달음이 별처럼 멀기만 하랴! 그래서 나는 오늘도요, 희망을 안고 일터로 나간답니다….

종교가 왜 필요한가?

　종교란 무엇인가. 서양에서는 종교의 정의가 reverence for god, 즉 신에 대한 경외심으로 되어 있다. 동양에서는 제일 높은 가르침이란 뜻으로 쓰이니, 종교 '종' 자가 가장 높은 곳을 뜻하는 마루 '종(宗)' 자를 쓰게 된 것도 이와 같은 이유에서이다.
　종교는 삶에 있어 우리에게 어떤 역할을 하는가. 종교는 우리 삶에 있어 고난을 헤쳐 나갈 수 있는 뚜렷한 힘을 준다. 앞서 언급했듯이 삶의 원리를 확철히 꿰뚫어 보고 있으므로 어떠한 어려움이 오더라도 능히 헤쳐 나갈 힘을 우리에게 길러 주는 것이다. 그러므로 종교적 깊이가 깊어질수록 고난을 헤쳐 나갈 수 있는 힘이 더 커지는 것이니, 종교적 수행이 깊으신 분들은 고난을 받지 않을 뿐 아니라 고난을 받는 다른 이들의 어려움을 없애 줄 수 있는 힘을 가진다.
　예를 들면 바다 위를 가는 동력선(動力船)과 무동력선(無動力船)에 비유할 수 있다. 우리가 항해를 할 때면 비바람을 안 만날 수 없다. 날씨가 좋은 날도 있겠지만 나쁠 수도 있는데, 무동력선은 바람 부는 대로 갈 수밖에 없다. 또 바람이 안 불면 꼼짝도 못한다. 그야말로 자기 의지와는 달리 바람 부는 대로 물결치는 대로 정처 없이 떠다닐 수밖에 없다.
　그러나 동력선은 물결을 거슬러, 바람을 거슬러 움직일 수 있다. 바람이 불든 안 불든, 폭풍이 일든 안 일든 언제나 자기 의지대로 나갈 수 있게 되는 것이다.

종교를 가지고 믿고 따르는 것은 바다에서 무동력선에서 유동력선으로 바꿔 타는 것과 같다. 자기 힘으로 거친 바다를 거슬러 올라갈 수 능력이 생기는 것이다.

그러나 너무 젊을 때부터 종교에 몰두하는 것은 그렇게 바람직하지는 않다고 생각한다. 젊은이는 역시 패기만만해야 하고, 인생의 깊이를 알기엔 아직은 이르다. 모든 것이 때가 있듯, 종교도 예외는 아니다. 종교의 중요성을 알기 위해서는 인생의 무상을 깊이 느껴야 하는데 너무 이른 나이에 이런 사실을 알게 되면 평범한 생활을 하기 어렵다. 정상적인 삶을 살지 못하니, 승려가 되거나 신부가 되기 쉽다. 일찍 부모를 여의고 인생무상을 깊이 체험하여 출가하신 분 중에 큰스님이 되시는 경우가 많은 것도 이 때문일 것이다.

그러므로 가장 바람직스런 모습은, 젊을 때는 열심히 본업에 충실하되 종교생활을 하는 이들을 경멸하거나 업신여기지는 말고 또한 종교적인 사고를 늘 마음에 새기며, 어느 정도 나이가 들면 그때는 자신에 맞는 종교를 찾아 정진하는 것이 아닐까 한다.

보급형 종교와 전문가용 종교

　이 세상엔 여러 종교가 있으나 크게 쉬운 종교와 어려운 종교로 나눌 수 있겠다. 쉬운 종교는 보급형 카메라에, 어려운 종교는 전문가용으로 비유할 수 있겠다.
　보급형 카메라는 누구나 쉽게 접하고 사용할 수 있다. 인화를 해 봐도 웬만한 경우 전문가가 찍은 것이랑 큰 차이가 없을 정도로 잘 나온다. 하지만 그 이상은 어렵다. 역광촬영이라든지 해지는 광경, 연속촬영이나 근접촬영 등의 특수한 경우에는 제대로 찍기가 어렵게 된다.
　전문가용은 이와 반대다. 특수한 경우엔 위력을 발하나 무엇보다 보통 사람들이 다루기에는 기능이 너무 복잡하고 어렵다. 그러므로 일반적으로는 보급형이 훨씬 더 인기가 좋으며 웬만큼 특수한 경우가 아니고는 충분히 우리 뜻대로 움직여 준다.
　종교도 이와 같아서 쉬운 종교는 그다지 어렵지 않게 일반인들을 허망한 삶에서 알차고 보람 있는 삶으로 이끌어 준다. 어려운 종교는 이와 달리 많은 사람들에게 경외감을 불러일으켜 경원하기 쉽다. 똑같은 환희의 삶을 사는데 노력에 비해 성과가 떨어진다.
　종교는 어떤 종교를 가져도 나름대로 우리에게 가르침을 주고 성장시키는 데 이바지하는데, 문제는 그 종교를 찾는 이의 수준이다. 그냥 일상생활에서 놀이 떠났을 때 기념으로 찍겠다는 분에겐 비싸고 어려운 전문가용 카메라가 전혀 필요 없다. 작고 찍기 쉬운 보급형이면 충분하다. 하지만 카메라에 취미가 있고 좀더 고급 사진을 원하는 분은 좀 비싸고 어렵더라도 전문가용을 사용하는 것이 낫다. 각각의 입장에서 필요한 것을 찾으면 된다.

그런데 사진을 찍다 보면 그렇듯이 수준이 점점 높아질 수밖에 없고 종교 역시 예외가 아니다. 보급형으로 어느 단계까진 문제가 없지만 수준이 높아지면 보급형으로 만족할 수 없다. 그리고 비록 보급형 역시 좋은 사진을 보여 주나 쉽게 다루는 데 주된 목적을 두었으므로 전문가용보다는 다른 기능이 불충실하기도 하다. 그러므로 좀더 화상이 높고 좋은 사진을 찍기에는 한계가 있기 마련이다.

종교도 이와 같다. 비록 보급형 종교가 많은 사람들을 쉽게 종교적 분위기를 갖게 만들긴 하나 쉬운 쪽에 비중을 좀더 두었으므로 모순과 문제점이 생기기 마련이다. 전문가용 종교는 접하기는 쉽지 않으나 일단 익숙해지면 훨씬 더 나은 세계를 우리에게 보여 주게 되고 모순과 문제점도 적을 수 있다.

기독교는 보급형이라면 불교는 전문가용에 가깝다(물론 어느 종교가 진실로 종교적 수행이 깊어지면 이런 구별은 무의미하다. 여기서 보급형 전문가형을 말하는 것도 일반적인 것을 기준으로 할 때 그렇게 볼 수 있다는 비유에 불과함). 그런 이유로 기독교는 입문이 쉽긴 하나 깊이 빠질수록 문제점이 늘어나고, 불교는 입문은 어려우나 일단 어느 관문을 넘게 되면 그 후부터는 대단히 자유로운 입장에 서게 된다.

그러나 모든 제품에 있어 보급형이 더 좋은지 전문가용이 더 좋은지 구별이 어렵듯이, 종교 역시 그러하다. 보급형이 비록 기능은 떨어지나 쉽게 접근하는 나름대로의 장점이 있다. 사진기가 좋다고 좋은 사진 나오는 것도 아니다.

　그러므로 내 종교만 좋다는 종교 우월주의에 빠지면 안 된다. 다만 그 사람의 수준과 인연 따라 종교가 선택될지니, 사이비만 아닌 다음에야 어떤 종교라도 가지지 않는 것보다야 더 나은 세계로 우리를 이끌어 주기 때문이다.

불교 우월주의를 경계함

앞서 이미 언급했지만, 우리는 어떤 경우라도 불교 우월주의에 빠져서는 안 된다. 모든 종교는 그 나름대로 모두에게 이익을 주고 있기 때문이다. 흔히 불교인들이 빠지기 쉬운 일 중의 하나가, 불교가 다른 종교보다 그 가르침이 월등히 깊고 뛰어나다는 생각이다. 이것은 사실일지 모르나 이런 생각 자체가 부처님께서 우려하신 아상을 떠나지 못한 견해일 수 있다.

물론 불교가 사상적으로 방대하고 무애원융하며 가르침이 깊은 것은 사실이다. 그렇다고 불교가 다른 종교보다 우월하다고는 할 수 없다. 그것은 마치 아는 것이 많은 사람이 반드시 훌륭한 일을 더 많이 하는 것은 아닌 것과 같은 이치다. 박식한 경제학자가 반드시 좋은 경제관료가 되는 것이 아니며 뛰어난 운동 선수가 반드시 좋은 감독이 된다고 할 수 없는 것과 같다.

우리 불교인은 불교 우월주의에 빠지지 말자. 내 종교 내 불교가 어느 종교보다 낫다고 설득하려 들지 말자. 비록 못 배우고 돈 없는 부모라도 내 아이에겐 더없이 좋은 부모가 될 수 있듯, 비록 깊지 못하고 보잘것없는 가르침이라도 인연 있는 사람에겐 더없이 뛰어나고 좋은 가르침을 줄 수 있으니 내 종교가 뛰어나다 해서 남의 종교를 무시해서는 안 된다. 불교 우월주의를 버리지 못하면 중생공양을 제대로 할 수 없다. 그리고 우리가 한심하게 생각하는 타종교인 모습을 닮기 쉽다.

또한 주의해야 할 일 중 하나가, 어떤 종교적 수행으로 내가 환희심이 생겼다 해서 그것이 내 종교의 우월성을 말하는 것은 아니라는 사실. 방언이 나오고 관세음을 친견했다고 누가 더 낫고 덜한 것은 아니다.

모든 종교적 행위는 환희심을 일으킨다. 왜냐하면 종교 그 자체가 우리를 선한 길로 이끌기 때문이다. 종교적 행위는 우리의 산란한 마음을 가라앉히고 이글대는 우리의 마음을, 욕망에 타는 우리의 마음을 식혀준다. 찬송가 등의 노래, 미사, 염불, 기도 등이 모두 그렇다. 그러므로 어떤 종교에서 우리가 기쁨과 안식을 얻었을 때 내 종교만이, 내 종교의식만이 그런 것을 가져다 준다고 생각하면 안 된다. 그런 생각은 우리를 종교적 편집광으로 만들기 쉽다.

이런 마음가짐을 갖게 되면 종교에 너그러워지며 남의 종교 역시 존중하기 쉬워지리라 본다.

개종은 과연 바람직한 것인가?

　우리는 주위에서 남의 종교를 자기와 같은 종교로 바꾸려는 분들을 많이 본다. 우리 처가가 불교인데 기독교로 개종시켰다든가, 또는 기독교인데 불교로 개종시켰다며 흐뭇해하는 경우를 우리 주변에서 적지 않게 본다. 이런 일은 기독교 쪽에서 더 흔한데, 한 마디로 개종은 신중히 고려하여야 할 일이다. 물론 한 집에 사는 사람들이 종교가 달라 갈등을 겪는다면 곤란하기는 하겠지만, 개종은 그래도 신중해야 한다.
　사람마다 태어난 곳이 다르고 언어와 풍습이 다르듯, 우리의 몸은 비록 같은 나라에 태어나더라도 그 정신적 배경이 똑같지는 않다. 부처님 나라에 태어나는 이가 있는가 하면 주님의 나라에 태어나는 분도 있다. 한국인은 배고플 때 밥을 먹어야 하고 미국인은 빵을 먹어야 하듯, 부처님 나라 백성은 불법을 먹어야 하고 주님의 나라 백성은 주님의 밥을 먹어야 한다. 부처님 나라 백성이 주님 나라 밥을 먹으면 탈이 나듯 주님의 나라 백성도 부처님 밥을 먹으면 탈이 나기 쉽다. 이 차이가 얼마나 크고 중요한가 하면, 같은 피부색, 같은 민족인데도 종교가 다르면 싸움이 일어난다. 심지어 가족 간에도 불화가 일어나는 것이 겉모습은 같아도 정신적 국적은 다를 수 있기 때문이다.
　그러므로 우리가 개종을 고려하기 앞서 먼저 알아야 할 일은 어느 나라 백성인가를 아는 일이다. 부처님 나라 백성은 부처님을 믿게 하고 주님 나라 백성은 주님을 믿게 해야 한다. 모든 물건은 제 자리에 있을 때 가장 아름답다. 종교도 이와 같아 나에게 가장 맞는 종교를 택할 때 갈등과 어려움이 생기지 않는다.

그러니 상대방 종교도 지극히 존중해 줄 일이다. 내가 보기엔 상대방이 틀린 것 같지만 상대방이 보기엔 내가 틀린 것인지도 모를 일. 나와 같은 종교가 아니라고 섭섭해하고 개종시켰다고 좋아할 것이 아니라 일체 중생이 자기 인연 따라 가는 것이니 우리는 다만 우리의 모습을 보여 드리기만 하고 나머지는 조용히 기다릴 일이다.

그리고 하나 부탁드리고 싶은 것은, 우리 불자 모두 다른 이들의 언어와 문화를 배우는 일이다. 부처님 법을 전하고 싶더라도 너무 부처님 언어로만 말을 하면, 예컨대 기독교 언어를 쓰시는 분들은 알아듣기가 힘들다. 미국인을 만나면 우리가 영어로 말하고 그들 문화를 배우듯, 부처님 나라 백성이 아니면 그들 나라의 언어와 문화적 배경을 배워 봄이 좋지 않을까 생각한다. 우리가 구해야 할 이들은 우리 말 잘 알아듣는 이뿐 아니라 못 알아듣는 이도 있으므로, 진정으로 중생을 섬기려는 이는 그 중생의 종교적 언어로 얘기해 줘야 한다. 그때서야 비로소 상대를 제대로 알게 되고 혹시 올지 모르는 전법(傳法)도 완전한 모습으로 이뤄질 수 있기 때문이다.

기도하는 삶

나는 기도하기를 좋아한다. 길을 가다가도 밥을 먹다가도 나는 기도하기를 좋아한다. 귀엽고 어여쁜 아이들을 볼 때도, 가엾고 외로운 이들을 볼 때도 나는 기도하기를 좋아한다. 저 아이 저렇게 맑은 마음으로 자라게 하소서. 저 가엾은 분, 어서 보리심 내어 이 애달픈 고통 벗어나게 하소서….

기도는 우리 본성으로 돌아가는 행이요 우리 마음의 가장 순수한 표현이다. 전쟁영화를 보면 죽음의 두려움 속에서 누구나 간절한 자신의 마음을 토로하는 것을 본다. 한 번도 기도해 본 적이 없는 사람도 나름대로 무어라 간절한 마음을 올린다. 이 때의 마음은 가장 맑고 깨끗한 본래 우리의 모습으로 돌아간다. 그런 상태에서 우리의 가장 원초적인 마음이 나오게 된다.

기도는 이처럼 가장 간절한 마음이요 가장 원초적이며 기본적인 마음이요, 일체 중생과 공유하는 가장 공통적인 마음이며 핵심적 마음이다. 기도를 통해 우리는 우리 본래의 모습을 만나며 기도를 통해 우리는 성장한다(요즘은 좀 덜해졌지만 기독교에 처음 오는 분들에게 신부님, 목사님들은 기도하라고 먼저 가르치고 우리 불교에서는 깨달으라고 가르쳤다. 이러니 어느 쪽이 일반적 전파력이 큰지, 아마 자명한 일이리라).

기도의 핵심은 참회와 발원이다. 내가 지은 잘못을 지극한 마음으로 뉘우치고, 뉘우쳐 맑게 된 마음 위에 한없는 이쁜 그림을 다시 그리는 것이다.

기도는 간절해야 한다. 내 온 정성, 온몸과 마음을 다 바쳐 지극히 해야 한다. 그리고 기도할 때는 부처님의 위신력을 의심해서는 안 된다. 나의 이 기도는 반드시 이루어짐을 믿고, 또한 현재 이루어지고 있음을 분명히 믿으며 하나씩 하나씩 내 정성을 바쳐 나가야 한다.

그러면 기도는 언제 하는가. 어떤 분은 고난이 없을 때 미리미리 하는 것이라고도 하고 어떤 분은 어려울 때 하는 것이라고도 하지만 두 분의 말씀이 다 맞다고 생각한다.

고난이 없다면 기도할 마음도 잘 나지 않기도 하지만 평소 기도하는 버릇을 길러 두지 않으면 어려울 때 기도가 잘 되지 않는다. 그러므로 언제 어느 때나 기도는 우리 삶의 한 부분이 되어야 한다.

등 따습고 배부를 때, 날 화창할 때는 아무 준비도 없어도 된다. 돈이 없어도 되고 오래된 집 손 안 봐도 된다. 그러나 비바람 치고 겨울이 오면 문제는 달라진다. 준비가 안 된 이들은 혼비백산 우왕좌왕하지만 미리 준비한 이들은 그렇지 않으니, 우리는 매사에 미리미리 준비를 해야 하지 않을까…

기도는 이런 고난을 물리치고 막아 준다. 미리 간절한 기도를 올려 놓으면 설사 고난이 온다 하더라도 큰 위력을 발휘하지 못한다. 사도 바울은 종교인의 생활덕목으로 매사에 기뻐하고 감사하며 기도하는 세 가지를 든다. 비록 바울은 아니더라도 우리 모두 우리 본래 모습으로 돌아가게 하고 모든 어려움 막아 주는 기도를 일상생활화해 보면 어떨까 한다.

고난과 장애가 닥칠 때

우리는 살아가며 많은 어려움을 만난다. 물론 어려움 없이 순탄한 삶을 사시는 분들도 있겠으나, 여간 큰 복을 과거생에 짓지 않고서는 그렇게 되는 것이 쉬운 일은 아니다.

고난은 어떤 이유로 우리에게 오는가. 크게 세 가지를 들 수 있다.

첫째, 우리를 성숙시키기 위해서—고난으로 보이는 일들이 사실은 우리를 성숙시키기 위해서 오는 경우이다.

어떤 아주머니가 있었다. 이 아주머니는 어려서 가난한 집안에 시집을 갔는데, 그만 그 해 쌍둥이를 낳는다. 없는 집안에 나라도 벌어야겠다며 그 당시는 드물었던 운전면허 시험을 친다. 그런데 치면 떨어지니 이를 어이하랴. 그래서 그 아주머니는 마침내 운전면허를 포기하고 이불 만드는 법을 배운다. 이 아주머니 말씀. 내가 그때 운전시험에 합격하였으면 지금 기사 그 이상은 아니었을 것인데, 그때 면허를 떨어짐으로써 다른 기술을 배워, 지금은 부자 소리 듣게 되었다. 그때는 그 면허 떨어지는 것이 그렇게 분하고 원통하였으나, 지금 생각하면 참 다행이다. 더구나 집 안에서 할 수 있는 일을 배움으로써 아이를 집에 내버려 두고 나가지 않아도 되어 정말 다행스럽다.

인생만사 새옹지마란 아마 이런 일을 두고 하는 말이겠다. 이처럼 당장 눈앞에 고통으로 닥치는 일도 알고 보면 내 삶을 더 성숙시키기 위함이니, 고난에서 배워야 할 첫번째 덕목은 원망을 하지 않는 것. 만약 그 아주머니가 시험 떨어진 것을 원망만 했다면 오늘 같은 행복은 오지 않았을 것이다. 원망은 우리를 무너뜨리니까….

　두 번째, 경고 사인으로서의 고난—요즘은 모든 것이 자동이라 먼 길을 가는 비행기조차 자동항법으로 운행하는 일이 잦다. 그런데 이 자동은 편리한 만큼 안전장치도 많은데, 그 예로 경보음을 들 수 있다. 비행기가 잘 가고 있는데도 갑자기 경고음이 울리는 수가 있는데, 그것은 바로 자고 있는 조종사를 깨우기 위한 소리이다. 그 자체가 무슨 잘못이 아니다. 그런데 만약 그 경보음이 시끄럽다고 무시해 버린다면…. 아마 그 결과는 상상도 하기 어려울 것이다. 이처럼 고난은 우리를 돌아보게 하는 경고의 소리다. 이런 경고의 소리가 있는 경우는 매우 다행한 경우이니, 이런 경고로 더 큰 잘못을 막을 수 있기 때문. 몸에 병이 생기는 것도 마찬가지로, 내가 무언가 삶을 잘못 살고 있기에 병이 오는 것이다.

　그러므로 내가 아무리 잘하고 있는 것 같아도 이런 고난이 닥치면 반드시 한번 뒤돌아봐야 한다. 내가 무엇을 잘못하고 있는 것은 아닌지, 또는 내가 무엇을 착각하고 있는 것은 아닌지 살펴보아야 할 일이다. 그러므로 고난에서 배워야 할 두 번째 덕목은 겸허, 스스로를 뒤돌아보는 일이다.

　세 번째, 고난으로 보이는 일들이 사실은 고난이 아닌 경우—이것은 대개 고난이 업장소멸을 의미하는 것인데, 이 때 알아야 할 덕목은 속지 말아야 하는 것.

　우리는 고난이 아닌 것을 고난으로 받아들이는 일이 의외로 흔하다. 정말 고난이라도 고난으로 받아들이면 안 되는데, 고난이 아닌 것을 고난으로 받아들이니 참으로 문제다. 비록 고난이 오더라도 고난으로 받아들이면 안 되는 것은, 우선 그런 마음을 가지면 고난이 우리를 정말 떠나지 않게 되는 것이고, 또 고난이 아닌 것도 고난으로 생각하면 정말 고난으로 되어 버리는 것이다. 그러므로 고난에 속지 말아야 한다.

이전에 촉망받던 어린 여자 국가대표 체조선수가 있었다. 이 소녀는 연습을 하는 도중 목뼈가 부러지는 부상을 입는다. 그 결과, 의학상으로는 회복불능의 전신마비가 오게 된다. 부친은 화병으로 교단에서 심장마비로 돌아가신다. 그런데 이 소녀는 희망을 잃지 않고 재활의 노력을 한 결과 상반신을 어느 정도 움직일 수 있는, 의학적으로는 도저히 불가능한 기적이 일어난다. 이 소녀는 어느덧 성인이 되어 장애인을 위한 스키 캠프도 여는 등 나름대로 웃으며, 그리고 절망에 몸부림치는 이들에게 웃음과 희망을 듬뿍 안기며 스스로의 아픔을 축복으로 살아가고 있다.

고난은 고난이 아니다. 고난은 그것을 받아들이는 이에게만 힘을 발휘한다. 고난을 고난으로 받아들이면 고난은 영원히 우리를 떠나지 않는다. 고난의 먹구름은 자꾸만 뭉게뭉게 커지며 우리를 어둡게 한다. 그러나 고난을 고난으로 받아들이지 않으면 그것은 한 순간에 은혜와 축복으로 다가온다. 눈앞에는 고난으로 보이지만 사실은 축복이 오고 있는 것이다.

세상을 살아가노라면 어느 정도의 고난과 장애는 오게 마련이다. 톨스토이의 말처럼, 사람은 누구나 자기 나름대로의 십자가를 지고 인생을 살아가는 것이다. 항해를 하다 보면 넓은 바다에 폭풍이 이는 것은 당연한 일이다. 그것은 대지를 순환시키는 자연의 정화작용으로 폭풍이 이는 것은 아무 잘못이 아니다. 잘못이 있다면 늘 날이 맑기만을 바라는 그 마음이 잘못된 것. 삶도 그와 같다. 인생살이에 고난이 없기를 바라는 것이 잘못이지, 고난 그 자체는 결코 잘못이 아니다.

그러므로 무엇보다 이 고난과 장애의 공성(空性)을 알고 속지 않아야 하며, 더구나 절망하는 일은 결코 없어야 한다. 절망은 어리석은 사람의 결론이라는 영국 수상 디즈레일리의 말처럼, 어리석게도 속고 절망하게 되면 그것으로 끝이요 모든 것이 무너져 버리기 때문이다. 아무리 비바람이 매서워도 반드시 끝날 날이 있다. 아무리 눈보라 매서워도 봄날은 반드시 온다.

고난을 내리는 것은 이른바 신이나 절대자의 의지요 뜻일지도 모르나, 그 고난을 축복으로 바꾸는 것은 바로 우리의 의지요 우리 인간의 뜻이다. 그러므로 고난에 속지 말자. 그리하여 크나큰 희망을 언제나 가슴에 안고 잃지 말고 오늘의 이 아픔을 뒷날의 큰 축복으로 우리 한번 바꾸어 보지 않으시렵니까? 왜냐구요? 쉬지 않으면 마침내 이루어지니까요….

할머니와 화두(?)병

어느 날, 병원에 다니는 아이의 어머니가 할머니 한 분을 모시고 나에게 왔다. 그 어머니는 바로 할머니 따님으로 할머니께서 며칠 전부터 복통과 설사를 하시는데, 너무 심해 어떤 약도 듣지가 않아 모시고 왔다는 것이다. 가만히 병력을 들어 보니, '과민성 대장 증후군' 같은데(이 병은 큰 원인 없이 스트레스에 의해 악화되며 복통, 설사, 변비 등의 증세를 보인다. 치료는 약물도 중요하지만 제일 중요한 것은 스트레스에서 자유로워지는 것임) 신경 쓰시는 일은 없는가 하고 여쭤 봤지만 20여 년 전 돌아가신 바깥 어른 제사가 며칠 뒤에 있는 것 외엔 신경 쓸 일이 없으시단다.

이상하다, 무언가 신경 쓰실 일이 있는데… 하고 내가 의아해하자 따님이 나에게 이야기하는데, 할머니는 현재 인천 용화사에서 송담 큰스님 모시고 결제 중이시란다. 그런데 며칠 전부터 설사가 열 번도 더 나오고 복통이 심했는데 결제 중이라 밖엔 안 나오시고 인편으로 한약도 먹고 양약도 먹었지만 도무지 차도가 없고 더 심해져 하는 수 없이 지난 토요일에 딸네 집으로 오신 것이란다.

그래요? 결제 중이시라고요? 아유, 대단하신 분이시네요! 하고 내가 결제란 말을 이해하는 표정을 보이자 할머니께서는 반가우신 듯 나도 불자인가 물으셨다. 송담 큰스님이야 전강 큰스님 제자 분이시라 화두참

구하실 텐데, 할머니 화두가 뭡니까? 하고 여쭸더니 '이뭣고?'라신다. 그래 할머니, 이뭣고 좀 아셨습니까? 하고 여쭸더니 웃으시며 고개를 흔드신다. 도무지 진도가 없어요! 그 말에 나는 아하, 할머니께서 화두 때문에 설사가 난 게 아닌가 하는 생각이 문득 스쳤다.

할머니께 좀더 유도 심문을 하였더니, 사실은 화두가 잘 안 되고 깨쳐야겠다는 마음은 급하고, 그런 마음이 좀 있었단다. 할머니, 화두를 들되 이 화두 타파해야겠다 하는 생각을 하시게 되면 공부가 안 됩니다. 그건 욕심이거든요. 욕심으로 부처님 법을 공부하려 하니 공부가 제대로 되겠습니까? 참선하다 상기가 많이 된다는데, 제가 보기엔 그런 맺힌 마음 때문인가 싶습니다. 상기가 오르면 큰 일이지요. 할머니 설사병은 제가 보건댄 그런 상기병은 아니고 마음이 좀 급해지셔서 아마 그게 스트레스가 되어 이렇게 되신 것 같습니다. 제가 거기 관한 약을 지어 드릴 테니 안심하시고 다시 결제 들어가셔서 마음 푹 놓고 넉넉한 마음으로 화두참구 한번 해 보십시오. 화두 잘 들면 그냥 나을 병입니다…

내가 제대로 진단한 건지 아닌지는 모르겠으나 할머니께서는 고맙다시며 내게 합장을 하셨다. 황급히 나도 같이 합장을 드린 후 할머니 손목을 잡았는데, 어머니 생각이 간절하다. 연세를 여쭤 보니 우리 어머니보다 6살이 아래신데, 여간 정정하시지가 않다. 아! 우리 어머니께서도 이렇게 공부하실 복을 지으셨으면 하는 생각에 그 할머니가 참 부러웠다. 저 연세에 할아버지 잃고 그냥 자식 내외에 얹혀 사시는 게 아니고 부처님 공부하러 다니시며 저렇게 당당한 삶을 사시니….

따님을 통해 들어 보니 할머니 공부가 만만치(?) 않으시다. 남편 떠나신 뒤로 부처님께 귀의했는데, 해마다 여름, 겨울이면 이렇게 결제에 들어가신다는 것이다. 태안사에서도 청화 큰스님 모시고 결제한 경험도 있으시다니, 청화 큰스님 한번 뵙는 게 소원인 나는 여간 부럽지 않았다.

따님에게 그런 애길 드리고 다시 보니 따님도 부처님 인연이 깊은지라, 불교시냐 물으니 자기는 기독교라 한다. 그리고 자기가 기독교인이 된 이유를 약간은 분노한 모습으로 얘기한다.

부친이 돌아가셨을 때까지만 해도 자신은 기독교로 갈 생각은 별로 없었는데, 장례식에서 너무도 실망했다는 것. 두 내외 분이 불교시라 불교 친구들이 많았는데, 아프실 때도 위문 와서 위로는커녕 돌아가셔도 별로 안 오시더라는 것. 더구나 기막힌 일은 일부 안 오신 분 중에는 올해 사주가 안 좋다고 상가엔 가지 말래서 안 오신 분도 있더라는 것인데 그 분들도 다 불자였단다. 어떻게 종교를 믿는 분이 그럴 수가 있느냐고 말하는데, 지금도 서러운 듯 약간 눈물이 맺힌다. 그런데 기독교를 보니 안 그렇다는 것. 병에 걸렸을 때 와서 같이 기도도 해주고, 사주 안 좋다고 위문 안 오는 분도 없으며, 돌아가셔서도 극진히 위문해 주시더라는 것.

불교도 요즘은 그렇지 않다고 일단 말씀은 드렸으나 그 분의 말씀을 듣고 보니 가슴에 걸리는 것이 많았다. 그 분 말씀대로 우리 불자들은 고통받는 이들을 위해 비록 위선적일지도 모르나 그 분들을 위해 얼마나 기도했는가. 개신교나 천주교는 돌아가실 분이 생기면 즉각 신도회에서 나와 찬송가도 불러 주고 장례도 그야말로 이익을 떠나 알아 보는데, 우리 불자 가족들은 어떠한가. 아마 인연 깊은 몇 분 외에는 그런 복을 누리시는 분이 많지 않은 것 같다. 병자를 위문하고 그 분들 위해 기도드리는 것은, 다행히 근래 불교인들은 그런 면에서도 관심 쓰는 분들이 많으나 이 문제는 우리 불자들이 많이 반성하고 배워야 할 분야로 생각된다.

그리고 우리 불자들은 일거수 일투족이 모두 불교의 가르침을 대표함을 알고 함부로 해서는 안 된다. 일반인들이 우리를 통해 불교를 보고 부처님을 보게 되는 것이다. 내가 하는 행동이 훌륭하면 그 분들은 우리를 통해 부처님이 현존(現存)하심을 보고 불교가 과연 훌륭한 가르침이구나 하고 생각하게 되고, 그렇지 않으면 부처님도 못 보고 불교를 형편없는 것으로 보게 된다. 그러므로 적어도 나는 불자라고 남에게 얘기하는 분들은 마음 씀씀이와 행동에 있어 여간 조심하지 않으면 안 된다.

그 후 그 따님 집에 전화를 드려 보니, 다음 날로 거짓말같이 깨끗이 나아 할머니께선 다시 그 날로 절에 들어가셨고 아무 연락도 없다는 이야기를 들었는데, 과연 나의 진단과 처방이 맞았는지 아니면 어쩌다 그런 건지 나로서는 알 수 없는 일이다.

진(眞)해탈과 가(假)해탈

 흔히 우리는 누군가가 세상의 모든 고뇌를 벗어난 듯 얘기할 때, 당신 해탈하셨구려! 하고 얘기한다. 그러면 그 분 역시 농담이나 거짓말이 아닌 한 자신은 모든 괴로움에서 벗어났다며 좋아하신다. 그렇지만 누구 하나 자신도 그 분 때문에 해탈을 느끼지는 못한다. 그냥 나하고는 먼 분이 드디어 해탈하셨구나….
 그러나 해탈이 과연 그런 것일까. 나 하나 괴로움에 벗어나면 그것이 해탈일까.
 나는 그렇지 않다고 생각한다. 혼자만 모든 괴로움에서 벗어나는 해탈은 해탈이 아니다. 진짜 해탈은 나만 아니라 남도 괴로움에서 벗어나게 해줄 수 있어야 하는 것이다. 산 속에 앉아 중생의 괴로움은 외면한 채, 물 좋고 산 높은 도원경 속에서 열반을 노래하고 성불을 노래하기는 그렇게 어려운 일이 아니다. 경계에 부딪치지 않는 한 말이다. 하지만 사바 세계의 중생은 얼마나 가엾은 존재일꼬! 산 속에 혼자 앉아 열반의 노래를 불러 보았자 저 산 아래 중생의 마음엔 고뇌가 사라지지 않는다. 그것이 무슨 해탈이랴!
 신성한 해탈은 자해탈(自解脫)이 아니라 타인도 해탈시킬 수 있어야 한다. 나만 아니라 남도 도원경 속에서 노닐 게 해줄 때 비로소 해탈했다고 말할 수 있으리라.

　언제인가 불교 공부하는 분 중에 이런 말씀을 하시는 분이 있었다(이 분은 스스로의 말대로 정말 대단히 훌륭한 선지식을 만나 진정 모든 번뇌를 벗어나고 있다). 자신은 좋은 스승을 만나 마음의 번뇌와 자신을 괴롭히던 장애가 사라졌고, 더구나 자기가 새로 산 집도 살아 보니 살기도 좋고 값도 올라 참 잘 샀다고 흐뭇해하는 것이었다.

　나는 그 모습을 보고 참 아쉬웠다. 물론 이 분이야 그 동안 일마다 장애가 그치지 않아 마음 고생 많았고, 그런 와중에 참스승 만나 일체 번뇌를 벗게 되었으니 얼마나 기쁘겠는가. 하지만 내가 진정으로 부처님 법 잘 만나고 내가 정말 공부 잘했다면, 내 스승 잘 만나고 내 사는 곳이 좋은 곳이라 행복해하지 말고 내가 만난 모든 분들을 좋은 스승으로 만들어 드리고 내 사는 곳이 아무리 험악한 곳이라도 내가 공부 잘하고 보리심 닦아 이 나쁜 국토를 정토로 바꿔 놓는 게 더 중요한 불자의 자세가 아닌가 해서이다.

　스승이 훌륭하신 것은 스승님이 뛰어난 탓도 있겠지만 그보다도 내가 훌륭한 제자가 됨으로써 스승님은 훌륭하게 되는 것이며, 부처님이 예토를 버리시고 정토를 골라 찾아가신 것이 아니라 부처님이 머무는 곳이 곧 정토가 된 것 아니었던가! 중생이 훌륭하게 변해서 싯달타가 부처님이 된 것이 아니라 중생은 일체 변함이 없었건만 싯달타 태자가 그 숱한 어려움 이긴 끝에 성불함으로써 중생이 변하게 된 것이 아닌가! 정토가 따로 있는 것이 아니라 부처님 계신 곳이 정토로 바뀌어 가며, 중생이 변하는 것이 아니라 내가 변함으로써 중생이 바뀌어 간다.

　우리는 착각하지 말자. 아무 어려움 없이 나 혼자 공부하고 나 혼자 좋은 스승 만나고 나 혼자 돈 잘 벌어 나 혼자 즐거우며 이 세상은 불국토라 얘기하지 말자. 내가 이만큼 잘나고 내가 이만큼 좋은 스승 밑에서 상락아정의 소식을 구가함은 중생의 빚임을 잊지 말자. 중생의 큰 아픔 속에 내가 깨달음의 큰 소식을 얻었음을 잊지 말자.

내가 저 높은 자리에 앉아 열반을 노래할 때, 저잣거리에 무명 중생으로 헤매는 저 부처님들은 어찌할 것인가. 내가 산 좋고 물 좋은 곳에서 이 국토가 불국토임을 노래할 때, 저 예토에서 방황하는 분들은 어찌할 것인가. 우리가 저 분들과 섞여서 같이 웃고 같이 슬퍼하지 않으면 저 가엾는 분들은 언제 부처님 말씀을 듣고 보리심 내어 무량정토에 올 수 있을 것인가. 그 분들은 대체 어찌하란 말인가….

로마의 학정을 피해 로마를 떠나던 베드로는 주님을 만난다. 주님은 어디론가 황급히 가시고 계셨다. 주여, 어디로 가시나이까? 베드로의 질문에 주님은 답하신다. 로마로 간다. 안 됩니다, 주님. 거기 가시면 죽습니다. 로마의 학정이 대단합니다! 애타게 말리는 베드로에게 주님은 이렇게 말씀하신다. 베드로야, 네가 내 백성을 버렸으므로 내가 다시 한 번 더 십자가에 못 박히기 위해 가는 것이란다…. 이 말씀에 스스로의 잘못을 깨달은 베드로는 로마로 돌아가 거꾸로 십자가에 매달린 채 순교한다. 그 자리엔 오늘날 세계에서 가장 큰 성당인 성(聖) 베드로 성당이 서게 된다.

재앙이 닥치더라도 돈 있고 권력 있는 이들은 모두 사재기를 한다든가 해외로 도피한다든지 해서 살지 모르나, 돈도 없고 빽도 없는 저 가엾은 백성은 어찌하란 말인가.

큰 차 타고 대형 아파트에서 값비싼 옷 입고 유명 식당, 고액 과외에

골프치고 해외 여행 다니면 나는 즐겁고 내 아이는 좋을지 모르나, 좁은 방에 형제 여러 명, 학비조차 없어 한숨 쉬고 바캉스 한 번 못 가는 저 부처님들은 어떡하란 말인가.

부처님 만나고 좋은 스승 만나 바른 가르침 아래 내 해탈 이루어도, 스승도 없고 불법 못 만난 저 가엾은 이들은 어떡하란 말인가.

진해탈은 그런 것이 아니다. 나 혼자 중생과 멀리 떨어져 앉아 나 혼자 열반의 소식을 노래하는 그런 것이 아니다. 진해탈은 나뿐 아니라 고통에 헤매는 다른 가엾은 이들까지 다 나의 해탈경계에 이끌어 줄 수 있을 때, 내 더 큰 정진으로 그들을 모두 끌어 안을 수 있을 때, 나는 비로소 남들에게 내가 해탈했다고 말할 수 있을 것이다.

창조주와 일체유심조(一切唯心造)

 이 세상이 생기게 된 제일 원인을 기독교에서는 창조주로, 불교에서는 마음으로 본다는 것은 앞서 말한 바 있다. 기독교에서 말하는 그런 창조주가 있는지 없는지는 나는 잘 모르니 거기에 관해서는 논외로 하고 마음이 온갖 것을 만드는 데 관한 이야기를 해 보고자 한다.

> 마음은 그림쟁이 같아서 / 갖가지 오음을 그려
> 일체 세계 가운데 / 만들지 않는 것 없네
>
> 만일 어떤 사람이 / 삼세의 모든 부처님을 알려 하면
> 응당 이렇게 관할지니 / 모든 것은 오직 마음이 짓는다고

 화엄경 야마궁중게찬품에 나오는 유명한 말이다. 마음은 하얀 백지 위에 그림을 그리는 화가와 같아 뭐든지 지어 낸다는 말이요 일체 자연이 다 마음에서 나왔다는 이야기니 조금은 황당(?)하게 들릴지도 모르겠다.
 그런데 가만히 보면 세상만사가 내가 어떻게 받아들이느냐 하는 것에 달려 있음은 조금만 생각하면 누구나 알 수 있는 일이다. 예를 들어 어떤 사람이 나에게 무슨 말을 했다 치자. 그런데 받아들이는 사람이 어떻게 받아들이느냐에 따라 엄청난 차이가 난다. 똑같은 말이라도 내가 저

주로 받아들이면 저주의 말이 되고, 축복의 말로 받아들이면 그 즉시 축복이 된다. 똑같이 빵 하나를 얻어도 은혜로 받아들이면 은혜가 되나 저주로 받아들이면 저주가 된다.

시골 어느 마을에 거지 할아버지 한 분이 있었다. 이 거지 할아버지는 마을에서 빌어 온 밥으로 자기보다 더 험한 분들을 먹여 드린다. 이 모습을 보신 신부님 한 분이 감동을 받아 가난하고 외로운 분들을 모시기 시작하니 이것이 뒷날 그 유명한 음성 꽃마을이 된다. 그 거지 할아버지는 말씀하신다. 빌어먹을 힘만 있어도 그것은 축복이라고….

누가 그런 것을 축복이라 하겠는가! 하지만 그 분은 자신에게 주어진 최후의 능력—빌어먹는 능력을 원망과 저주로 만들지 않고 은혜와 축복으로 받아들였다. 그 결과 그 보잘것 없는 능력은 정말 더없는 축복이 되어 스스로를 밝히고 주위를 밝히어 마침내 우리 모두를 밝히는 등불이 되었다.

이처럼 실지 우리 주위에 일어나는 여러 일들이 우리 마음먹기에 달려 있음은 누구나 느끼는 바다. 아무리 맛 없는 음식도 맛있다 생각하고 먹으면 맛이 있어지고 아무리 좋은 보약을 먹어도 먹는 사람이 고맙고 즐겁게 먹지 않으면 별 도움이 되지 못한다.

아무리 나에게 괴로운 일이 닥쳐도 내가 그것을 은혜와 축복으로 받아들이면 어느새 그렇게 된다. 그런데 거기에 원망을 하고 저주를 하면 결코 그런 상태에서 벗어나지 못한다. 부처님이 성도하실 때 마왕이 불화살을 쏘았지만 부처님 앞에서는 모두 낙엽이 되어 떨어진 것은 이와 같은 이치다.

내가 말하는, 그리고 기대하는 만큼의 세계가 우리 앞에 창조된다. 넌 이것밖에 못할 거야 하고 어떤 이에게 말하면 정말로 그 사람은 그 이상의 일은 하기 어려워진다. 내가 사랑을 못 받았다고 생각하면 진짜로 사랑은 나에게 오지 않는다. 내가 불행하다고 마음으로 생각하는 사람은 진짜로 불행의 먹구름이 어디선가 뭉게뭉게 피어오르게 된다. 내가 못한다고 스스로 자신의 능력에 울타리를 치면 정말로 그 이상은 하기 힘들어진다. 일체가 내가 만든 것이고 일체가 내 마음에 따라 달라진다.

반야심경의 소식도 바로 이 소식이다. 일체가 본래 없는 것이다. 오온도 없고 고집멸도도 없고 일체 법이 본래 없는 것이니, 지금까지 있다고 생각된 그 모든 것이 본래 없었으며 오직 내 마음이 지어낸 것이라는 말이다.

눈앞에 보이는 일체 장애도 마찬가지. 본래 부처님 가르침엔 장애란 것이 없다. 그런데 괜히 내 생각이 잘못[顚倒]되어 장애가 없는데도 장애로 보고 고난이 없는데도 자꾸 고난으로 받아들인다. 햇빛은 예나 지금이나 눈부시건만 내가 커튼을 자꾸 치며 방 구석에 숨으면서 어둡다, 안 보인다 하는 것이다.

이 사실을 아는 것은 대단히 중요한데, 먼저 우리를 가로막고 있는 온갖 고난과 장애가 실지로는 고난과 장애가 아니며, 또 하나는 그런 것은 일체를 내가 만든 것이므로 바꿀 수 있고 없앨 수 있는 사람도 바로 나라는 것이다. 바꿔 말하면 나 때문에 생긴 것이니 내가 없앨 수 있다는 말이다. 일체유심조의 소식은 아득한 옛날부터 내려온 우리의 무명을 일거에 소멸시키고 무한한 대자유를 우리에게 가져다 준다.

우리는 우리 스스로의 창조자이다. 내가 마음먹기에 따라 하기에 따라 모든 것이 창조되고 소멸되는 것이다. 희망을 창조하면 희망이 생겨나고, 절망을 창조하면 절망이 생겨난다. 행복을 창조하면 행복이 창조되고, 불행을 창조하면 불행이 창조된다. 밝음을 창조하면 온 세상이 환하게 되고 어둠을 창조하면 대낮이라도 마음은 한없이 어두워진다. 긍정, 찬탄이면 밝음이 창조되고, 부정, 미움, 원망이면 어둠이 창조된다. 이쁘게 보면 한없이 이쁘고 실제로 이쁜 짓을 하게 되나 밉게 보면 한없이 미워진다.

실로 마음은 어떤 것도 나오게 할 수 있는 도깨비 방망이 같은 것이다. 금 나와라 하면 금 나오고 은 나와라 하면 은 나오고, 행복 나와라 하면 행복 나오고 불행 나와라 하면 불행이 나온다. 방망이 한 번 내리치면 온 세상이 황금으로 되는데, 그 누가 쓰레기 나와라 뚝딱 할 것인가! 마음은 그런 것이다.

본래 우리는 행복하게 되어 있다. 중생으로 태어난 이상, 우리는 불행이 아니라 햇빛보다 더 밝은 이 광명을 마음껏 끄집어 내어 쓸 권리가 있다. 그래서 우리는 너그럽고 남을 용서하고 자비롭게, 그리고 밝고 희망차게 이 세상을 살아갈 권리가 있는 것이다.

눈에 보이는 일체 만물을 부처님으로 대접하면 모두가 나에게 부처님으로 다가오나, 내가 보잘것 없는 이로 경멸하면 그들 역시 볼품 없는 이들로 나에게 나타난다. 원망과 미움을 버리지 않으면 이 세상은 똑같이 원망과 미움을 되돌려 준다.

그런데 그러면 아무리 마음을 새롭게 먹어도 눈앞에서 사라지지 않고 있는 이 어려움은 무엇인가. 그것은 오직 내 정성이 부족하기 때문. 수없이 많은 세월 동안 위축되었던 내 마음이 지금 한 생각으로 그런 것을 다 없앨 수 있다고 생각하면 그 자체가 어리석은 생각이요 어둠을 만드는 생각이다. 한 생각으로 금방 바뀔 수 있는 것도 있지만 시간과 정성이 요구되는 것도 우리에겐 적지 않게 있음을 알아야 한다. 다만 일체유심의 소식을 사무치게 깨닫고 쉬지 않고 정진하면 언젠가는 그 두꺼운 장애의 얼음도 어느새 녹아 눈부신 햇빛이 우리 앞에 쏟아질 것은 틀림 없는 사실.

그러므로 앞으로 우리가 무엇을 해야 할지에 대한 답은 자명하다. 현재 우리에게 필요한 것은 이런 사실을 회의하기보다 굳게 믿고 불과 같은 정진을 부처님께 공양드리는 것뿐. 그리고 끝없는 희망을 창조해 내야 한다. 모든 어려움은 내가 만든 것이며 나만이 그것을 없앨 수 있는 주인이요 창조주이니, 반야의 횃불을 높이 밝혀 온 세상 어둠을 남김 없이 살라 버리고 끝없는 정성과 정진으로 나아갈 일이다. 왜냐구요? 쉬지 않으면 마침내 이루어지니까요….

연극과 윤회 이야기

'사바세계를 무대로 연극 한번 멋지게 해 봐라!' 이 말은 경봉 큰스님께서 법문하실 때 늘 즐겨 쓰시던 말이다. 그렇지 않아도 삶과 인생의 윤회하는 모습은 연극과 비슷한 점이 참 많다고 늘 생각해 왔던 터라, 비슷한 점을 한번 적어 본다.

첫째, 연극에서의 나는 본래 모습의 내가 아니라는 것. 연극에서의 모든 역할은 내가 잠시 맡은 것에 불과하다. 그러므로 아무리 좋은 역을 맡았든 나쁜 역을 맡았든 그것은 나의 참모습과는 아무런 상관이 없고, 연극이 끝나면 도로 내놓아야 하는 부질없는 것일 뿐이다. 연극에서의 임금, 신하, 부자, 거지, 장군, 교수 등등 그 모두는 연극이 끝나면 도로 내놓아야 하는 직책이니 실체가 없다. 다만 연극의 성공을 위해 잠시 필요했던 역일 뿐이다.

이처럼 우리 삶의 직책도 모두 부질없는 것. 단지 금생의 무대를 잘 꾸미기 위해 내가 잠시 맡았던 역할에 불과하므로 지금의 성공과 실패, 나의 모습 등에 집착할 필요가 전혀 없다. 단지 맡았을 때 충실히 그 역할 잘 행해 우리 모두의 연극이 성공적으로 끝나는 데 일조할 뿐….

둘째, 이런 직책, 역할은 지난 연극의 결과라는 것. 네가 이번 연극에 임금이 된 것은 지난 번 비슷한 역에서 잘 했기 때문이고 내가 거지 왕자가 된 것도 그런 이유이다. 예컨대 고민하는 지성인상 하면 대부분 유명한 어느 분이 맡듯, 어떤 특정 계통의 연기를 잘하는 분들은 다음 연극에서도 그와 비슷한 역을 맡기 쉽다는 것인데, 이는 윤회의 연속성과도 통한다. 즉 과거에 음악가는 다음 생에서도 음악가로 태어나기 쉽고, 그런 삶이 반복되면 마치 반복되는 연기가 성숙을 가져오는 것처럼 다음 어느 생에선가는 그 분야의 대가로 탄생하게 된다.

이는 우리 일상생활에서도 적용될 수 있는 것이니, 내게 익숙한 일은 과거에 내가 많이 해 봤던 일이다. 반대로 내게 익숙지 않은 일은 과거 생에 별로 해 보지 않았던 일이다. 마치 연기도 많이 해 본 연기는 쉽지만 처음 해 보는 역은 쉽지 않은 것과 같다.

셋째, 내가 왜 그런 역할을 맡았는지 아는 게 중요하다. 내가 그때 왜 그 자리에 서 있었으며, 내가 왜 그렇게 해야 했는가를 아는 것은 연극이나 실지 삶에서 매우 중요하니, 연극은 연극대로 더욱더 알차지고 삶은 삶대로 더욱더 부드럽고 여유가 있게 될 것이다. 악인은 악인대로 선인은 선인대로, 주인공은 주인공대로 조연은 조연대로 왜 내가 그런 역을 맡았은지 알아야만 서로가 다툼이 없이 무사히 한 판의 연극을 마칠 수 있고 다음 번에는 더 좋은 역을 맡을 수 잇다.

인생도 이와 같아 부귀영화를 누리는 이도 왜 내가 부귀영화를 누리는지, 또 가난하고 어리석은 이는 왜 그렇게 되었는지를 알아야 서로가 대립되지 않고 화합하는 삶을 누리고 다음 생에서도 더 좋은 삶을 누릴 수 있게 된다.

넷째, 무대에서는 열심히 해야 하듯, 삶도 열심히 살아야 하는 것. 아무리 유명한 배우라도 이번 무대에서 조금 소홀히 한다든가 소홀히 해도 되겠지 하고 안이한 마음을 먹어서는 안 된다. 아무리 다른 연극 잘

했더라도 이번에 잘못하면 다음 번 발탁이 어려울 수가 있다. 또 이번 연극에서 조연을 맡아 별 역할 못했더라도 열심히 자기 역할 다 하면 다음 번엔 감독 눈에 들어 좋은 역도 맡을 수 있다.

그러므로 이번에 좋은 역 맡았다고 교만하지 말고, 나쁜 역 맡았다고 실망도 하지 말아야 한다. 맡은 바 그 역할 열심히 하다 보면 언젠가는 인정을 받는다. 현재 유명한 배우도 처음부터 다 그렇게 좋은 역만 맡았던 것은 아니다. 그리고 좋은 역 맡고도 계속 훌륭한 연기를 보이니 계속 좋은 역이 지속적으로 들어오는 것.

아무렇게나 역 끝내면, 지금 비록 임금이 되어 호령도 하고 좋은 집에 살고 돈도 잘 쓰지만, 그 연극 끝나고 나면 아무도 불러 주지 않고 다시 불리더라도 한참을 지난 뒤이니, 사람 몸 한 번 잃고 나면 다시 오기 어렵다는 것도 이와 비슷.

다섯째, 고정불변의 나라는 것이 없다는 것. 연극에서 숱한 역할을 맡지만, 그것은 모두 일시적이며 집착할 일이 못 된다는 것이다. 오늘 아군이 되어 적군을 괴롭힐 수도 있으나 내일은 반대로 박해받는 이가 될 수도 있다. 오늘은 나쁜 역이지만 내일은 좋은 역 맡을 수도 있다. 그러므로 오늘의 역할에 너무 일희일비할 것 없다.

여섯째, 연극의 내 모습에 너무 집착하면 안 되다는 것. 사랑하더라도 진짜 사랑하는 게 아니고 미워하더라도 진짜 미워하는 게 아니다. 그런데 종종 연기라는 것이 우리 눈을 흐려 현실과 구분 안 되게 하기도 하는데, 이러면 문제가 생긴다. 그래서 연기 도중에 정말 주인공들이 사랑에 빠지기도 하여 물의를 일으키기도 한다. 연기는 어디까지나 연기이므로 속지 않는 것이 필요하다. 지금 원수 관계로 나오지만 연극상으로 그렇지 조금도 그 사람과는 원한이 없다. 그러므로 때리더라도 때리는 시흉만 해야지 정말 때려서는 안 되는데 종종 과잉 연기나 진짜 미워하는 감정이 일어 정말로 문제가 일어나기도 한다.

인생도 이와 같다. 지금 은원(恩怨)이 있는 사이라도 이는 다만 과거인 연의 산물일 뿐, 우리의 자성은 그런 것이 아니다. 그러므로 인과를 풀 때도 감정이 없어야 하는데 사람들은 곧잘 현실 모습에 속아 정말로 풀리지 않을 그런 큰 상처를 서로 남기기 쉽다.

일곱째, 새로운 연극을 위해서는 지난 번 연극은 다 잊어버려야 하는 것. 새 연극을 하는데 지난 번 연극과 역할이 마음에 그대로 있어서야 새 연극을 할 수 없다. 삶도 마찬가지. 생이 바뀌면 다시 시작해야 한다. 그러므로 전생기억을 생이 바뀌면 하지 못하는 것은 새 삶을 제대로 살기 위한 일종의 안전장치라 하겠다.

여덟째, 일단 시작된 연극은 끝날 때까지는 쉴 수 없다는 것. 아무리 연극이 뜻과 같지 않더라도 일단 연극을 시작한 이상 마쳐야 한다. 이처럼 인생에서도 아무리 내 삶이 마음에 맞지 않더라도 중도에 그만두어서는 안 된다. 좋든 싫든 이미 연극은 시작된 것이고, 나 하나 때문에 이 무대가 망가져서는 아니 되므로 맡은 바 역할은 연극이 끝날 때까지 충실히 연기해 주어야 한다.

아홉째, 연극은 언젠가 끝난다는 것. 인생도 이와 같다. 아무리 좋은 역도, 아무리 나쁜 역도 필경엔 끝나고 말 듯이, 축복의 삶뿐만 아니라 고난의 삶 역시 언젠가는 끝나고 만다. 사람들이 흔히 착각하는 것 중 하나가, 즐거움이 영원하지 않다는 것은 잘 알면서도 괴로움은 영원한 줄로 아는 것. 그러나 즐거움이 영원하지 않듯 괴로움도 영원하지 않다. 아무리 비바람치고 폭풍이 일어도 언젠가는 푸르고 맑은 날이 올 것을 분명히 알고 현재의 아픔에 너무 괴로워할 필요 없다.

열 번째, 일단 공연이 끝나면 다시 역할받기가 쉽지 않다는 것. 이는 배우가 하도 많다 보니 그런 것인데, 윤회의 모습도 그와 똑같다. 공연이 끝나면 품평회가 열리고, 거기서 연기력이 떨어지거나 호흡을 잘 못 맞춘 연기자는 다음 배역받기가 여간 어렵지 않다. 그러므로 연기를 제대로 하지 못한 이는 이번 공연 끝나면 어느 무대로 가서 어떤 역할 맡을지 기약이 없다. 그러나 연기가 뛰어났던 사람은 즉각 다음 배역 제의가 들어오니, 인생을 훌륭히 산 이들은 영혼으로 있는 중음 기간이 짧아 다음 생을 바로 살게 되나, 살아 있을 때 자기 성장을 게을리 한 이들은 언제 사람 몸 다시 받을지 기약이 없는 것이다.

열한 번째, 숱하게 만나고 헤어진다는 것. 부부로, 부모 자식으로, 연인으로, 형제로, 친구로, 원수로… 숱하게 미워하고 사랑하고 애태우며 지금까지 내려온 곳이 연극무대요 우리의 모습이라! 그래서 소매 하나라도 스치면 인연이란 옛 말도 생겨난 것이니, 그렇지 않았다면 금생에 우리가 서로 만날 수도 없었을 터이다. 생각해 보라, 우리는 그 무대에서 얼마나 헤어지고 만났던가! 지금 생각에는 이번이 처음인 것 같지만, 알 수 없는 먼 옛날부터 우리는 헤아릴 수 없이 서로 만나고 헤어지고 사랑하고 미워했으니, 그러므로 지금 우리의 만남도 헤어짐도 그리 기뻐하고 애달퍼할 필요 없는 것.

인생의 말년, 갑산으로 가기 전 겨울 한 철을 경허스님은 해인사에서 보낸다. 거기서 만난 어린 한암스님을 경허스님은 너무나 반가워하신다. 마침내 겨울이 끝나고 헤어질 무렵, 금생에 다시는 못 만날 것을 안 경허스님은 아쉬운 마음을 한 수의 시에 실려 보낸다.

하늘로 치솟아 뜬 붕새 같은 포부가

변변치 않은 데서 몇 해나 묻혔던가
이별은 예사라서 어려운 일 아니지만
부생이 흩어지면 언제 다시 만나리오

그 시를 본 한암스님 역시 도인이라, 이렇게 답을 한다.

서릿국화 설중매는 겨우 지나갔는데
어찌하여 오랫동안 모실 수 없는가요
만고에 변치 않고 늘 비치는 마음의 달
부질없는 뒷날을 기약해서 무엇 하리

   그렇다. 이별은 예사라서 어려울 것이 무어 있겠는가. 하지만 뒷날 다시 만나기가 쉽지 않으니 그것이 아쉽고, 다시 만나더라도 내 눈 밝지 못하면 그렇게 만나고 싶어하던 이인 것도 알아 보지 못할 터인즉, 그것이 안타깝고 또 안타까울 뿐···. 그렇지만 우리가 헤어지거나 말거나 다시 만나거나 말거나, 언제나 마음의 달은 늘 변치 않고 삼계의 밤하늘을 밝게 비추일 것이니, 부질없는 뒷날을 무엇 하러 기약하려 하는가···. 이 두 큰스님이 나누신 노래는 헤어질 때 아쉬움 많고 번뇌 많은 우리 범인들이 꼭 새겨 들어야 할 말이라 생각한다.
   열두 번째, 언젠가는 다시 모두 만난다는 것. 연극이 끝나면 일단 헤어진다. 하지만 언제가는 다른 역으로 다시 만난다. 인생도 이와 같아 현재 우리 주위에 있는 분들은 모두 과거 이 땅에서 부처님 무량공덕을 노래했던 분들일지도 모른다. 어쩌면 저기 저 무애행 뛰어난 분은 과거 원효성사로 오셨던 분인지도 모르고 부처님 조각 뛰어난 저 분은 과거 석가탑 만들던 아사달이었는지도 모른다.

열세 번째, 만나긴 만나되 서로 인연이 깊은 배우들이 끼리끼리 만난다는 것. 서로 안면 있고 호흡이 잘 맞은 배우끼리 다시 만날 가능성이 높다. 지난 번에 부부로 만났던 사람들이 부부로 다시 만나기 쉽다. 이를 달리 말하면 현재 우리 주위의 모든 분들은 나름대로 과거생에 서로 호흡이 잘 맞았다는 것. 즉 좋은 관계는 좋은 관계대로 서로 호흡이 맞았고, 나쁜 관계는 나쁜 관계로서 다른 그 어떤 이들보다 서로 호흡이 맞았던 것.

이와 같이 과거생에 서로 좋은 만남으로 헤어진 경우는 다음 생에서도 같은 만남으로 서로 만나게 되니, 금생에 좋은 만남은 그 인연을 고맙게 생각할 일이요, 금생에 좋지 않은 인연은 과거의 어리석음을 참회할 일이다.

열네 번째, 새 연극은 무언가 더 잘해 보려 나선다는 것. 지난 번보다 이번 연극에선 무언가 좀더 나은 연기를 보이려고 나가는 것이다. 인생도 그와 같다. 우리가 윤회로서 새 삶을 받는 이유 자체가 더 나은 삶을 살기 위해서이다.

열다섯 번째, 결국 무대에서 잘해야 한다는 것. 아무리 연습 때 잘해도 소용 없다. 실전에서 잘해야 한다. 이처럼 인생도 생을 받아 나왔을 때 잘 살아야 하는 것이니, 오늘은 새 날이며 좋은 날이고, 장 금생이라 하는 이유가 여기 있는 것이다.

그런데 이 글을 읽은 분들은 하나의 의문이 떠오를 것이다. 연극엔 그 연극을 감독하고 지휘하는 연출가가 있다는 사실! 이 사실은 윤회를 인정하게 되어 신앙적 고뇌를 하던 에드가 케이시가, 윤회가 결코 기독교의 가르침에 위배되지 않음을 확신시켜 라이프 리딩을 계속하게 되는 이론적 근거를 마련해 준다.

　케이시는 윤회의 참모습을 놀랍도록 자세히 알려 주었으나 불교의 가르침과 다른 것이 몇 가지 있다. 그 중의 하나가 윤회를 하는 실체적인 존재(그는 이것을 entity : 實在라고 명명했다)가 있다는 것인 데 반해 불교에서는 근본적으로 그런 것이 없다[無我]고 한다. 또 하나는 이런 실재를 존재케 하고 끊임 없이 실재가 닮아 가려고 하는 창조주가 있다는 것인데, 불교에서는 창조주란 없고 우리는 우리 모두의 원인이요 결과라고 말한다.

　이런 이론 어느 것이 맞는가는 아직 나는 알 수가 없다. 현재 내 생각이야 불교적 견해가 맞는 것 같지만 내가 더 많이 공부하면 어떤 결과가 나올지 알 수가 없는 것이니, 그저 열심히 정진하고 또 정진할 따름이다.

세상은 큰 화폭

세상은 커다란 화폭
한 사람이 그리기엔 너무나 크나큰…

아득한 옛부터
알 수 없는 내일까지
수많은 이웃들이 붓 하나 들고 나와
모두들 열심히 그리고 간다

앞집 개똥이도 그리고 뒷집 복순이도 그리고
앞집 강아지도 그리고 뒷집 돼지도 그리고
스님도 그리고 번뇌 중생인 나도 그리고
너도 오고 나도 오고
또 가고 또 오고
수많은 生을 되풀이하며
수많은 衆生들이 그리고 또 그린다

게는 게대로 가재는 가재대로

거북은 거북이대로 사람은 사람대로
섬진강 물고기는 섬진강에서
한라산 철쭉은 한라산에서
가을은 열심히 낙엽으로 수놓고
겨울은 열심히 하얀 눈으로
온 세상 하얗게 그리고 있네
다들 참
열심히도 그리네…

눈을 뜨고 바라보면
언제나 들려 오는
이 장엄한 모습
잘난 이도 없고
못난 이도 없는
똑같은 너와 나의
환희의 세계

세상은 커다란 화폭
다함 없는 時空의 저 아득한 끝 속으로
우리 모두 함께 그려 나가야 할
우리 모두의
그 아름다운 모습들…

구체적인 일상 수행방법

　본래 불교는 수행의 종교이나 근래 우리 불자들은 그렇지 않은 분들이 많은 것 같다. 입으로, 머리로는 이 세상 모든 부처님들을 들었다 놨다 하지만, 실생활에선 원만한 모습을 보여 드리지 못하고 중생들 번뇌 하나 없애 주지 못한다. 수행이 없으면 자신의 번뇌는 물론 타인의 장애를 없애 줄 힘이 없다. 오로지 수행만이 밀려오는 일체의 장애를 막아 줄 수 있는 것이다. 그래서 이번에는 우리가 일상생활에 수행을 어떻게 해야 하는가에 대해 잠시 얘기해 보기로 한다.

　수행에 있어 몇 가지 원칙이 있다. 첫째는 반드시 원을 세우라는 것. 자신의 근기에 맞는 어떤 수행법을 택해도 되나, 내가 왜 이런 수행을 하며 이 수행공덕으로 어떤 결과가 오면 좋겠다는 것을 부처님 앞에 꼭 발해야 한다. 누차 얘기드렸지만, 수행은 원이 없으면 안 된다.

　둘째는 수행의 정시성(定時性)이니, 수행은 반드시 정해진 시간에 정해진 순서대로 행해져야 하는 것. 평소 내가 하기로 한 수행이 있다면 무슨 일이 있어도 그 시간에 하는 것이다. 수행 시간은 처음부터 많이 할 필요 없다. 아직 수행에 익숙하지 않은 우리가 시간만 많이 잡으면 지키기가 어렵게 되니, 비록 5분을 하기로 약속하더라도 빠뜨리지 않고 제 시간에 반드시 하는 것이 필요하다.

셋째는 수행의 연속성(連續性). 이것은 행원의 자세에서도 나왔듯, 쉬지 않고 행해야 수행의 공덕이 생긴다. 일 주일에 세 번 하기로 마음먹었다면 반드시 세 번 하고, 일 주일 내내 하기로 했다면 내내 하는 것이다. 들쭉날쭉하면 안 된다.

넷째, 구체적 행이 실지로 있어야 한다. 절을 하든 염불을 하든, 참선을 하든 진언·독경을 하든, 아니면 이 모두를 하든 구체적으로 행이 있어야 한다. 흔히 불자들 중엔 이런 구체적인 하루 수행일과가 없이 막연히 나는 언제 어느 때나 공부를 한다고 말씀하시는 분이 있는데, 이는 잘못된 생각이다. 5분이든 10분이든 구체적인 수행일과가 없다면 그것은 공부를 제대로 하는 것이 아님을 알아야 한다.

이런 연후에 나머지 시간이 수행의 플러스 알파로 된다. 원을 세워 매일 정해진 시간에 몇 분이라도 수행을 하고, 그 힘을 가지고 일상생활을 해 나가되 정시에 행해진 수행을 하루 종일 떠나지 않고 늘 마음에 새겨 두는 것이다.

끝으로 꼭 부탁드리고 싶은 것은, 따로 수행장소 찾느라 힘을 낭비하지 말라는 것. 유마경에도 나오듯, 우리가 보리심을 내는 곳곳이 바로 도량이 됨을 알아야 한다. 중요한 것은 보리심이지 장소가 아니다. 내가 바빠 선방에 갈 시간이 없으므로 선을 못해 한심하다는 분을 꽤 보는데, 선방에 가야 참선하는 것은 아님을 알아야 한다. 염불도 반드시 절에 가서 법당에서 해야 하는 것이 아니다. 보리심을 내어 부처님께 드리는 순간 참된 염불이 이루어짐을 알아야 한다.

병 낫는 법

　병은 어떻게 하면 나을 수 있는지, 그 방법을 감히 소개한다. 허황된 주장으로 보시지 말고 깊은 병을 앓고 계시는 분이 있다면 필히 한 번 참고하시기 바란다.
　먼저 무엇보다 검증된 의학의 힘을 빌려야 한다. 이것은 병원에 열심히 다니며 일단은 의사의 지시를 충실히 따르라는 이야기이니, 절박한 환자의 심리를 유혹하는 그 어떠한 주위의 솔깃한 속삭임에도 헛된 기대를 갖지 말라는 말이다. 대개의 경우 의사는 환자에게 그 질병의 치유방법과 치유율을 이야기해 준다. 의학적 치료방법이 더 이상 없습니다 하고 말하기 전에는 그 어떠한 경우에도 치료를 포기해서는 안 된다.
　그런데 아시다시피 현대의학에서 병의 완치율은 그리 높지 않다. 그러므로 부족한 이 부분을 보충하기 위해서는 반드시 플러스 알파가 있어야 한다. 그것은 바로 병의 정체를 아는 일이요 종교적 신행을 하는 일이다. 이것을 모르고 자신의 병을 안에서 낫게 하지 않고 어떻게든 비법, 좋은 약 등 남의 힘으로만 병을 나으려는 분들은 백전백패함을 분명히 알아야 한다.

　불교에서는 병이 오게 되는 원인을 선세병(先世病)과 금세병(今世病)으로 나눠 설명한다. 선세병은 업병(業病)으로 전생에 저지른 자신의 잘못으로 현세에 오는 병이다. 금세병은 다시 몸의 병[身病]과 마음의 병[心病]으로 나누는데, 술 담배나 음식을 절제하지 못하고 폭식한다든가 운동 부족 등의 육체적 잘못으로 오는 병이 신병이요 탐진치 등 마음이 어리석어 오는 병이 심병이다. 그런데 이 금세병 역시 금생의 업의 결과라 할 수 있으니, 불교에서의 병은 모두 우리 스스로가 지은 업의 산물이라 하겠다(물론 魔病이라 하여 죽은 혼령이나 귀신에 의해 오는 병도 언급하나 이는 생략한다).

에드가 케이시도 모든 병은 죄에서 오는 것이라고 강력히 주장한다. 과거의 잘못이 신체의 이상을 가져오기에는 상당한 시간이 걸리지만 우리가 과거에 행한 분노나 증오 등의 행동은 분명히 신체의 이상으로 그 대가를 치르게 된다고 한다. 케이시는 그 예로 담석증, 관절염, 시력약화, 결핵, 심장질환 등이 과거의 분개, 증오, 악덕, 질투, 앙심, 이기심 등의 감정 상태의 결과라고 말한다.

유마경에서는 병든 보살이 어떻게 그 마음을 조복받아야 하는지 가르쳐 준다. 먼저 유마힐은 그가 병났다는 소식을 듣고 찾아온 여러 사람들에게 다음과 같이 말한다.

여러분, 몸이란 덧없고 늘 건강할 수 없는 것입니다. 하루하루 늙어 가며 온갖 병이 모여 있습니다. 지혜로운 사람은 이런 몸에 집착하지 않습니다. 몸은 물거품 같고 눈에 어리는 아지랑이 같은 것. 꿈속과 같아서 허망하기 그지없으며 그림자 같아 업으로 나타난 것이며, 메아리 같아 인연으로 울려 나는 것입니다. 이 몸은 구름과 같아 잠시 변하여 없어지는 것이며, 이 몸은 번개와 같아서 잠깐도 머물지 못하며, 이 몸은 나라고 할 것이 없어 일어났다가 꺼지는 불과 같으며, 이 몸은 오래 가지 못함이 바람과 같습니다. 이 몸은 지수화풍의 사대가 인연 따라 모인 것에 불과하니, 마땅히 부처님 몸을 좋아해야 할 것입니다. 왜냐하면 부처님 몸은 법신이라, 진실한 마음으로 생겼으며 청정한 법으로 생긴 것이기 때문입니다.

이번엔 문수보살이 찾아와 보살이 어떤 마음을 가져야 하는지 묻자 이렇게 답한다.

    병든 보살은 마땅히 이렇게 생각해야 합니다. 지금 이 병은 모두 지난 생의 전도된 망상과 갖가지 번뇌에서 생긴 것이라고! 그러므로 본질적으로는 우리 몸엔 이런 병을 앓을 만한 그 어떤 실체적 이유도 없는 것입니다. 이 병이 생긴 까닭은 나라는 것에 대한 집착 때문이니, 마땅히 나라는 것에 대한 잘못된 집착을 일으키지 말아야 합니다.
    이 병을 어떻게 없앨까. 나에 대한 잘못된 믿음과 내 것에 대한 잘못된 믿음, 이 두 가지를 없애야 합니다.
    완전한 평등의 견지에서 보면 병이라는 것이 따로 존재하는 것이 아닙니다. 오로지 병이란 공(空)할 뿐이지요. 또한 병든 보살은 자신에게 고통이 다가올 때, 비록 내 몸은 아프지만 악취(惡趣:윤회 단계 중 악업으로 태어나는 곳. 지옥, 아귀, 축생의 세 곳을 가리킨다)에 떨어져 있는 다른 중생들을 생각하고 큰 자비심을 일으켜야 합니다. 나 자신의 고통을 제거하기 위해서는 중생들의 고통을 제거해야 합니다. 그런데 알고 보면 그 자신의 병은 없습니다. 그 자신 병이 없으므로 중생들의 병도 없앨 수가 있는 것입니다.

유마힐의 대답은 분명하다. 병을 없애기 위해서는 첫째, 병의 공성(空性)을 아는 것이다.

병은 본래 공(空)한 것이다. 없는 것이다. 무엇보다 이 사실을 먼저 알아야 한다. 일체가 공하지 않은 것 없으니 병 또한 공한 것이다. 그러므로 병을 낫겠다는 생각은 버려야 한다. 있지도 않은 병을 왜 낫겠다고 아우성인가. 병을 낫겠다는 생각이 크면 클수록 어둠은 깊어지고 병의 그림자는 커지며 우리는 병마의 늪에 점점 깊이 빠져 들어감을 알아야 한다.

우리는 이런 병의 속박에서 벗어나야 한다. 병의 노예가 되지 말고 본래 병이 없던 그 자리—바로 우리의 본성이요, 궁극적으로는 부처님에게로 돌아가야 한다.

우리 본성에는 병이란 본래 없다. 부처님 나라에는 병이란 없다. 그런데도 우리는 없는 병을 있는 줄로 알아 자꾸 더 크게 만든다. 있다면 오직 지난날 업뿐—병이란 오직 업의 산물에 불과한 것. 그러므로 그 원인이 되는 업을 제거하면 병은 일거에 사리질 수 있는 것이니, 하나도 초조해할 것 없다.

또한 알고 보면 병은 우리의 잘못을 일깨워 주는 고마운 친구다. 유명한 보왕삼매론의 말을 빌리지 않더라도, 병은 욕망에 지친 우리의 삶을 뒤돌아보게 해준다. 그러므로 사실 병은 우리를 괴롭히고 우리를 못 살게 하는 나쁘고 고약한 존재가 아니라, 아득한 옛날부터 우리를 일깨워 주려 따라다닌 좋은 벗이요 고마운 친구이다. 그런데 그걸 모르고 자꾸 싫어하고 없애려고만 했으니 병인들 섭섭지 않았겠는가. 자신의 충정(?)을 몰라 주니 섭섭했을 게고 그러니 병도 심술을 부리고 싶었을 터이니, 싫어하고 저주할수록 병은 점점 독이 되어 내 몸 깊이 스며들게 되는 것이다.

그러니 병을 그렇게 맞이하면 안 된다. 어디까지나 내 잘못을 일깨우려고 일심으로 나에게 다가오는 좋은 벗이니, 반가운 마음으로 그를 맞이해야 한다.

둘째, 병에서 벗어나는 방법으로 유마힐은 다른 중생에 대한 대비심을 지적한다. 이는 병든 보살을 다른 이가 어떻게 위로해야 하는가 하는 문수보살의 질문에 대한 답으로도 나온다. 유마힐은 <다른 병든 이를 불쌍히 여기고 그 병을 낫게 하도록 힘쓰며, 자기 병을 통해 지난날 무수 겁에 걸친 고통을 상기하여 중생에게 이익을 주리라 다짐하고, 모든 중생의 몸과 마음의 병을 모두 다 고치고 편안케 하는 대의왕(大醫王)이 되겠다는 큰 원을 발합니다>라고 말한다. 사실 이 말은 우리에겐 좀 황당한 말로 들리기 쉽다.

실지로 내가 지금까지 보아 온 숱한 환자들 중 단 한 분도 이런 분은 보질 못했다. 불치의 병이라는 사실에 놀라기만 하고 어떻게든지 다들 병만 나으려 한다. 병의 근본은 모르는 채 병이 어디서 왜 왔는지는 알려고도 하지 않고, 오로지 병만 낫겠다는 욕심으로 가득 차, 조금만 더 좋은 약, 조금만 더 나은 의사 찾으려 하는데, 이런 분들은 안 봐도 결과가 뻔하다. 병과의 싸움에 백전백패다. 결국은 허황되고 헛된 욕심으로 돈은 돈대로 쓰고 시간은 시간대로 다 보내고서 끝내 쓰러지고 마니, 그 한을 어찌할 것인가….

그러므로 가슴 깊이 명심해야 한다! 얼핏 보기엔 한심하고 더디기 짝이 없어 보이는 이런 마음가짐이 바로 병을 떠나게 하는 가장 확실한 방법이라는 것을….

우리는 숱한 슬픔과 절망 속에 살아간다. 그런데 자신의 슬픔과 절망은 어떻게 사라지는가. 원망하고 운다고 사라지는가. 경험상 전혀 그렇지 않음을 안다. 절망과 슬픔은 나보다 더한 이에 대한 연민의 정이 내 마음에 싹틀 때 어느샌가 눈녹듯 사라짐을 본다.

병도 마찬가지. 나만 괴롭고 내가 앓고 있는 현실만 저주스러울 때, 병은 영원히 나를 떠나지 않는다. 나보다 더 기막힌 사연을 안고 더 기막힌 중생들이 아픈 삶을 살아가고 있음을 알 때, 그리고 그들의 쾌유를 위해 내 모든 것을 불사를 수 있을 때 비로소 병은 내 곁을 흔적도 없이 떠나간다. 왜냐고요? 본래 병이란 없는 것이며, 본래 병이란 나를 파멸시키려 온 것이 아니고 내게 더 나은 삶을 위한 경고를 하러 온 좋은 벗이었으니까….

이런 가르침 아래 현실적으로 무엇보다 먼저 할 일은 참회행(懺悔行)이다. 언제부터인지도 모를 아득한 옛날부터 미워하고 탐하고 어리석고 의심 많아 지어 온 허공을 가득 채우고도 남을 죄—그 죄를 부처님 앞에 참회하는 것이다. 얼마나 어리석으면 내 지은 죄를 알지도 못할까. 그 가슴 에이는 회한을 부처님 앞에 털어놓고 참회하는 것이다.

부처님, 제가 어둡고 어리석어 간곡한 부처님 말씀 듣지 않고 제 고집대로 제 마음대로 살다 마침내 이렇게 되었습니다. 늙고 병들어 이젠 눈도 가물가물, 귀도 가물가물, 부처님 부르기 쉽지 않고 부처님 말씀 듣기도 쉽지 않습니다. 그 좋은 시절 다 보내고 이렇게 늙고 병들어서야 부처님 앞에 선 이 가엾은 중생을 부처님, 너무 나무라지 마옵소서….

화택(火宅) 중생들이 가여워 그렇게 설해 주셨던 그 많은 가르침을 그 건강하던 시절 조금이나마 들었다면 제가 어찌 이렇게 되었겠습니까! 후회스럽고 또 후회스럽습니다!

회한은 강물이 되어 온 마음 넘쳐흐르나 모두 부처님 말씀 옳은 줄 몰랐던 어리석은 제 잘못이니, 누구를 탓하고 누구를 원망하겠습니까. 그저 부처님 앞에 참회드릴 뿐이옵니다….

그러나 부처님, 저는 압니다, 자성은 본래 공이요 본래 우리 마음 자리엔 병이란 없다는 것을! 부처님 나라엔 병이란 없다는 것을!

그러므로 부처님, 이 목숨 다 바쳐 일심으로 돌아가렵니다, 부처님 계신 곳으로. 그 병 없고 본래 맑았던 내 마음 자리로. 부처님 시봉, 공양 잘하여 반드시 돌아가겠습니다.

모든 것 다 버리고 일심으로 돌아가기 오늘 발원드리오니, 대자대비하신 부처님, 부디 이 가엾은 중생의 눈물 어린 참회를 받아 주시옵소서….

참회행은 염불, 간경, 참선 등 여러 가지가 있으나 일반적으로 부처님께 드리는 절이 가장 무난하리라 본다. 실지로 성철스님은 부처님께 절하다 죽은 이는 없다고 하시며 병이 든 이들에게도 삼천배, 또는 그 이상의 절도 권하셨다.

그 다음으로는 발원(發願)을 해야 한다. 내 마음속에 우러나오는 간절한 원—나같이 병을 앓는, 또는 나보다 더 아픈 병을 앓고 있을 일체 중생과 그 가족을 위해, 그들이 부처님 바른 법을 깨닫고 부처님 품속에 안기며, 병의 공성을 깨달아 병에서 벗어날 수 있기를 발원하고 또 발원하여야 한다.

부처님, 저도 건강치 못하지만 이 세상엔 저보다 더 고통받는 분들이 참 많고도 많습니다. 부디 발원드리옵건대, 저와 같은 이 고통 겪는 모든 중생들이 부처님 바른 가르침 만나 부디 이 깊은 병고에서 벗어나게 하옵소서! 그리하여 햇빛보다 더 맑은 자성 사무치게 보고 본 마음 자리엔 병이 없음을 깨달아 모두모두 병고에서 벗어나, 그들을 걱정하는 이웃들에게 기쁨을 주고 그들과 더불어 행복하게 살게 되기를 부처님, 간절히 발원드리옵니다….

　비록 내 정성이 다하기 전 병마가 나를 기어코 회복불능의 상태로 끌고 간다고 해도, 나의 이 발원과 참회는 후회도 없고 다함도 없어야 한다. 좋은 벗이 가자고 하면 갈 뿐, 그 어떤 것에 대한 원망도 한탄도 있어서는 아니 된다.
　이것이 내가 부처님 가르침에서 발견한 병을 낫게 하는 방법이다. 하지만 사실을 말하자면 아직까지 한 번도 이 말씀대로 하신 분이 없다. 의사인 내게서 무슨 뾰족한 비법을 들으려 하시다가도 내가 이런 말씀을 드리면 모두들 어이없어하신다. 그러므로 솔직히 이 방법이 과연 정말 맞는지 아닌지는 나도 모른다.
　그래서 나는 이 방법을 스스로 증명해 보려 한다. 아직은 내 부족한 것이 한둘이 아니므로 더더욱 발심하고 공부 열심히 하여 모든 준비 마친 후, 소치는 다니야처럼 언제가 나에게 닥칠 그 병을 즐거운 마음으로 맞이하려 한다. 그리하여 부처님 말씀에 하나도 그름이 없음을 증명해 보이려 한다. 그러나 만약 내 준비가 미처 되기도 전에 병마가 나를 덮친다면, 그것은 할 수 없는 일. 부처님 법 더 일찍 알지 못하고, 방일했던 내 자신이 한심스러울 뿐, 누구를 원망하랴! 다만 부처님 앞에서 내 생명 끝나는 그 순간까지 참회의 절이나 실컷 올리다 나를 데리러 온 옛 친구 따라 다시 올 먼 길 떠날 뿐. 그리고 언제가는 튼튼한 새 몸 다시 받아 와 부처님 말씀 옳았다는 것을 기어코 증명할 것이다.

홍익암의 하루

　나는 현재 소아과 개업의로 병원 이름은 홍익(弘益)이다. 그런데 나는 거기서 병원 이름을 빼고 대신 암(庵) 자를 붙여 스스로 홍익암(弘益庵) 암주(庵主)로 자처하고 있다(혼자서만!).
　아침에 출근하면 커피 향과 함께 공부를 시작한다. 잠시 입정 후 주위의 모든 아픈 아이들의 병을 고쳐 주고 좋은 벗이 되겠다는 원을 시작으로 반야심경, 천수경을 독송한다. 행원에 대한 맹세 등 다시 발원을 드린 후 금강경을 일독하면 아침 공부는 끝난다. 사이사이 신도(?)님들이 아픈 아이들을 데리고 우리 암주님 공부 잘하시는가, 굶지는 않으신가 하며 오시면 부처님, 저 아이들 꼭 낫게 하고 부모님들은 보리심을 발하게 해 드리겠습니다 하는 발원과 함께 진료실로 나간다. 보리심을 떠나지 않으면 공부 도중에 전화가 와도 상관 없고 손님이 와도 상관 없다. 전화 잘 받는 것도 공부요 손님 잘 모시는 것도 공부다. 사람이 아직 덜 되어 심심찮게 남 비판도 하고 내 자랑도 하는데, 내 잘못은 그래도 기가 막히게 알아 그때마다 아이쿠 부처님, 잘못했습니다! 하고 즉시 부처님께 참회 올린다.
　오후엔 신문도 보고 책도 보다 3시경 다시 공부를 시작한다. 참선도 하고 염불도 한 뒤 돌아가신 아버님을 위해 극락왕생의 발원과 함께 아미타경을 공양드린다. 다시 자유 시간 가진 뒤 하루가 끝날 무렵 보현행자의 시원을 읽고 행원품 일독 공양드린다(이런 오후의 공부 시간은 어떨 때는 못 지킬 때도 있으나 오전 공부는 어떤 일이 있어도 지킨다).

퇴근 시간이 되면 즐거운 마음으로 그 날의 시주금(우리 병원은 신도 수가 적어 얼마 안 된다!) 들고 집으로 간다. 집에서 아내와 세상 돌아가는 얘기도 하고 이제는 커서 그런 시간이 줄기는 했지만 아이들과 열심히 놀기도 한다.

소아과는 주로 봄, 가을로 환아가 있고 여름, 겨울엔 별로 없다. 이는 승가의 안거(安居) 기간과 정확히 일치한다. 그래서 나는 여러 총림이 안거에 들어가면 비록 출가자는 아니지만 마음만은 같이 안거에 들어간다. 문 밖 출입도 삼가고 필요 없는 전화, 잡담도 줄이며 안거 흉내는 내려고 나름대로 노력한다.

그런데 이런 공부가 처음부터 잘 된 것은 아니다. 처음엔 주로 오전에만, 그것도 잠시 보리심을 낸 데 불과하다. 발원은 잠깐이고 익숙하지 않은 경 독송에 시간을 다 보냈다(지금은 그 반대). 요즘과 같은 공부를 하게 된 것은 시작한 지 거의 4년이 지나서이니, 나도 정진을 그다지 열심히 한 편은 못 된다.

내가 이런 수행의 흉내라도 낼 수 있는 것은 병원이란 독특한 환경 때문일 것이다(병원은 앉아서 환자를 기다리면 되니까). 하지만 나는 어떤 직업에서도 나와 똑같은 방법은 아닐지라도 보리심을 잃지 않으면 얼마든지 공부할 수 있다고 생각한다. 공부에서 제일 중요한 것은 보리심이다. 회사에서 기안을 하나 작성하더라도 부처님, 제가 이 회사에 큰 도움이 될 기안을 꼭 만들어 드리겠습니다 하고 원을 세우고, 상인이 가게에서 손님을 맞을 때, 기사가 버스나 택시에서 승객을 맞을 때에도 부처님,

이 손님 잘 모시겠습니다, 모두 기쁘게 해 드리겠습니다 하는 부처님 원력을 잊지 않으면 하는 행 하나하나가 수행 아님이 없다. 언제 어디서나 간절한 원과 함께 보리심을 잊지 않는 것—그것이 공부요 바로 보현행원이다.

행원과 나

나는 행원을 공양으로부터 시작하게 되었지만, 행원이 내게 준 가장 큰 가르침은 이 세상의 일체 중생이 다 부처님이라는 것이다.

선재동자가 어떻게 행원을 해 나가야 하느냐 묻자 보현보살은 먼저 '이 세상엔 수많은 부처님이 계신다'는 말로 행원을 설명해 나간다. 그런데 이 수많은 부처님을 알리기 위해 보현보살은 온갖 수(數)를 다 쓴다. 그냥 많은 게 아니라 진법계 허공계 불가설불가설 극미진수로 많다. 그런데 이런 수는 모두 인도의 수를 세는 단위로 매우 많거나 적은 것을 말함이다.

이렇게 많은 부처님이 계시다는 것은 경이로운 일이었다. 비록 대승불교가 석가모니 일불(一佛)만을 주장하는 것은 아니라 하더라도 이 세상에는 티끌보다 더 많은 부처님이 계신다는 것은 놀라운 가르침이었다. 이 가르침에 의하면 일체 중생이 다 부처님인데 그 동안 나의 눈엔 부처님이 보이지 않았던 것.

그러나 행원을 하면 할수록 행원품의 말씀은 거짓이 아님을 알게 되었으니, 이 세상 일체 중생은 모두 불성을 가진 부처님이었던 것이다. 부처님처럼 생각하는 것이 아니라 진짜로! 부처님!이었다. 그런데 내 눈이 어둡고 내 마음이 어두워 그걸 몰라 봤던 것. 내가 행원을 알게 되면 될

수록 부처님은 그와 정비례해서 내 마음에 오시기 시작하니, 지금도 나는 내 가슴에 밀려오시는 이 세상의 수많은 부처님 앞에 찬탄과 경이를 금할 수 없다.

과거엔 나는 옳은데 남이 나쁜 것으로, 나는 잘났는데(?) 남이 부족해서 그런 줄로 알았으니…. 그래서 내 마음을 모르는 다른 분을 비난하고 나를 모르는 이 세상을 원망하고 온 세상을 원망하고 살았으니 착각도 그런 착각이 있을 수 없다(본래 불은 불로써 끌 수가 없고 어둠은 어둠으로 없앨 수가 없다).

그러나 행원을 알게 되면서부터는 그게 아니었다. 잘못은 남이 아니라 내게 있었다. 남이 잘못해서 세상이 망가지는 것이 아니라 내가 잘못해서 세상이 그렇게 보이는 것이었다. 혜월스님의 이야기에 이런 이야기가 있다.

혜월스님이 계시던 암자는 본 절보다 조금 올라가 있어 공양 때면 행자승이 밥을 가지고 올라갔는데, 그 주위엔 뱀이 많았다고 한다. 한번은 행자승이 밥을 가지고 가는데 뱀들이 나타나는 것이 아닌가. 행자승은 겁이 나서 옴짝달싹 못하고 큰스님만 부른다. 그 소리에 스님이 나와 보니 뱀 때문에 행자가 오도가도못하고 있는 것이 아닌가. 행자는 스님을 보자 반가워 안도감에 소리 지른다. 큰스님, 저 나쁜 뱀 좀 쫓아 주세요! 제가 지나가지를 못하겠어요! 물끄러미 그 소리를 듣던 혜월스님은 그제서야 뱀에게 살짝 말한다.

뱀아, 그만 들어가자. 쟤가 네가 나쁘단다. 내가 보기엔 쟤가 나쁜 것 같은데…. 어쨌든 쟤가 네가 무섭다니 그냥 피해 주자….

또 하나는 수월스님과 만주 개 이야기. 수월스님이 만주에 계실 때, 마적단으로부터 보호하기 위한 자위수단으로 마을마다 만주 개를 길렀는데, 이 개가 어찌나 크고 무서운지 그 흉포한 마적들도 이 개 짖는 소리를 들으면 그 마을을 침략할 엄두를 못 냈다고 한다. 그런데 이 사나운 개들이 수월스님만 나타나시면 순한 양처럼 되었다니, 참 알다가도 모를 일이라 하겠다.

뱀이 얼마나 무서운가. 또 도사견 같은 개들 역시 얼마나 사나운가. 그런데 그런 무서운 짐승들이 혜월, 수월 두 스님 앞에선 행세도 없었다니…. 결국 알고 보면 이 세상에 나쁜 존재는 없다. 다만 내가 그들의 잘못과 허물을 덮을 능력이 없었던 것뿐.

중생은 그 모두가 불성을 갖춘 존재로 모두가 부처님이다. 다만 잠깐 실수로 모습이 그럴 뿐, 근본적으로 부처님 아닌 분이 없다. 육도중생 중 인간은 특히 더욱 그러하다. 아무리 남루한 분이라도 불성에 있어서는 조금도 나와 차이가 없다. 그러므로 이 세상은 수없이 많은 부처님들이 이미 성불해서 티끌 수보다 더 많은 세계에 계신다는 것이다. 다만 아쉬운 점이 있다면, 중생의 잠을 조금 오래 주무시는 것과 때가 끼고 먼지가 조금 앉았을 뿐이며 잠시 집을 나와 방황하고 있을 뿐일지니….

그러므로 잠을 주무실 때 아직 깰 때가 아니라면 더 잘 주무시게 시봉 잘할 일이다. 행여 덥거나 춥지 않은지, 햇볕 들어오지 않게 커튼도 잘 쳐 드리고, 소리 시끄럽지 않게 라디오도 끄고 창문도 닫아 드릴 일이다. 깨실 때가 되더라도 놀라며 깨셔서는 안 된다. 깨우더라도 조그만 소리로 깨워 드릴 것이며, 안 일어나시면 흔들어 깨우더라도 살짝 흔들어 드려야 할 것이다.

먼지도 마찬가지. 어디 몸이 자금색 빛을 발하지 않는 부처님 계신가. 법당의 부처님이 저렇게 초라한 건 내가 청소를 잘 안하고 부처님 목욕을 잘 안해 드려 그런 것뿐. 고로 내가 할 일은 저 부처님 빛 안 난다고 비웃고 힐난할 게 아니라 그저 부처님 새 것같이 광(光)내 드리는 것뿐.

집 떠나면 고생이듯, 우리 마음의 본성을 떠나면 그야말로 고달프다. 가출한 소년이 집에 찾아갈 때 우리 모두 보살펴 주듯, 불성의 고향을 떠난 부처님들이 고향 잘 찾아가시게 이끌어 드리고 돌보아 드릴 일이다. 행여나 길 잘못 드시지나 않는지, 모래사장에 빠지지나 않는지 조심조심 뒤따라 가며 돌봐 드릴 일이다.

이같이 이 세상 일체 부처님은 섬기고 공양할 뿐이지 다른 것은 내 할 일 아니로다. 일체의 부처님 앞엔 끝없는 공양만 있을 뿐이니, 설사 중생 부처님들이 우리에게 섭섭한 일을 좀 하시기로서니 그다지 언짢아 할 필요 없다. 이 세상 일체 분이 다 부처님인데! 부처님이 그러실 리 있나? 내가 무언가 잘못한 게지. 아니면 잠시 뭔가 착각하신 게지….

이런 생각은 다시 일체 중생을 부처님으로 만들어 드려야겠다는 원으로 발전된다. 저 분이 저렇게 나쁘게 보이는 것은 내가 잘 모시지 못했기 때문. 다 부처님인데 저러실 리가 없지. 어서 저 분이 본시 자기가 부처임을 알게 해 드려야지.

비난과 잘잘못을 따져서는 불성이 살아날 수 없다. 꾸짖고 멸시하고 해서는 그 누구도 부처가 될 수 없다. 상대의 무한한 능력을 믿고 끝없이 격려하고 잘못을 너그러이 안아 줄 때 불성이 꽃피고 부처가 부처의 모습을 보이게 되는 것. 여성이 부드럽고 너그러운 것은 그래야만 생명이 움틀 수 있기 때문. 그러므로 행원은 일체 부처님의 공덕을 우리 앞에 현전(現前)시키는 행위이다.

스승을 못 만난 것을 나는 무척 안타까이 여겼는데, 그것도 다 연유가 있는 것. 만약 내가 스승을 만났더라면 행원 가르침을 더 일찍 만났을 가능성도 있지만 반대로 나는 아예 행원을 만나지 못했을지도 모르는 일이다. 실지로 그 동안 내가 만났던 분들은 얼마나 다들 출중하신 분들 이던가. 그렇지만 이상하게도 내게는 허전했고 내 인연은 아니라고 생각 했으니 내가 스승을 일찍이 못 만난 것도 다 내 인연, 행원 때문이었으 리라. 애타게 찾아도 만나지 못하는 스승님 때문에 더 이상 스승 찾기 포기하고 부처님을 스승으로 삼고 부처님께 돌아가고자 하는 원을 세우 게 되고 마침내 행원을 만나게 된 것일지니…

늘 내 가슴을 떠나지 않는 생각 하나가 스승 만날 복도 없고 실지로 스승도 없으며, 바른 불법 만나지도 못하고 심지어는 부처님 법 자체를 못 만난 이들은 어떻게 할 것인가 하는 것이었다. 그러나 스승을 못 만 나 애태우고 그리워하고 사무쳐 봤기 때문에 그런 처지의 분들 입장을 조금이나마 이해하게 되었으니, 어찌 스승 못 만난 것조차 부처님 은혜 아니리오!

나는 행원을 만난 것이 너무 기쁘고 즐거움 또한 한량없다. 길을 가도 즐겁고 잠을 자도 즐겁다. 하루 일상생활 곳곳에서 원을 잊지 않고, 일체 중생에게 어떻게든지 공양을 드리려 하고 일체 중생을 긍정과 찬탄과 감사로 보내는 하루하루가 너무 즐겁고 고맙다.

깨닫지 못하면 어떤가! 다만 가여운 중생들의 좋은 벗이 되어 주고 그 들이 외로울 때 희망과 용기를 줄 수만 있다면! 더구나 내게는 일체 부 처님뿐인데…

어찌 보면 깨달음도 한낱 꿈인지 모른다. 일체 유위법이 꿈이라고 부 처님은 말씀하셨지만, 중생의 삶이 꿈이라면 깨달은 삶 역시 꿈인지 모 른다. 다만 중생은 꿈인 줄 모르고 꿈을 꾸고, 깨달은 이는 꿈인 줄 알고

꾸는 것일 뿐….

　날마다 내게는 부처님이 찾아오시고, 날마다 내 주위 모든 분들은 부처님으로 변해 간다. 아직 나의 정성이 미진해 더 많은 부처님을 모시지 못할 뿐, 보리심을 낼 때마다 부처님은 곱절로 늘어 가신다.
　날마다 봄날이요 날마다 이름 모를 꽃들이 피어난다. 때때로 오는 비바람에 잠깐씩 흔들리기는 해도, 봄이 오는 큰 흐름은 막을 수 없다.

　행원은 이렇게 뛰어난 가르침이다. 우리가 흔히 보는 일체의 수행이 모두 행원의 한 부분일 뿐 전부는 아니다. 나는 이런 행원의 소식을 고통 속에 헤매는 이웃들에게 꼭 나눠 드리고 싶다. 일체의 장애를 없애고, 일체의 중생을 성숙시키는, 햇살보다 더 밝은 이 행원의 소식을!
　행원은 바로 스승이요 도반을 만들어 낸다. 행원은 무상을 느끼지 않아도, 화두를 타파하지 않아도 할 수 있는 수행이다. 자비심이 없어도 할 수 있고 심지어 불교를 몰라도 할 수 있는 것이 보현행이다. 왜냐하면 행원은 부처님 닮아 가는 수행이요 모든 생명의 공통적 삶의 원리이기 때문이다. 그러므로 행원은 남녀노소, 피부색, 종교, 나아가서는 생물의 종(種), 육취사생을 뛰어넘어 삶의 근본으로 돌아갈 수 있는 가르침이다 (어떤 중생이라도 행원 한 개는 할 수 있다! 축생도 자기 몸은 공양한다).
　불교를 몰라도 할 수 있다는 것은 매우 중요한 장점인데, 일례로 행원 열 가지를 불교를 전혀 모르는 분을 위한 가르침으로 한번 고쳐 보자.
　첫째, 주위 모든 분들을 존중하고 공경하며,
　둘째, 주위 분들이 잘하는 게 있으면 칭찬하고 감사를 드리며,
　셋째, 모든 분들을 잘 받들고 섬기며,
　넷째, 행여라도 다른 이들이 마음 상하고 언짢아하면 미안해하고 사과

드리며,

다섯째, 잘한 게 있으면 진심으로 가슴 깊이 같이 기뻐하며,
여섯째, 선생님, 선배, 친구들에게 늘 좋은 말 들려 주길 청하며,
일곱째, 좋은 분들이 늘 나와 함께 있으며 가르쳐 주길 원하고,
여덟째, 좋은 점 있으면 언제나 따라 배우려 하며,
아홉째, 모든 분들을 모시고 잘 섬기며,
열째, 행여나 영광이 있으면 다 그 분들에게 돌려 드리면 행원이 바로 실생활에 그대로 적용된다. 거기다 법공양 일곱 가지, 옛 성인들이 하라는 대로 살고, 남에게 이익을 주며, 남의 아픔 다 이해해 주고 나를 비난하는 이도 아량으로 받아들이고, 좋은 만남을 만들며 남의 고통을 내 고통으로 하며 늘 내가 해야 할 일을 잊지 않고 바르게 살기를 잊지 않으면 행원이야말로 우리 일상생활의 가장 높은 실천덕목이 된다.

약 일 년 반 정도 PC 통신을 이용한 청소년 상담을 한 적이 있다. 그때 학생들 질문 중 혼했던 것 하나가 어떻게 하면 친구(이성 친구가 아니고 동성 친구입니다! 우리 청소년들은 이성뿐 아니라 동성 친구들끼리의 우정도 매우 중요시한답니다)들을 잘 사귈 수 있고 친구들에게 인기 있을 수 있는가 하는 질문이었는데, 그 대답을 하기 위해 내가 모범 답안(?)으로 삼았던 게 행원 열 가지였다.

친구들 누구나 존중하고 인정해 주며, 행여 잘 한 게 있으면 같이 기뻐하고 친구의 장점을 발견하도록 노력하며, 장점이 발견되면 즉시 칭찬, 격려해 주며 내가 잘못한 게 있으면 곧장 사과하고 친구가 괴로워하는 일이 있으면 먼저 힘이 되어 주도록 해 보아라 하는 것이 주된 상담 내용이었다. 이런 이야기는 불교를 전혀 모르고 알 생각도 알 필요도 없는

청소년들에게도 감명을 주었는지 그렇게 해 보겠다는 답을 꽤 받았었다.

이렇게 불교를 하나도 모르는 이웃에게 행원을 실천해도 주위는 놀랍게 변모된다. 이웃 어른들은 요즘 보기 쉽지 않은 젊은이라 칭찬하고 동료들 사이엔 괜찮은 친구로 인정받으며 내가 가는 곳마다 웃음이 솟아난다.

행원은 내가 밝아지고 주위가 밝아지고 사회가 밝아지며 중생이 성숙되고 국토가 성숙되는 공덕을 가져온다. 행원을 하면 좁은 집에 온 가족이 부대껴도 하나도 집이 좁지 않으며, 나보다 잘난 분들을 보면 아무 부러움 없이 기쁨이 한량없고 못난 분들을 보면 우쭐대는 마음보다 안타까운 마음 앞선다.

행원은 실천이요 이론이 아니다. 진실로 행원을 안다고 하면 하나라도 실천해야 한다. 우리 한 사람 한 사람 모두 보현의 행원을 가지고 중생공양으로 나아가야 한다. 행원을 안다 해 놓고 남을 비난하고 잘못을 덮어 주지 못하고, 화를 못 참으며 내 주장만 하려 하고 남의 말 듣지 않으며, 나보다 못한 이를 멸시하고 어린 중생을 섬기지 못한다면 아무리 하늘을 뒤덮는 미사여구로 행원을 말한다 하더라도 이는 행원을 아는 이가 전혀 아니다. 행원은 그런 것이 아닌 것이다.

지금까지 글을 읽으신 분들은 혹시 오해를 하실지 모르겠다. 견성하지도 못한 젊은 친구가 너무 많은 말을 한다고…. 그렇다면 그것은 분명히 핵심을 정확하게 지적하신 말씀이다. 나는 견성하지 못했음을 나 스스로 잘 안다. 나의 수행도 깊지 못하며 턱없이 부족한 범부중생에 지나지 않음을 너무 잘 안다.

다만 한 가지, 나도 자신 있게 말할 수 있는 게 있다면, 부처님 향기 조금(그야말로 조금!)은 맛았고, 행원의 바다를 건너 보현보살님이 계시는 큰 보물섬을 조금은(다는 아니고!) 보고 왔다는 것. 그리고 그 보물섬은 너무도 넓고 깊어 너무도 많은 보물이 묻혀 있더라는 것.

어릴 때부터 나는 길눈이 어둡다. 지금도 돗수가 잘 안 맞는 안경을 쓰고 있지만, 어릴 때 소풍 가서 보물찾기 놀이에 한 번도 보물을 찾은 적이 없다.

우리 주위엔 나보다 훨씬 눈 밝고 힘도 센 분 많을 것이다. 보물 잘 찾는 분은 말할 것도 없고, 다만 행원의 보물이 어딨는지 모르셔서 그냥 여기 계실 뿐….

그래서 꼭 말씀드리고 싶다. 우리 다 같이 보물 찾으러 가자고! 그래서 저 한량없는 보물 캐어 우리 모두 행복해지자고! 유형의 보물은 끝이 있어도 행원의 보배는 끝이 없다. 캐어도 캐어도 끝없을 그 보물을 누구라도 와서 모두 캐어 갈 일이다.

해탈하신 분이야 필요 없으실 테니 너도 중생 나도 중생, 외롭고 가난한 범부중생인 우리끼리 가자. 그 길이 너무 멀고 험하여 쓰러지고 실망하면 우리 서로 일으켜 주고 용기를 주며 한번 같이 행원의 바다 넘어 보자. 그리하여 마침내 다함 없는 보물 가득 안고 돌아와, 너도 행복 나도 행복, 그리고 중생공양 나아가 보자….

나는 이제 행원의 드넓은 바다에 겨우 한 발 내딛은 이에 불과하다. 나보다 훨씬 더 행원을 많이 알고 더 많은 행원을 해 오신 분들이 많을 것이니 많은 지도를 부디 부탁드린다.

보현행자들이여! 우리 모두 잠을 깹시다! 서글프고 고달픈 중생의 잠에서 깨어납시다! 그리고 일어나서 저마다 가슴에 화엄의 꽃 한 송이 들고 부처님 나라 장엄하러 갑시다. 그리하여 겨울에 수많은 눈이 쉬지 않고 내릴 때 비로소 온 산하가 하얗게 변하듯, 수많은 보현행자들의 원과 행이 온 누리를 덮을 때 화엄의 장엄한 도량이 우리 앞에 펼쳐질 것이니, 크나큰 원과 행으로 태평가 부르며 우리 모두 중생공양 부처님 나라 장엄하러 달려가 보시길 이 땅의 모든 잠자는 보현행자님들께 간곡히 부탁드리며 글을 맺습니다. 나무 보현보살마하살….

보현행자의 서원

광덕 스님 지음

1. 서분(序分)

부처님은 끝없는 하늘이시고, 깊이 모를 바다이십니다.

생각할 수 없는 청정공덕을 햇살처럼 끊임없이 부어주십니다.

나의 마음, 나의 집안, 우리 사회 구석구석에 또한 온 겨레, 온 중생 가슴 속에 한없이 한없이 고루 부어 주십니다.

온 중생 온 세계 온 우주는 부처님의 자비하신 은혜 속에 감싸여 있습니다.

부처님의 거룩하신 은혜는 나의 생명과 우리 국토 온 세계에 넘치고 있습니다.

모든 중생이 부처님의 은혜로운 공덕을 받고서 태어났으며, 은혜로운 공덕을 받아쓰면서 생활합니다.

온 중생은 모두가 일찍이 축복받은 자이며, 일찍이 거룩한 사명을 안고 이 땅에 태어나서 거룩한 삶의 역사를 열어가고 있습니다.

이와 같이 거룩한 광명과 은혜로 살고 있으면서 이 사실을 모르고 있는 자를 중생이라 하였습니다.

저들은 지혜의 눈이 없다 하기보다 착각을 일으켜 육체를 자기로 삼고, 듣고 보는 물질로써 세계를 삼으며, 거기서 얻은 생각으로 가치를 삼고, 그를 추구합니다.

그렇기 때문에 중생세계는 겹겹으로 장벽에 싸여 있고, 사람과 사람 사이는 막혀 있으며, 중생들은 헤아릴 수 없는 고통에 감겨

지냅니다.

　이 모두가 미혹의 탓이며, 착각으로 말미암아 자기를 그릇 인정한 데에 기인합니다.

　그렇지만 이 국토는 원래로 부처님 공덕이 넘쳐 있습니다.

　설사, 중생들이 미혹해서 잘못 보고, 잘못 생각하고, 고통을 느끼더라도 실로 우리와 우리의 국토가 부처님의 광명국토임은 변하지 않았습니다.

　거룩한 광명과 거룩한 공덕이 영원히 변함없이 이 세계를 감싸 앉고, 그 속에 온 중생이 끝없는 은혜를 지닌 채 약여(躍如)합니다.

　이 세상이 우리 눈에 어떻게 나타나 보이더라도, 이 마음에 어떻게 느껴지더라도, 저희들은 부처님의 무량공덕장 세계를 의심하지 않겠습니다.

　온 세계 가득히 넘쳐 있는 거룩한 공덕을 결코 의심하지 않겠습니다.

　거룩하신 대보살들과 모든 중생들이 부처님의 거룩하신 마음 속에 하나인 것을 굳게 믿사옵니다.

　일체 중생의 본성이 불성이오므로 온갖 중생의 생명이 부처님의 공덕생명임을 믿사오며, 중생들이 이 참생명을 믿고 구김없이 씀으로써 한량없는 새로운 창조가 열리는 것을 굳게 믿사옵니다.

　보현보살께서 말씀하신 10종 행원은 부처님의 무량공덕을 우리의 현실 위에 발휘하는 최상의 지혜행입니다.

　행원을 실천하는 데서 우리와 우리의 가정과 우리의 사회 위에 생명의 참 가치가 구현되며, 우리 국토 위에 불국토의 공덕장엄이 구현됩니다.

보현행원은 부처님의 무량공덕세계를 여는 열쇠입니다. 열 가지 문은 하나로 통해 있습니다.

한 가지를 행하여도 부처님의 온전한 공덕은 넘쳐 나옵니다.

행원의 실천은 우리가 자기 생명의 문을 여는 일입니다.

나의 생명 가득히 부어져 있는 부처님 공덕을 발휘하는 거룩한 기술입니다.

나의 생명을 부처님 태양 속에 바로 세우는 일이며, 내 생명에 깃든 커다란 위력을 퍼내는 생명의 숨결이며, 박동입니다. 그렇기 때문에 행원에는 목적이 없습니다.

어떠한 공덕을 바라거나, 부처님의 은혜를 바라거나, 이웃이 알아주기를 바라거나, 내지 성불하기를 바라지 않습니다.

행원 자체가 목적입니다.

행원은 나의 생명의 체온이며 숨결인 까닭에 나는 나의 생명껏 행원으로 살고 기뻐하는 것뿐입니다.

행원으로 나의 생명은 끝없는 힘을 발휘합니다.

출렁대는 바다의 영원과 무한성을 생명에 받으며, 무가보가 흐르는 복덕의 대하(大河)가 생명에 부어집니다.

나의 참생명의 파동이 행원인 까닭에 나의 생명이 끝이 없고 영원하듯이 나의 행원도 끝이 없고 영원합니다.

허공계가 다하고, 중생계가 다하고, 중생의 업이 다하고, 중생의 번뇌가 다하더라도 나의 생명 행원은 다함이 없습니다.

보현행원은 나의 영원한 생명의 노래이며, 나의 영원한 생명의 율동이며, 나의 영원한 생명의 환희이며, 나의 영원한 생명의 위덕이며, 체온이며, 광휘이며, 그 세계입니다.

나는 이제 불보살님 전에 나의 생명 다 바쳐서 서원합니다.

보현행원을 실천하겠습니다.

보현행원으로 보리를 이루겠습니다.

보현행원으로 불국토를 성취하겠습니다.

대자대비 세존이시여, 저희들의 이 서원을 증명하소서.

2. 예경분(禮敬分)

부처님께 예경하겠습니다.

일체 세계 일체 국토에 계시는 미진수(微塵數) 부처님께 예경하겠습니다.

혹은 보살신으로 나투시고, 혹은 부모님으로 나투시고, 혹은 형제나 착한 이웃으로 나투시고, 혹은 거치른 이웃이나 대립하는 이웃으로 나타나시는 자비하신 부처님께 빠짐없이 예경하겠습니다.

아무리 모나게 나에게 대하여 오고, 아무리 억울하고 다시 어려운 일을 나에게 몰고 오더라도 거기서 자비하신 부처님을 보겠습니다.

나를 키우시려는 극진하신 자비심에서 나의 온갖 일을 다 살펴 주시고, 천만 가지 방편을 베푸시어 자비하신 은혜로 나에게 대하여 오시는 나를 둘러싼 수많은 부처님.

비록 형상과 나툼이 아무리 거칠더라도 진정 곡진하신 자비심을 깊이 믿고 감사하겠사오며 그 모든 부처님을 공경하겠습니다.

온갖 방편 다 기울여서 영원한 미래가 다하도록 예경하겠습니다.

부모님과 형제, 이웃과 벗, 온 겨레와 중생이 기실 부처님 아니신 분 없으십니다.

끝없고 한없는 공덕을 갖추지 않으신 분 없으십니다.

이 모든 거룩한 임께 내 지극정성 다 바쳐서 예경하겠습니다.

그리고 이 사회, 이 국토, 이 질서 속에서 이와 같은 불성(佛性) 인간의 존엄과 신성이 보장되고, 그가 지닌 지고한 가치과 능력과 덕성이 발휘되도록 힘쓰겠습니다.

3. 찬양분(讚揚分)

모든 부처님을 찬양하겠습니다.

부처님의 대지혜와 대자비의 끝없는 큰 공덕을 찬양하겠습니다.

부처님이 지니신 바 거룩하온 서원력은 일체 세계 일체 시간을 덮고 있사오며, 저희들은 온갖 지혜, 온갖 힘을 다 기울여도 그 작은 부분조차 생각할 수 없사오니 오직 있는 정성 모두 바쳐 끝없는 서원력을 찬양하겠습니다.

일체 중생 모두가 또한 부처님의 공덕을 모두 갖추었으니 일체 중생이 갖춘 그 모든 공덕을 찬양하겠습니다.

겉모양이 비록 가지가지 중생상을 보일지라도 그것이 모두가 허망한 그림자이며 나를 위한 방편시현이십니다.

실로 모든 중생이 진정 중생이 아니며, 부처님의 거룩하신 공덕을 구족하게 갖추고 있사옵니다.

지극히 지혜롭고, 지극히 자비하고, 온갖 능력 다 갖추었으며, 온갖 공덕 다 이루어 원만하고 자재하니, 이것이 일체 중생의 참모습이옵니다.

저희들은 이 모든 중생과 그가 지닌 한량없는 공덕을 찬양하겠습니다.

결코 중생이라 낮춰 말하지 않겠습니다.

비방하거나, 어리석다 하거나, 무능하다 하거나, 불행하다 하거나, 미래가 어둡다고 말하지 않겠습니다.

부처님께서 완전하심과 같이 일체 중생이 원만한 덕성임을 믿사오며, 그 모두를 항상 찬양하겠습니다.

끝없는 은혜를 주시는 부처님이 항상 우리 주변에 계시어서 혹은 부모님이기도 하고, 아내나 남편이기도 하고, 형제가 되기도 하고, 이웃이나 벗이나 같은 겨레가 되어서 언제나 끝없는 은혜를 부어주고 계시며, 이 땅 위에 부처님 광명세계를 이룩하기 위하여 큰 위신력을 떨치고 계심을 깊이 믿고, 저 모든 부처님을 미래세가 다하도록 찬양하겠습니다.

일체 세계에 극미진수 부처님이 계시고, 그 낱낱 부처님 계신 곳마다 한량없는 보살들이 둘러계심을 깊이 믿사오며, 눈 앞에 대하듯 정성 기울여 찬양하겠습니다.

중생과 세계의 나타난 현상이 아무리 거칠고 부정하게 보이더라도 실로 실상은 청정하고 원만하오니 저는 결코 중생과 세계의 실상을 찬양하고 긍정하는 말을 하겠습니다.

참된 진리의 모습을 깊이 믿고 그대로를 말하는 것이 실상의 말이며, 참된 말이며, 올바르게 찬양하는 말인 것을 깊이 믿습니다.

그리고 이와 같이 믿고 찬양하는 참말은 위대한 성취력을 지니며 창조의 힘을 나타냄을 깊이 믿습니다.

그리하여 저희들이 닦는 바 찬양하는 행원은 이것이 이 세상에 평화와 번영과 청정과 협동을 실현하는 심묘한 작법임을 믿습니다.

저희들은 이 찬양하는 행원으로 우리의 마음과 우리의 세계에 실상공덕을 구현시키겠사오며, 우리들이 바라온 바 보살의 국토를 성취하고 우리의 일상생활 속에서 필요한 낱낱 소망을 성취하겠습니다.

말은 이것이 위대한 창조의 힘을 지니고 있사온 바 저희들은 참된 말을 바로 써서 말의 위력을 실현하겠습니다.

결코 거짓말을 하지 않겠사오며, 나쁜 말을 하지 않겠사오며, 참된 말만을 하겠습니다.

결코 소극적이며, 부정적이며, 비관적인 말을 하지 않겠습니다.

진리의 참모습이 적극적이며, 활동적이며, 원만하며, 영원하기 때문입니다.

변재천녀는 차라리 미묘한 말과 음성을 내겠지만, 저희들은 그보다도 참된 말을 하고, 부처님의 참된 공덕세계를 믿고, 긍정하고, 찬양하는 말을 하겠습니다.

4. 공양분(供養分)

널리 공양하겠습니다.

시방세계 일체처에 미진수의 부처님이 계시고 한량없는 보살들이 함께 계심을 깊이 믿사오며, 눈 앞에 대한 듯 분명한 지견으로 모든 불보살께 공양하겠습니다

음식으로 공양하겠습니다.

꽃과 향과 음악과 의복과 의약과 방사와 그밖의 모든 공양구로 항상 공양하겠습니다.

공양은 이것이 부처님께서 주신 바 무량복덕의 문을 활짝 여는 길임을 믿습니다.

저희들은 간탐심과 애착심으로 인하여 참된 공양을 행하지 못하였고, 설사 약간의 공양을 한다 하더라도 이유와 조건을 붙인 공양이었습니다.

그러므로 그 과보는 가난하고 물질생활에서 부자유하며 제한을 많이 받고 있사옵니다.

저희들은 이제 공양을 행하되 마음의 문이 활짝 열리도록 아낌없이 바람없이 지성껏 공양하겠습니다.

정성 바쳐 공양함으로써 애착과 간탐심과 작은 뿌리들을 하나하나 뽑겠습니다.

부처님의 무량복덕이 우리 생명에 흘러오는 것을 가로막고 있는 마음의 장벽들이 모두 다 무너지도록 청정한 마음으로 공양하겠습니다.

부처님께 공양하겠습니다. 부모님과 형제와 모든 이웃에게 공양하겠습니다.

부처님께 공양하듯 차별없이 정성 다 바쳐서 공양하겠습니다.

저희들의 이와 같은 공양은 저희들을 가난하게 만들고, 부자유스럽게 만드는 모든 요인을 남김없이 타파하여 우리의 생명 위에 부처님의 무량공덕이 시원스러이 물결쳐 흘러 들어오게 함을 믿사옵니다.

법공양에 힘쓰겠습니다.

부처님 말씀대로 수행하는 공양과, 중생들을 이롭게 하는 공양과, 중생을 섭수하는 공양과, 중생의 고를 대신 받는 공양과, 선근을 부지런히 닦는 공양과, 보살업을 버리지 않는 공양과, 보리심을 여의지 않는 공양을 닦겠습니다.

재물을 베풀어 공양하면 복덕의 종자를 심는 것이며 복덕의 문이 열려 옵니다.

이것은 중생의 육체생명을 키워주는 소중한 조건이옵니다.

그러나 법공양을 행하면 행하는 자와, 공양받는 자가 다 함께 법신생명이 성장하오며, 무량한 법신공덕이 넘쳐오고, 그 국토에 찬란한 법성광명이 빛나게 됩니다.

그러므로 법공양을 행하는 공덕이 얼마만한가를 부처님께서도 다 말씀하지 못하십니다.

부처님께서는 무엇보다도 법을 존중히 하십니다.

법공양을 행하고 부처님 가르침을 행하면 이 세상에 곧 부처님이 출생하시옵니다.

법이 불이며, 법은 추상적 이치에 있는 것이 아니고 구체적인 바른 행동에 있기 때문입니다.

그러므로 법공양이 참된 부처님 공양이며 이로써 일체 부처님께 참된 공양을 성취합니다

법공양을 행함은 일체 불보살의 바라시는 바를 실현하는 것입니다.

그러므로 법공양을 행하면 보리의 싹이 자라고, 법공양을 행하면 무량공덕문이 열리며, 법공양을 행하면 중생이 성숙되고, 법공양을 행하면 국토가 맑아지오며, 제불보살이 환희하시옵니다.

저희들은 이 생명을 법공양으로 빛내겠습니다

부모님께 공양하겠습니다.

아내와 남편에게 공양하겠습니다

형제와 이웃과 모든 동포 모든 인류에게 공양하겠습니다.

이 생명 영원하고 청정함과 같이 영원히 법공양을 행하겠습니다.

5. 참회분(懺悔分)

모든 업장을 참회하겠습니다.

기나긴 과거세에서 오늘날에 이르도록 햇빛보다 밝은 참성품을

어기고 많은 죄업을 지었습니다.

 기나긴 과거세에서 금생에 이르는 동안 미혹하고 어리석어 성내고 탐욕부려 많은 죄를 지었습니다.

 몸으로 죄를 지었습니다.

 입으로 죄를 지었습니다.

 생각에만 있을 뿐 행이나 말로 나타나지 아니한 죄도 또한 많이 지었습니다.

 그 사이에 지은 죄는 아는 것도 있고, 모르고 범한 죄도 있사오며, 지은 죄를 잊은 것도 한이 없습니다. 이 모든 죄가 만약 형상이 있다면 허공으로 어찌 용납할 수 있으리까?

 이제 불보살님 앞에 머리 조아려 참회하옵니다.

 영영 다시는 짓지 않겠사오며 영원토록 청정자성을 행하여 나아가겠습니다.

 이제 저의 밝은 자성 드러내어 살피옵건대, 저희들이 지난 동안 지은 바 모든 죄업들은 자성 앞에 가로놓인 한 조각 구름이오며 한 가닥의 안개인 듯 하옵니다.

 내 이제 청정한 삼업에 돌아가 모든 불보살님 전에 거듭 지성으로 참회하옵니다.

 다시는 악한 업을 짓지 않겠습니다.

 영영 청정한 일체 공덕 속에 머물러 있겠습니다.

 죄업은 이것이 어둠이오며 참회는 이것을 밝은 자성광명 앞에 드러냄이옵니다.

보현행자의 서원

찬란한 자성광명 앞에 어찌 사라지지 아니할 어둠이 있사오리까.

밝음 앞에 어둠이 사라지듯이 저의 참회 앞에 모든 죄업이 사라짐을 믿사옵니다.

죄업이 사라졌으매 다시 어찌 청정한 자성광명을 가로막을 것이 있사오리까.

참회하였으므로 죄업이 소멸되고, 모든 죄업이 소멸되었사오매 저의 생명에는 끝없는 부처님의 자비공덕이 넘쳐남을 믿사옵니다.

그러므로 저희들은 지성으로 참회하고는 다시는 죄를 생각하지 않겠습니다.

흘러간 구름을 좇지 않겠사오며 지나간 어둠을 마음 속에 붙들어 놓지 않겠습니다.

항상 밝은 마음, 항상 맑은 마음, 항상 활기찬 마음으로 일체 공덕을 실천하겠습니다.

끝없는 청정행을 펴 나아가겠습니다.

그리고 때없는 맑은 눈으로 일체 세계 일체 중생을 대하겠습니다.

남이 잘못하는 듯이 보이는 허물은 남의 허물이 아니옵고 저 자신의 허물임을 알겠습니다.

원래는 마음 밖에는 한 물건도 없는 것이오매 어찌 내 마음의 허물을 떠나서 다른 사람의 허물이 있사오리까?

밖에 나타나 보이는 허물은 이것이 나 자신의 마음 속에 깃든 어두운 그림자의 나타남임을 알고 다시 참회하는 마음을 새로이 하겠습니다.

고난과 장애를 당하여 결코 불평하거나 원망하지 않겠습니다.

고난이 나타났으므로 업장이 소멸되고 참회하여 소멸되었음을 믿고 기뻐하고 용기를 내겠습니다.

6. 수희분(隨喜分)

남이 짓는 공덕을 기뻐하겠습니다.

모든 부처님께서 처음 발심하실 때로부터 무상지(無上智)를 구하기 위하여 부지런히 복덕을 닦을 새, 몸과 목숨을 돌보지 아니하고, 무한 겁이 다하도록 난행고행을 행하시면서 가지가지 바라밀문(波羅蜜門)을 닦으신 그 모든 공덕을 기뻐하겠습니다.

가지가지 보살도를 원만히 닦으시고, 마침내 무상도를 성취하시며, 열반에 드신 뒤에 사리를 분포하시는 그 모든 공덕을 기뻐하겠습니다.

또한 시방일체세계에 있는 사생(四生) 육취(六趣) 모든 종류 중생들이 짓는 한 털끝만한 공덕이라도 존중하며 함께 기뻐하겠습니다.

시방세계 모든 보살들과, 모든 성자들과, 모든 스님들이 닦으시는 온갖 공덕을 다 함께 기뻐하겠습니다.

일체 중생 어떤 종류의 중생이 짓는 공덕이라도 극진히 존경하겠사옵거든 하물며 보살들이 닦으시는 행하기 어려운 여러 수행이리까!

가지가지 난행고행으로 무상도를 이루시며, 모든 중생에게 가르치시고, 또한 우리에게 올바른 행의 표본이 되시며, 깊은 가르침을 주시고, 나아가 불국토를 성취하시는 그 모든 높은 공덕을 남김없이 찬양하고 기뻐하겠습니다.

세상에서 나쁜 사람이라고 낙인찍힌 사람일지라도 그가 행하는 착한 공덕이 또한 한이 없음을 믿고, 그가 행한 털끝만한 공덕이라도 진심으로 기뻐하겠습니다.

나를 해치려 하고 모함하고 욕하고 억울한 누명을 씌우거나, 또는 때리고 손해를 끼친 사람이라 하더라도 그가 지닌 공덕을 찬탄하고 그가 짓는 공덕을 함께 기뻐하겠습니다.

모든 불보살과 일체 중생과 저희들은 원래가 한몸이옵기 그 중에 어느 하나가 지은 공덕은 바로 그것이 저 자신의 기쁨이 아닐 수 없습니다.

함께 기뻐함으로써 넓고 큰 기쁨이 너울치는 큰 생명을 가꾸어 가겠습니다.

남이 짓는 공덕을 함께 기뻐하올 때 남과 나는 둘이 아님을 확인하옵니다.

이 세간 누구와도 대립된 자 없고 불화할 사람 없사오니 이 천지 누구와도 화합하고 화목하게 지내며 존중하겠습니다.

화합하지 아니함은 대립한 것이요, 두 쪽이 된 것이며, 은혜를 주신 수많은 불보살님과 담을 쌓고 척을 짓는 것이 되옵니다.

설사 부처님께 공양하고, 부처님을 받들어 섬기며, 경전을 외운다 하더라도 만약 부모님이나 부부나 형제나 이웃이나 그밖에 벗들과 화목하지 못한다면 부처님께 공양은 성취되지 못하옵니다.

부모님과 형제와 모든 이웃과 한마음이 되고, 존경하고 아끼고 함께 기뻐하올 때 불보살님께 공양이 성취됨을 믿사옵니다.

부처님은 일체를 초월한 불이(不二)로 계시오며, 일체 중생을 하나로 하신 곳에 계시옵니다.

일체와 화합하고 일체와 둘이 아님을 쓰는 데서 저희들은 부처님의 은혜를 받을 수 있는 것이며 그 기쁨을 누릴 수 있사옵니다.

남이 짓는 공덕을 기뻐한다는 것은 진정 그와 더불어 마음을 함께 함이옵니다.

저희들은 남이 짓는 공덕을 함께 기뻐함으로써 거기에서 부처님이 주시는 자비하신 은혜를 받을 마음바탕을 이루게 됨을 믿사옵니다.

이와 같이 한마음이시며 큰 은혜를 베푸시는 부처님께 감사하겠습니다.

부모님과 형제에게 감사하겠습니다. 감사는 바로 화목이며 둘이 아님을 이루는 것이오매 저희들은 일체 중생에 감사하겠습니다.

한몸이 생각없이 한몸의 완전을 도모하듯이 둘이 아닌 경지에서는 결코 서로에 해침이 없사옵니다.

일체 중생에 감사하여 둘이 아니며, 그의 승리, 그의 성공, 그의 공덕을 찬양하고 기뻐할 때 그 모두는 나와 더불어 한몸이거니 어느 무엇이 나를 해칠 자 있으오리까. 일체 중생과 둘이 아닌 이 몸을 이루게 하는 '감사'와 '함께 기뻐하는' 이 심묘한 법을 저희들은 생명껏 노래하고 받들어 행하겠습니다.

7. 청법분(請法分)

설법하여 주시기를 청하겠습니다.

일체 세계 처처에 한량없는 부처님이 계시니 제가 그 모든 부처님께 몸과 말과 뜻을 기울여 여러 가지 방편을 지어서 설법하여 주시기를 권청하겠습니다.

아무리 많은 세간적 영화가 가득찼다 하더라도 그것은 모두가 잠깐이기에 번개나 아침이슬과도 같은 것이라 믿고 의지할 바 못되지만, 부처님법은 이것이 영겁의 보배이며, 영원한 생명수(生命水)입니다.

부처님의 법으로 중생은 대해탈을 성취하며 이 세계는 불국토로 바뀝니다.

이 법이 머무르는 곳에 태양이 있는 것이고, 이 법이 숨었을 때 영겁에 어둠이 있다고 하옵니다.

진정 부처님 법은 진리의 태양이십니다. 오래오래 이 땅에 머물러서 영원토록 중생들을 이롭게 하여 주시기를 간절히 바라옵니다.

부처님 법은 원래로 있는 것이매 쇠(衰)하거나 성(盛)할 것도 없사옵니다.

부처님이 나타나시어서 다시 더 한 법이라도 가히 보탤 것도 없는 것이오나, 그러나 미혹한 중생들에게는 부처님의 말씀이 아닌들 어찌 영원한 감로의 법을 알 수 있사오리까!

부처님의 설법을 통해서 비로소 저희 앞에 불법이 나타날 수 있사옵니다.

불법이 있으므로 해서 중생의 희망도 국토의 평화도 마침내 이룰 수 있사옵니다.

참되게 살고 싶어도 거짓과 다툼과 고통의 수레바퀴를 벗어나지 못하는 것은 중생들이 불법을 모르는 데서 오는 것이오니, 진실로 설법은 중생과 세계를 붙들어 나아갈 가장 근원적인 지혜며 힘이시옵니다.

모든 부처님께 설법하여 주시기를 청하겠습니다. 모든 대보살께 설법하여 주시기를 청하겠습니다.

모든 선지식들과 모든 스님들께 설법하여 주시기를 청하겠습니다.

설사 잠시 동안 스님을 만나거나, 잠깐 동안 삼보도량에 머물렀거나, 한 장의 경전을 읽은 사람에게까지라도 설법하여 주시기를 청하겠습니다.

저의 몸과, 저의 말과, 저의 뜻을 다 바쳐서 설법을 청하겠습니다.

이 땅 위에 평화가 영원하도록, 모든 중생이 환희하도록 이들 모두를 가꾸고 키워주시는 감로의 법우(法雨)가 끊임없이 포근히 내려지도록 지극정성 기울여서 권청하겠습니다.

이 땅이 아무리 스산하고, 이 땅이 아무리 캄캄하고, 이 땅이 아무리 폭풍우가 몰아쳐도 필경 이 모든 불행과 악과 재난을 쓸어버리는 것은 오직 부처님의 법문뿐이오니, 대법문의 수레가 멈추지 않고 구르는 한 찬란한 아침해는 밝아오는 것이며, 구름을 몰아내는 한 가닥 바람은 거기에 있사옵니다.

이 땅 위에 설법이 행하여지는 데는 선지식이 계시고 설법할 법당과 법을 설할 모임이 있어야 하옵니다.

　부처님에게 죽림정사(竹林精舍)와 기수급고독원(祇樹給孤獨園)이 있었듯이 청법하올 대중과 설법하올 처소가 있어야 하옵니다.

　서로가 화합하고 환희하며, 서로가 힘을 합하여 법륜 굴리기에 힘쓴다면 설법은 더욱 더 우레같이 울려퍼져서 우리 사회 구석구석에 감로법우(甘露法雨)가 넘쳐납니다.

　그러하옵기에 저희들은 법륜이 영원토록 구르게 하기 위하여 정성 다 바쳐서 설법 환경을 가꾸겠습니다.

　이 땅에 선지식이 나타나시어 법을 설하시는데 이를 비방하거나, 모임에 불참하거나, 허튼 말을 돌려서 불목하게 한다면 이것은 법륜이 구르는 것을 방해하는 것이오니 어찌 털끝만이라도 감히 그런 짓을 하오리까.

　저희들은 맹세코 선지식께 설법하여 주시기를 청하겠사오며, 항상 법을 배우는 거룩한 무리들과 그 모임을 환희 찬탄하겠사오며, 법회가 열리는 곳이 비록 먼 곳이라 하더라도 가장 귀한 보물을 찾아가는 마음으로 찾아가 청법하겠사오며, 선지식과 그 모임의 거룩하온 이름을 널리 드날리겠습니다.

8. 청주분(請住分)

모든 부처님께 이 세상에 오래 계시기를 청하겠습니다.

　모든 보살들과 성문·연각·유학·무학 일체 선지식에게 열반에

드시지 말고 영원토록 이 세상에 머무시면서 중생들을 이롭게 하여 수시도록 권정하겠습니다.

부처님은 법계의 태양이시며, 선지식은 일체 중생을 돕고 성숙시킬 마지막 의지처이십니다.

이 모든 성스러운 스승님께서는 항상 밝고 맑은 청정법을 흘러내시어 중생을 키워주시고 세계를 윤택하게 하여 주시옵니다.

저희들은 모든 부처님과 모든 선지식을 물 건너는 사람의 부낭(浮囊)과 같이 생각하고 존중하고 의지하며, 세간의 안목으로 받들고 섬기겠습니다.

생명의 물줄기는 이들 성스러운 선지식을 통해서 흘러나옵니다.

이 땅 위에 감로수가 끊이지 아니하도록, 복전이 영원하도록, 지혜의 태양이 영원히 빛나도록, 중생이 의지할 두려움이 없는 힘이 영원하시도록 저희들은 기원드리겠사오며, 모든 선지식에게 열반에 드시지 말고 영겁토록 머물러 주시기를 지심 간청하겠습니다.

선지식께서는 우리를 가르치시며, 우리와 함께 일하시며, 우리를 보호하여 주십니다.

우리의 선지식께서는 불조의 정지견(正知見)을 갖추셨으며, 마음에 상이 없으시고, 항상 청정범행을 찬탄하시옵니다.

설사 저희들이 친근코자 하여도 교만하지 않으시고, 저희들이 멀리하여도 원한이 없으시오나, 저희들은 이 모든 선지식에게 목숨 다 바쳐 공양하고 섬기겠습니다.

선지식이 이 땅에 머무시올 때 이 땅에는 안목이 있는 것이며,

선지식이 이 땅을 떠났을 때 이 땅은 지혜의 눈을 잃으옵니다.

선지식이 아니 계시올 때 중생들은 무엇을 인하여 기나긴 미망의 밤을 헤어날 수 있사오리까.

오늘 저희들은 거룩하온 선지식들을 모시고 있사옵니다.

맹세코 이들 모든 선지식을 공양하고 섬기오면서 그 가르침을 받들어 행하고, 일체 불찰 극미진수겁(極微塵數劫)토록 이 세상에 머물러 주시기를 간청하겠습니다.

일찍이 유덕왕(有德王)이 각덕(覺德) 비구를 보호하고자하여 스스로의 신명을 바침으로써 아촉불국 제일의 성문이 되었고, 마침내 그 호법공덕으로 정각을 이루심과 같이 저희 또한 일체의 선지식을 받들고 섬기어 거룩한 법이 이 땅에 영원히 머물도록 힘쓰겠습니다.

9. 수학분(隨學分)

항상 부처님을 따라 배우겠습니다.

부처님의 견고하신 발심과 불퇴전(不退轉)의 정진을 배우겠습니다.

지위나 재산이나 명예나 내지 목숨까지도 보시하신 것을 따라 배우겠습니다.

헤아릴 수 없는 난행고행을 닦으시고, 보리수하에서 대보리를 이루시고, 가지가지 신통변화를 일으키시던 일을 따라 배우겠습니다.

어떤 때는 부처님 몸을 나투시고, 어떤 때는 보살 몸을 나투시고, 혹은 성문 연각의 몸을 나투시고, 성왕이나 학자나 정치가나 사업가나 혹은 무명의 거사신(居士身)을 나투시기도 하며, 혹은 천룡팔부 등 신중(神衆)의 몸을 나투시면서 저들의 모인 곳에 이르러 저들을 성숙시키던 일들을 다 따라 배우겠습니다.

부처님의 음성은 원만하시고, 중생의 근기 따라 알아듣게 하시며, 그들의 마음을 열어 번뇌를 쳐 없애고 지혜와 환희가 넘쳐나게 하시며, 마침내 저들의 기뻐함을 따라서 수행을 성취케 하시니 저희들은 그 모두를 따라 배우겠습니다.

부처님께서 열반을 보이심은 중생의 방만(放慢)을 여의게 하고자 하심이시니 짐짓 열반상을 보이시나 실로는 멸도함이 없사옵니다.

영원토록 중생들을 깨우치고 키워주시고자 온갖 방편 베푸시며 잠시의 쉼도 없으시는 그 모두를 따라 배우겠습니다.

부처님께서 발심하고, 정진하고, 고행하시고, 대각을 이루시고, 교화하시는 그 사이에 베푸신 칭량 못할 무량법문은 모두가 중생들이 닦아가야 할 표준을 보이심이십니다.

청정한 자성을 구김없이 온전히 드러내는 과정과 방법을 보이심이오니 저희들은 이 모두를 따라 배워서 본래의 함이 없는 땅에 이르겠습니다.

누구나 중생된 몸에서부터 시작하여 번뇌의 몸, 업보의 몸 그 모두를 벗어나고 청정한 본법신(本法身)을 이루고자 할진대, 부처님이 행하신 바 그 모두는 마땅히 배우고 의지하고 닦아 이룰 위없는 대도이며 묘법임을 깊이 믿고 지성 다해 받들어 배우겠습니다.

10. 수순분(隨順分)

항상 중생을 수순하겠습니다.

진법계 허공계 시방세계에 있는 모든 중생을 수순하겠습니다.

태로 낳든 알로 낳든 출생의 차별 없이 수순하겠습니다.

땅에 살든 물에 살든 하늘에 살든 풀섶에 살든 마을에 살든 궁전에 살든 그 모든 중생을 수순하겠습니다.

몸의 형상이 어떻게 생겼더라도 차별하지 아니하고, 그의 수명이 길든 짧든 나이가 많든 적든 차별하지 아니하고 수순하겠습니다.

종족이나 그가 속한 계급을 보지 않고 수순하겠사오며, 그의 심성이 간악하든 질투하든 넓든 좁든, 선하든 악하든 모두를 수순하겠습니다.

지혜가 있든 지혜가 없든, 어떠한 행동을 하든 거동과 형색이 아무리 괴이하더라도 다 한결같이 수순하겠습니다.

형상이 있든 없든 생각이 있든 없든, 빛깔이 있든 없든 모든 중생들을 다 수순하겠습니다.

부모와 같이 공경하며 스승이나 아라한이나 내지 부처님과 조금도 다름없이 받들어 섬기겠습니다.

병자에게는 어진 의원이 되고, 길 잃은 자에게는 바른 길을 가리키고, 어두운 밤중에는 광명이 되고, 가난한 이에게는 보배를 얻게 하면서 일체 중생을 평등하게 받들고, 그의 이익을 도모하겠습니다.

중생을 수순함은 모든 부처님을 수순함이 되며, 중생을 존중히 받들어 섬기면 여래를 존중히 받들어 섬김이 되며, 중생으로 하여금 환희심이 나게 하면 여래로 하여금 환희하시게 함이오니, 저희들은 모든 중생에게 부처님을 대하듯 공경하고 받들어 섬기겠습니다.

부처님을 큰 나무에 비유하오면 중생은 나무의 뿌리요, 보살은 꽃과 과실이시옵니다.

만약 나무뿌리에 물을 주면 어찌 지혜의 꽃과 과실이 무성하지 않겠사오며, 여래이신 나무가 환희로 장엄하지 않으오리까?

부처님께서는 중생으로 인하여 대비심을 일으키시고, 대비심으로 인하여 보리심을 발하시며, 보리심으로 인하여 정각을 이루신다 하시니, 중생을 공경하고 받들어 섬김이 이 어찌 부처님을 받들어 섬김이 아니오리까?

중생이 없사올 때 일체 보살이 성불하지 못한다 하사옵니다.

저희들은 모든 중생을 받들어 섬기겠습니다. 원수거나 친한 이나 차별 없이 받들어 섬기겠습니다.

그러하옵거늘 어찌 부모님이나 아내나 남편이나 형제와 이웃을 받들어 섬기지 아니하오리까?

이분들을 수순하고 받들어 섬기올 때 보살의 나무는 무성하고, 보리의 화과(華果)가 성취되오며, 저희들의 생활마당에 크나큰 공덕의 물결이 넘쳐오는 것을 믿사옵니다.

이와 같이 수순을 배워올 때 어찌 이 세상에 불화하고 불목하고 대립할 중생이 있사오리까.

저 모든 중생들은 부처님이 마땅히 거두시는 바며, 내가 마땅히 회복하여야 할 자기 생명의 내용입니다.

저들을 수순하고 받들어 섬김은 곧 참된 자기의 성장이며, 원만성을 한층 성취하는 것이 되옵니다.

중생이 중생이 아니요, 내 자성의 중생이오니, 저들을 받들고 수순하며 공양하면 이것이 자기제도며 중생 제도며 제불공양을 함께 하는 법공양이 아니오리까.

중생은 자성분별이요, 수순은 자성 청정의 실현이오니, 이것이 보살의 최상행임을 믿사옵니다.

중생들을 성숙하고 참된 이익을 주기 위하여 저희들은 부지런히 지혜를 닦겠사오며, 다시 서원과 방편을 깊이 닦아서 항상 모든 중생을 수순하겠습니다.

11. 회향분(廻向分)

지은 바 모든 공덕을 널리 중생에게 회향하겠습니다.

부처님께 예배하고 공경하며, 모든 부처님을 찬양하며, 내지 모든 중생을 수순한 것까지의 모든 공덕을 진법계 허공계 일체 중생에게 남김없이 회향하겠습니다.

바라옵건대 모든 중생이 항상 안락하여지이다. 일체 병고는 영영 소멸하여지이다.

악한 일을 하고자 하면 하나도 됨이 없고, 착한 일을 하고자 하면 다 성취하여지이다.

저들이 나아가는 곳에 일체 악취의 문은 모두 닫히고, 인간에나 천상에나 열반에 이르는 바른 길은 활짝 열려 있어지이다.

저 모든 중생들이 무시겁래 지어 쌓은 악업으로 인하여 한량없는 고초를 받게 되옵거든 제가 다 대신 받겠사옵니다.

바라옵나니 저 모든 중생이 모두 해탈하여 무상보리를 성취하여지이다.

제가 지은 공덕은 일체 중생의 공덕이 되어 저들의 미혹한 마음이 활짝 밝아지오며, 불보살이 이루신 바 모든 공덕을 수용하고 불국토의 청정광명을 영겁토록 누려지이다.

옛 불보살이 이러하셨으며, 오늘의 불보살이 이러하시오매, 저희들의 회향도 또한 이러하옵니다.

보현행원품 해제

보현행원품 해제

1. 화엄경과 보현행원품

　화엄경은 부처님이 성도하신 후 삼칠일 동안 설하신 경전으로 불교 사상의 최정수로 알려져 있다. 다만 그 내용이 너무 방대하고 난해하여 보편적으로 읽혀지지 못했을 뿐이다. 그 대신 화엄사상을 요약하는 대표적인 내용으로 화엄경의 맨 마지막 부분인 '보현행원품'이 별행본(別行本)으로 발행되어 널리 유포되어 왔다.

　화엄경은 크게 두 부분으로 나누어진다. 부처님이 선정 속에서 깨달으신 내용을 설하시는 전반부와 젊은 구도자인 선재동자가 보리심을 내어 깨달음을 얻기 위해 53선지식을 만나러 법계로 들어가는 후반부가 그것으로, 특히 후반부는 입법계품(入法界品)이라고 불려진다. 선재동자의 구도 행각은 보현보살을 만남으로써 비로소 끝나게 되는데, 마지막 구도의 장에서 설해지는 것이 바로 보현보살의 열 가지 원과 행이다.

　예로부터 화엄경의 방대한 내용이 바로 이 보현행원의 사상에 집약되어 있다고 하였으니, 법계가 화려하게 장식됨은 보살의 만행이 법계를 꽃 피운 까닭이고, 바로 '보현의 원과 행'으로부터 이러한 화엄의 세계가 전개된 것이며, 그리고 행원 열 가지는 '실천 수행법의 진수'라고 알려져 왔던 것이다.

화엄경은 모두 세 번 번역된다.

처음 나온 것이 흔히 「60화엄」으로 알려진 구역(舊譯)본, 또는 진역(晋譯)본으로 불타발타라가 번역한 화엄경이며(418~420년), 다음이 당나라 때 실차난다가 번역(695~699년)한 「80 화엄」이 있으며, 마지막 번역은 서기 795년에서 798년 사이 반야삼장이 번역한 「40화엄」이 그것이다. 반야삼장의 「40화엄」은 이전의 화엄경과 달리 화엄경 전체를 번역한 것은 아니고 그 중 입법계품만 따로 번역한 것이다.

그런데 이 보현행원품은 앞의 두 가지 번역본에는 나오지 않고 오직 반야삼장의 「40화엄」에만 나온다. 화엄의 번역본이 후세에 이를수록 앞의 번역본에는 없는 부분이 가미가 되며, 특히 「40 화엄」은 화엄의 입법계품만 따로 보충, 번역한 것인데 여기에 비로소 보현행원품이 나타난다는 것은 후세에 이르러 보현행원의 사상이 중요함을 새로이 인식한 때문이라 하겠다.

보현행원의 사상은 보현행원 열 가지로 요약된다. 이 보잘것없는 예토(穢土)가 화려하고 장엄한 화엄법계로 바뀌는 것은 바로 보현보살의 원력과 열 가지 행원의 결과인 것이다. 끊임없이 중생을 공경하고 칭찬하며 섬기는 그 원행이, 온갖 갈등과 대립이 끊일 날 없는 이 사바세계를 화엄의 장엄한 모습으로 바꾸어 나가는 것이다.

그러면 보현행원품의 내용은 어떠한지, 잠깐 줄거리를 살펴 보기로 하자.

2. 보현행원품의 내용

처음에 문수보살을 만남으로써 시작한 선재 동자의 구도행은 보현보살을 만남으로써 마침내 그 길고 긴 여정을 끝내게 된다. 보현보살은 선재동자에게 부처님의 공덕은 모든 세계 모든 부처님이 미래세가 다하도록 말하여도 그 공덕을 다 말하는 것이 불가능할 정도로 크다는 것을 설한 후, 그런 부처님 공덕의 세계에 들어 가기 위한 가장 중요한 방법으로 보현의 열 가지 행원을 닦으라고 말씀하신다.

그 열 가지 행원이란 첫째 일체 부처님을 공경하고 예배하며[禮敬諸佛], 둘째 모든 부처님을 찬탄하고 칭찬하고[稱讚如來], 셋째 부처님께 널리 공양하고[廣修供養], 넷째 업장을 참회하며[懺悔業障], 다섯 째 다른 이들의 공덕을 같이 기뻐하고 따르며[隨喜功德], 여섯째 법문을 청하며[請轉法輪], 일곱째 부처님이 오래 이 세상에 머무르시기를 청하며[請佛住世], 여덟째 언제나 부처님의 모든 것을 따라 배우며[常隨佛學], 아홉째 언제나 중생의 뜻을 따라 주며[隨順衆生], 끝으로 지금까지의 모든 공덕을 일체 중생에게 되돌리는 것[普皆迴向]이다(註:자세한 내용은 본문 참조 바람).

다시 보현보살은 행원 열 가지를 어떻게 닦아나가야 하는가를 행원의 뜻과 함께 상세히 말씀하신 후, 끝으로 열 가지 행원을 닦으면 어떤 공덕이 실지로 이루어지는가를 구체적으로 설명하신다. 예컨데 행원을 닦으면 능히 일체 중생을 성숙시키며 중생을 이익되게 하고 고해의 세계에서 벗어나게 하며[拔濟衆生], 본인은 모든 업장이 소멸되고 세간사에 어려움이 없어지는 것[行於世間 無有障碍]이 마치 달이 구름을 벗어난 것과 같다고 하였다.

이렇게 행원을 닦는 이들은 일체 불보살들께서 잘한다, 잘한다 하며 칭찬하시고 일체 인간과 천신들이 공경하며 일체 중생이 공양을 올리고 마침내는 깨달음을 이루게 되며, 임종 시에는 아미타부처님의 마중을 받아 극락정토에 이르게 된다고 가르치신다. 그리하여 행원을 하는 이의 공덕은 부처님을 제외하고는 아무도 알지 못하니 너희들은 오로지 내 말을 믿고 행원을 닦으라고 간곡히 말씀하신다.

　다시 보현보살은 이런 내용을 게송으로 말하되, 먼저 열 가지 행원을 일일이 찬탄한 다음, 어떻게 행원을 구체적으로 실천하며 행원의 공덕은 과연 어떠한 것인가를 노래한다.
　예를 들어 중생 구제에 있어서는, 사람들과 사람 아닌 이들에게 그들이 쓰고 있는 말로써 설법을 하는 등 한량없는 중생들을 갖가지 방편으로 구제한다. 그런 와중에 번뇌가 일고 고난이 닥치더라도 마치 연꽃이 물에 젖지 않고 해와 달이 허공에 머물지 않듯, 중생을 떠나지 않고 세간 속에서 기어코 해탈을 이루며[於諸惑業及魔境 世間道中得解脫], 일체 부처님의 맏아들(長子)이신 보현의 원행을 맹세코 닦고 익혀, '보현행원으로 꼭 보리(菩提) 이룰 것'을 다짐한다.
　그렇게 말씀하신 후에도 보현행원을 믿지 못하는(?) 일이 행여나 있을까봐, 이 원행을 믿고 실천하면 반드시 무상보리(깨달음)를 얻을 수 있다고 또 한 번 강조하신 후, 마침내 이 모든 공덕을 모든 중생들에게 회향을 하여, 고해 중생 모두가 어서 빨리 극락세계(無量光佛刹)에 오게 되기를 간절히 서원하는 것으로 행원의 가르침을 마친다.

3. 현대 사회에서의 보현행원의 중요성

　그런데 보현행원품이 실천 수행의 진수로서 예로부터 강조되어 왔던 역사적 사실과는 달리, 현재 우리 나라 불교계에서 행원을 수행법의 하나로 말씀하시고 가르치시는 분은 매우 드문 것이 현실이다. 이 결과, 보현행원은 그냥 단순한 생활 실천 불교의 하나 정도로만 가볍게 생각하고 깨달음과는 전혀 무관한 하찮은(?), 또는 근기 낮은 가르침 정도로 여겨 그냥 말로만 보현행원을 인식해 온 것 같다. 불교에서는 깨달음을 모든 것을 우선하는 최고의 목표로 간주하는데, 단지 실천 불교의 하나인 행원을 하여서는 깨달음을 전혀 얻을 수 없으므로 깨닫기 위해서는 다른 수행을 해야 한다는 것이다.

하지만 보현행원은 단순한 실천 불교의 한 방편만이 아니라, 불교의 궁극적 목표인 깨달음을 반드시 이루게 해 주는 뛰어난 수행법의 하나이다. 조사선이 화두를 통해 깨달음에 이르는 수행이라면 행원은 '행'과 '원'을 통해 깨달음에 이르는 수행이다. 따라서 일반적으로 불교의 수행법이라 하면 참선, 관법, 진언, 염불, 독경 등을 거론하나 앞으로는 행원 역시 훌륭한 수행법의 하나로 필히 간주되어야 할 것이다.

행원 수행의 특징 중 가장 두드러지는 것 하나는 바로 '지혜와 자비'의 '동시 성숙(同時 成熟)'이다(화엄경이 지혜를 상징하는 '문수 보살'과, 대행을 상징하는 '보현 보살'을 중심으로 설해진다는 것은 바로 화엄 사상이 '지혜와 자비행의 완성'을 뜻하는 것으로 볼 수 있다).

불교 사상의 가장 큰 핵심은 바로 '지혜와 자비'이다. 불교는 이 세상의 중생계가 형성되고 중생들이 고해에 빠지게 되는 가장 근본 원인이 바로 '어리석음[無明]'에 있다고 본다. 따라서 이 세상의 이치를 꿰뚫어 보고 인간과 중생사를 밝게 헤아려 아는 '지혜의 완성'과 그 밝음을 실제로 나눠 갖는 '자비의 실천'을 궁극적 수행 목표로 두는데, 이는 다른 종교의 사상과도 다르지 않다.

사실 종교라면 이 두 가지가 원만히 발달되어야 할 터인데 현실은 반드시 그런 것 같지는 않다. 본시 예수님이야 그렇지 않았겠지만, 예컨대 기독교는 지혜의 발달보다는 자비의 실천 쪽에 더 무게가 주어진 경향이 있고, 불교도 본래는 그렇지 않았지만 근래에는 '지혜의 완성' 쪽을 더 강조하는 경향이 짙은 것이 사실이다. 그러므로 깨닫지 않으면 그 어떤 것도 가치가 없고 모든 것을 오직 깨달음을 얻은 연후로 미루는 경향이 있다. 그런데 바로 근대 불교의 이런 점 때문에 불교에 인연 있는 많은 분들이 다른 종교로 관심을 돌려, 현재 불교가 일반인들에게 멀어져 가는 원인이 된 것은 아닌가 한다.

즉, 지금 잘 알려져 있는 불교 수행법의 대부분이 지혜와 자비를 동시에 성숙시키는 데에는 조금 한계가 있는 듯이 보인다. 이론(지혜)과 현실(자비)을 동시에 만족시키기가 쉽지 않은 것이다(예로부터 정혜쌍수가 대단히 강조되는 것도 그만큼 수행에서 두 가지가 균형을 이루기가 쉽지 않다는 말이 되겠다).

그러나 행원의 가르침에는 지혜와 자비가 '동시에 성숙된다'는 결과만을 말할 뿐 굳이 이런 두 가지 면을 일부러 힘써 닦으라는 말은 설해지지 않는다. 그것은 행원 자체가 이 두 가지면을 완벽하게 서로 보완하며 조화를 이루게 하기 때문이니, 바로 '원'과 '행'의 개념이 그것이다. '원'은 이론(지혜)이며 '행'은 현실(자비의 실천)을 의미하여 행이 가는 곳마다 원이 있어 자칫 맹목적이고 지나치기 쉬운 행동을 조절하고 완벽하게 만들어 준다.

행원의 공덕으로 초래되는 지혜의 완성과 자비의 실천은 특히 게송 곳곳에 여러 번에 걸쳐 반복, 강조된다. 행원으로 일체 모든 중생을 섬기고 공양하며 그들의 모든 번뇌를 없애고 신통과 공덕과 자비의 힘으로 국토를 깨끗이 하고 장엄하여, 미래겁이 다하도록 모든 중생을 해탈케 한다는 말과 함께 보현행으로 반드시 '보리를 이룬다', '깨달음을 얻는다'는 말이 조금은 지루할 정도로 반복된다. 이는 그만큼 보현행은 지혜와 자비의 완벽한 조화를 가져 오는 수행인 것이며 그만큼 행원 수행이 부처님을 구도자들에게 깨우쳐 주기 위한 것으로 여겨진다.

보현행원은 '부처가 부처 되는 수행'이다. 못 깨친 중생이 깨친 부처가 되는 것이 아니라, 어리석은 중생이 닦아서 부처를 이루는 것이 아니라, 지혜와 자비가 본래 구족된 '본래부처(本來佛)'가 그 자리에서 '더 큰 부처'로 되는 것이니, 굳이 정확히 표현한다면 '작은 부처'가 '행원'을 통해 '큰부처 되는 것'이 보현행원에서 보는 수행관이라 하겠다. 행원은 '불성이라고 하는 불길'에 '기름을 붓는 격'이다. 행원을 통해 잊혀졌던 우리의 불성이 노도(怒濤)와 같이 일어나기 시작하며, 행원을 통해 꺼져가던 우리의 불성의 불길이 크게 불붙어 활활 타오르기 시작하는 것이다.

21세기의 시절인연은 이미 이론과 현실이 조화를 이루는 가르침만이 설득력을 얻는 방향으로 나아가고 있다. 그런데도 근대 불교가 '지혜의 완성(이론)'을 더 강조하는 듯한 모습을 보임으로써 일반 대중과 멀어져 가는 현실에서, 지혜와 자비가 동시에 성숙되게 하는 보현행원 사상은 이런 안타까운 현실을 되돌려 놓는 가장 좋은 방법 중의 하나일 뿐만 아니라 앞으로 우리 불교계가 나아가야 할 바가 될 것이다.

끝으로 행원에서 간과해서는 안 될 사항 하나는 바로 행원과 염불의 연관성이다.

얼핏 생각하기에 불교 사상의 최정수인 화엄 사상과 낮은(?) 근기를 위한 방편(사실은 그렇지 않지만!)으로 알려진 정토 사상은 아무런 연관이 없는 것으로 보기 쉬우나 실상은 그렇지 않다. 보현행원품에도 행원의 공덕을 말하는 가운데 '이 사람은 임종 시에 아미타부처님이 마중 나오고 마침내 일체 중생을 극락정토에 왕생케 하리라'는 말도 나오듯, 행원은 염불과도 매우 흡사한 가르침이다. 무은 대사 같은 분은 "화엄경은 넓게 설한 아미타경이고, 아미타경은 요약한 화엄경이다."라는 말로 화엄사상과 정토사상의 연관성을 일목요연하게 설명하셨다.

염불이나 행원은 모두 부처님께 돌아가는 것을 그 수행의 근간으로 하고 있다. 다만 염불이 '부처님을 생각하고 부처님을 떠나지 않고 부처님을 늘 그리워 하며 부처님께 가기를 바라는 수행'이라면, 행원은 '부처님과 똑같은 행을 함으로써 부처님께 돌아가기를 닦는 수행'이다. 부처님이 일체 중생에게 가지셨던 그 큰 '원'을 우리도 똑같이 가져 보고, 부처님이 일체 중생에게 보였던 그 너그러운 '자비행'을 우리도 부처님과 조금도 다름없이 '실지로 행함'으로써 '우리도 부처님과 똑같아지며 부처님의 말할 수 없는 공덕의 바다에 안기는 것'이 바로 보현행원의 수행관이다. 그러므로 부처님을 떠난 행원은 있을 수가 없으며 이는 부처님을 떠난 염불 수행이 있을 수가 없는 것과 같은 이치이다.

굳이 차이점을 말하자면, '마음[念]'을 통해 부처님께 돌아가는 것이 염불이라면 '행'을 통해 부처님께 돌아가는 것이 행원이라 할 수 있겠다. 그러나 행을 하는 데 있어 '마음 떠난 행'은 있을 수 없으니, 행원의 '원'이라고 하는 부분은 바로 부처님께 향한 중생의 정성스런 마음을 뜻하는 것이라 하겠다. 이런 이유로 염불 수행하시는 수행자와 행원 수행하는 수행자는 닮은 점이 많고 서로 만나지 않아도 이심전심하는 모습을 보이는 것이라 생각된다.

다만 한 가지 염불 수행에서 부탁드리고 싶은 것은, 부처님을 그리워 하고 떠나지 않는 '마음으로만' 그치지 말고 한 걸음 더 나아가, 부처님의 그 간절한 원과 마음이 '현실에서 행으로 구체적으로 표현되고 증명'되었으면 하는 것이다. 즉, 염불의 그 '간절한 마음'을, '행'을 통해 중생들에게 구체적으로 '보여 드리고 나눠 드리게' 되면 그것은 더 좋은 염불 수행이 되지 않을까 한다. 입으로, 마음으로만 외우는 염불이 아니라 '행으로 보이는 염불' 수행을 하는 것이다.

현재 우리 나라에 나와 있는 보현행원품에 관한 해설서는 무비 스님의 『보현행원품 강의』, 법성 스님의 『화엄경 보현행원품』, 그리고 광덕 큰스님의 『보현행원품 강의』 등이 있는 바, 행원에 좀더 관심이 있는 분은 이 책들을 일독하시기를 권해 드리며 행원품 해제를 마친다.